Das geheime Leben der Natur

Peter Tompkins

Das geheime Leben der Natur

In Harmonie leben mit der verborgenen Welt –
von den Elfen und Feen
bis zu den Quanten und Quarks

Aus dem Englischen von
Gabriele Fentzke und Jean-François Weiss

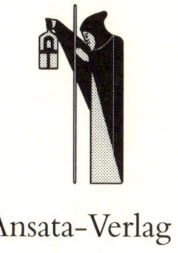

Ansata-Verlag

Die Originalausgabe erschien unter dem Titel
«*The Secret Life of Nature.*
Living in Harmony with the Hidden World of Nature Spirits from Fairies
to Quarks»
bei HarperSanFrancisco.

Erste Auflage 1998
Copyright © 1997 by Peter Tompkins.
Alle deutschsprachigen Rechte beim Scherz Verlag, Bern, München, Wien,
für den Ansata-Verlag.
Alle Rechte der Verbreitung, auch durch Funk, Fernsehen,
fotomechanische Wiedergabe, Tonträger jeder Art und
auszugsweisen Nachdruck, sind vorbehalten.

Inhalt

Vorwort 9
1 Gelungene Fälschung oder echt? 17
2 Schicksal der Welt 29
3 Die größte Feengeschichte aller Zeiten 37
4 Sehen heißt glauben 49
5 Tief im Feenland 67
6 Überall ist Feenland 85
7 Okkulte Chemie 97
8 Der Kosmos – wie wir ihn sehen 115
9 Im Innern eines Elektrons 125
10 Kosmologie des Ostens 137
11 Elementarwesen 151
12 Devas 167
13 Hierarchien 181
14 Superhierarchien 193
15 Entschleierte Kabbala 203
16 Die Geheimlehren 215
17 Große Weiße Brüder 231
18 Was geschehen sollte 245
19 Neue Dimensionen 255
20 Drogentrip in Holland 265
Epilog 277
Personen- und Sachregister 283

Vorwort

Als ich in den siebziger Jahren mit den Recherchen zu meinem Buch *Das geheime Leben der Pflanzen* beschäftigt war, fiel mir auch ungewöhnliches Material über Naturgeister in die Hände. Doch das Buch war sowieso schon zu umfangreich, und das Thema – wie mein Verleger meinte – zu weit von jeder Glaubwürdigkeit entfernt. In den nächsten Jahren wurde das Material immer mehr, und Ende der achtziger Jahre konnte ich wenigstens im Anhang des Buches *Die Geheimnisse der guten Erde* ein Kapitel anfügen: «Three Quarks for Muster Mark» (in der deutschen Ausgabe nicht enthalten). Ich stellte darin fest, daß sich Theosophen und gute Hellseher mit Teilchenphysikern nicht nur messen, sondern diese sogar überbieten können. Dieses Kapitel verschaffte mir einen völlig neuen Zugang zur Welt der Naturgeister und zur Natur selbst.

Ich stellte in jenem Kapitel dar, wie gegen Ende des letzten Jahrhunderts die Theosophen Annie Besant und Charles Leadbeater in ihrem Buch *Okkulte Chemie* die physikalische Struktur eines jeden damals bekannten chemischen Elements beschrieben, einschließlich einiger noch nicht entdeckter Isotope. Diese großartige Leistung hatten sie nach ihren eigenen Aussagen einem intensiven Yoga-Training zu verdanken. Sie hatten Yoga in Indien unter fachmännischer Leitung gelernt und dabei die Fähigkeit erworben, die in der Literatur als «Siddhi» (Streben nach übernatürlichen körperlichen Fähigkeiten) bekannt ist. Mit dieser psychischen Kraft können Yogis in ihrem Körper ein inneres Organ der Wahrnehmung entwickeln. Sie stellen so ihr Sehvermögen auf mikroskopische Größenordnungen ein. Die beiden Theosophen erprobten diese Fähigkeit in Europa ebenso wie in Indien. Dabei lag Charles Leadbeater ausgestreckt auf einer Massageliege und visualisierte psychisch das Innere verschiedener Atome. Annie Besant saß derweil mit verschränkten Beinen und einem Schreibblock auf dem Schoß auf einem Teppich und skizzierte den inneren Aufbau aller damals bekannten Elemente.

Von dem dabei entstandenen Werk nahm die Welt kaum Notiz. Als *Okkulte Chemie* 1895 erstmals erschien, qualifizierten die Wissenschaftler den Inhalt des Buches als pure Phantasie ab. Fast ein Jahrhundert verging, ehe um 1985 ein großer Kenner der Teilchenphysik, der Engländer Stephen M. Phillips, in Los Angeles auf einen alten theosophischen Titel - *Physics of the Secret Doctrine* («Physik der Geheimlehre») von Kingsland – stieß. Darin fand er einige Diagramme aus *Okkulte Chemie*.

Wieder in England, packte Phillips die Neugier, und er spürte ein Exemplar der dritten Auflage von *Okkulte Chemie* auf. Er war von dem Buch gefesselt. Mit den aktuellsten Theorien der Teilchenphysik vertraut, war er von den Diagrammen, die Besant und Leadbeater in ihr Werk aufgenommen hatten, sofort überzeugt. Mit einer fast erschreckenden Detailtreue hatten sie jedes damals bekannte Element beschrieben – vom Wasserstoff bis zum Uran, einschließlich etlicher bis dato noch unbekannter Isotope. Jedes trug die korrekte Zahl der heute als Quarks bezeichneten Teilchen, die erst nach dem Tod der beiden Autoren entdeckt wurden, und der Subquarks, die heute noch Gegenstand intensiver Untersuchungen sind. Aber davon später mehr.

Erst gegen Ende der siebziger Jahre waren Teilchenphysiker in der Lage, die Existenz von sechs verschiedenen Arten von Quarks zu postulieren, denen sie die scherzhaften Bezeichnungen *up, down, charm, strange, top* und *bottom* gaben. Die entsprechenden Antiquarks wurden zur gleichen Zeit entdeckt. Die Theosophen jedoch gingen weiter und beschrieben sogar Subquarks, noch kleinere Teilchen, nach denen heute die Physiker mit ihren Supercollidern und Teilchenbeschleunigern mühsam fahnden.

Die Zusammenfassung, die Stephen Phillips von diesem erstaunlichen Werk der Theosophen gab, stellte für die Physik eine Herausforderung dar, insbesondere die Erklärung: «Die neuen Muster, die durch die Anwendung der Regeln der theoretischen Physik entstehen, stimmen mit den Diagrammen in dem Buch *Okkulte Chemie* genau überein.» Meine eigene Schlußfolgerung war genauso provokant. Wenn Besant und Leadbeater durch ihre Yoga-Kraft in der Lage waren, die Dinge bis zu den allerletzten Teilchen genauestens zu beschreiben, wie stand es dann mit ihren ebenso detaillierten Beschreibungen des Dritten Königreichs, des Reichs der Naturgeister? Wenn die beiden Theosophen unsichtbare Quarks darzustellen vermochten, warum sollte man dann nicht ihrer ebenso genauen Beschreibung einer anderen Welt Beachtung schenken, einer Welt, die den meisten von uns verborgen bleibt, sensiblen Menschen wie Paracelsus, Blavatsky, John Dee oder Rudolf Steiner jedoch durchaus zugänglich war? Ich meine die Welt der Erd- und Wassergeister, der Luft- und Feuergeister, von der in allen Kulturen Spuren zu finden sind. Das Sich-Herantasten an dieses Thema würde vermutlich genauso überraschendes Material ergeben wie meine Sammlung zu *Das geheime Leben der Pflanzen*. Könnte das Geheimnis des Pflanzenwuchses – angefangen bei den fremdartigen und schönen Arten des Amazonasgebiets bis hin zu unseren gewöhnlichen Butter- und Gänseblümchen – nicht dadurch erklärt werden, daß diese Pflanzen eine behutsame Pflege durch unsichtbare Naturgeister erfahren, wie von hellseherischen Theosophen beschrieben, statt durch unpersönliche mathematische Formeln oder die sinnlose Hypothese von Genen und DNS?

Der Österreicher Rudolf Steiner war nicht nur ein mit hellseherischen Fähigkeiten begabter Mensch, sondern vielleicht der größte Philosoph des Jahrhunderts. Er entwickelte aus der Theosophie die Anthroposophie und behauptete, mit Hilfe der Intelligenz könnten alle Elemente, angefangen beim Wasserstoff, bewußt beeinflußt werden. Besant und Leadbeater verfolgten das Schicksal der Atome bis in das «Astralland» der Feen. Warum nicht in ihre Fußstapfen treten? Nur die von den Brüdern Grimm verballhornten Märchen und die moralinsüße Märchenwelt von Walt Disney hatten mich bis dahin davon abgehalten, mich auf die Suche von Elfen und Feen zu machen. Geben mußte es diese andere, wirklichere, viel strahlendere und lebhaftere Welt der Naturgeister.

Als ich vor etwa zwanzig Jahren zum ersten Mal daran dachte, diese Welt zu erforschen, begegnete ich in Findhorn dem Briten Sir George Trevelyan, dem Gründer des Wreakin Trust, eines Zentrums spiritueller Erwachsenenbildung. Er riet mir, die okkulte Welt des Rudolf Steiner zu studieren, wenn ich mehr über Feen wissen wollte. Ich habe die ganze Zeit damit verbracht, denn es gibt in der Library of Congress 490 Bücher von oder über Steiner.

Steiner ist der Meinung, daß man nur über okkultes Wissen, wie es in den Mysterienschulen des Altertums gelehrt wurde, Zugang zu jener anderen Welt erhalten kann, aus der unsere Welt entstanden ist. Dieselben Kenntnisse führen auch zur Welt der Feen. Dieses Wissen ist durch unsere normalen geistigen Fähigkeiten nicht zu erlangen, sondern nur durch hellseherische Kräfte oder «außerhalb» des Körpers durch Mittel, «die wie das Saatkorn in der Erde tief in der Seele versteckt liegen». Das Ergebnis, «der einzige, unteilbare Besitz der ganzen Menschheit», lasse, so behauptet Steiner, keine unterschiedlichen Interpretationen mehr zu, wie dies etwa selbst noch in der Mathematik möglich sei.

Dann kamen weitere Forschungen, die Welt des Schamanismus betreffend. Okkultismus und Schamanismus sind zwei Zweige des ursprünglichen, ererbten Wissens: Ich entdeckte, daß die schamanistischen Kenntnisse über Naturgeister in fast allen Punkten mit dem Vermächtnis des Okkultismus übereinstimmen. Der große deutsche Anthropologe Gerardo Reichel-Dolmatoff, ein Kenner der Indianer Südamerikas, hat eine Bibliographie von annähernd tausend Büchern und Aufsätzen zusammengestellt, die Wissenschaftler über die verschiedensten Formen des Schamanismus auf der ganzen Welt verfaßt haben.

Dabei behandelten sie Themen wie Außerkörperliche Erfahrungen (AKE), die Existenz von Geistern in Wäldern und die Heilkräfte von Pflanzen. Wären die Schamanen nicht mit einem übernatürlichen, subtil-hellsichtigen Blick für die Natur ausgestattet und könnten sie nicht bestimmte Heilpflanzen von den vielen tödlichen wirkenden Giftpflanzen unterscheiden, wären die Wälder wohl übersät mit den Leichen experimentierfreudiger Menschen. Schamanen sehen eben manche Dinge in anderen Dimensionen.

Die schamanische Weltsicht, die früher als primitive Phantasterei abgetan wurde, hat in den letzten Jahren eine Aufwertung erfahren. Viel von dem, was sie über die geistige Dimension als Grundlage der physischen Dimension zu sagen hat, wird heute von (Para-)Psychologen wie Physikern gleichermaßen ernst genommen. Der okkulte Teil der alten Wissenstradition wird allerdings geflissentlich übersehen, obwohl er vor allem für den modernen westlichen Menschen leichter zu verstehen wäre. Warum ist das so?

Eine Teilschuld dürfte das Establishment haben, das okkulte Autoren wie Leadbeater, Besant, Blavatsky und Steiner stigmatisiert. Alles, was sie geschrieben haben, gilt als zu weit hergeholt. Im übrigen stoßen sie samt und sonders auf die prüden Vorbehalte des viktorianischen Zeitalters. Die Frauenrechtlerin Besant setzte sich als politische Aktivistin für die Rechte der Frauen ein – George Bernard Shaw hielt sie für eine der größten Rednerinnen ihrer Zeit. Sie wurde nicht wegen ihrer politischen Vorstellungen angeprangert, sondern weil sie armen Frauen allzu deutlich Verhütungsmethoden erklärt hatte. Sie landete wegen Verbreitung von Pornographie im Gefängnis Old Bailey und war die erste Frau in Großbritannien, die sich vor Gericht selbst verteidigte und auf diese Weise einen Freispruch erreichte. Allerdings nahm der Lordkanzler ihr die Tochter weg mit der Begründung, als Freidenkerin könne sie keine gute Mutter sein. Leadbeater nahm Wilhelm Reichs revolutionäre Ansichten über sexuelle Frustration, Gewalt, Sadismus und daraus entstehende Kriege vorweg, was ihm Ächtung und die Anklage einbrachte, kleine Jungen zu «belästigen», da er vorgeschlagen hatte, sie sollten masturbieren, statt gewalttätig zu werden. Blavatskys Ruf wurde durch eine böse Attacke der British Society for Psychic Research ruiniert; sie wurde der Lüge und des Betrugs angeklagt. Steiners schönes anthroposophisches Zentrum im schweizerischen Dornach, das er bis ins Detail – geleitet von seiner spirituellen Kraft – selbst entworfen, Teile davon geschnitzt und bemalt hatte, brannte bis auf die Grundmauern nieder. Brandstifter war angeblich ein katholischer Priester. Er war neidisch auf die Brillanz der Steinerschen Auslegung der christlichen Lehre. Den Pionieren des Okkultismus wurde von ihren Gegnern vorgeworfen, der westlichen Welt das alte Wissen des Ostens verständlich machen zu wollen. Dieses Bemühen war und ist immer noch eine Bedrohung für etablierte, orthodoxe Glaubensrichtungen und für die damit verbundenen Karrieren.

Doch ist es nun, da die schamanische Betrachtungsweise der Naturgeister zunehmend Anerkennung findet, nicht an der Zeit, die noch verbliebene Skepsis hinsichtlich okkulter Traditionen über Bord zu werfen?

Ich widmete mich dem Thema zunächst als Journalist und gab einfach die zum Teil wirklich unglaublichen Informationen von Hellsehern wieder. Doch schließlich fand ich deren Argumente so überzeugend, daß ich, der ich selbst kein Hellseher bin, nun auch zu der Meinung gelangte, den Übeln und Problemen dieser Welt sollte man mit der Welt der Naturgeister und den Engelshierarchien, von denen sie abstammen, begegnen. Rudolf Steiner beschrieb zu Beginn der zwanziger Jahre die nötigen Schritte für eine moderne Initiation in das Wissen der alten Mysterien. Diese sind im wesentlichen identisch mit den Initiationsriten des Schamanismus. Auch wenn man zeit seines Lebens dieses hohe Ziel nicht erreichen sollte, so ändert allein das Wissen davon unweigerlich die Lebensauffassung. Meine jedenfalls wurde radikal verändert.

Wandere ich durch einen Wald, so sehe ich die Geister zwar nicht, aber ich spüre sie um mich herum und fühle mich nicht länger allein. Mein Umgang mit Pflanzen ist nicht mehr metaphorisch, sondern wirklich, da ich bewußt Leben von ihren Blättern einatme und ihr von meinen Lungen umgewandeltes Geschenk durch mein Ausatmen an sie zurückgebe. Dabei bin ich mir bewußt, daß Luft- und Wassergeister diese Blätter mit Hilfe des Sonnenlichts geschaffen haben. Ich fühle mich zu Hause, bin «bei mir» und wende die Lektionen an, die Merlin dem jungen König Artus erteilte, wie mir mein Englischlehrer, T. H. White, in der Schule erklärte: *Sei* dieser Hecht! *Sei* dieser Falke! *Sei* diese Eiche!

In der Natur trägt alles ein magisches Gewand. Wie Aleister Crowley schwimme ich in der Natur wie ein Fisch im Meer, und die Natur schwimmt in mir wie das Meer im Fisch! Sogar Zecken, Fliegen, Läuse und Mücken werden angesichts der vielen von den Menschen produzierten schädlichen Gedanken erklärbar. Ich rege mich nicht mehr über die Schwächen, Unzulänglichkeiten und Ungerechtigkeiten eines völlig korrumpierten politisch-wissenschaftlichen Establishments auf, sondern bin Optimist. Denn ich bin mir heute sicher, daß sich alles bessern wird. Statt vor einem körperlich oder geistig unangenehmen Menschen zurückzuweichen, freue ich mich über ihn, denn durch Engelsgnade könnte dieser Mensch ich selbst sein, und in gewisser Weise ist er es auch. Es tut gut, festzustellen, daß nichts, was einer macht, sagt oder denkt, dem Urteil eines riesigen freundlichen Publikums entgehen kann, das mit großen Augen aus dem Unterholz auf ihn schaut und nur darauf wartet, auf das leiseste Anzeichen einer echt gemeinten, noblen oder liebevollen Geste hin Applaus spenden zu dürfen.

Leser und Leserinnen aus der ganzen Welt schreiben mir heute noch, daß *Das geheime Leben der Pflanzen* ihre Sicht der Natur, aber auch ihren Lebensstil radikal verändert habe, und ich hoffe, daß dieses Buch dasselbe bewirkt, wenn nicht sogar mehr.

1 Gelungene Fälschung oder echt?

Sir Arthur Conan Doyle, geistiger Vater von Sherlock Holmes, dem Vorbild aller Detektive, wurde im Jahre 1920 selbst in eine reale Detektivgeschichte verwickelt, die ihm vermutlich am meisten zu schaffen machte, spielte sie doch in der Welt der Feen. Es geschahen merkwürdige Dinge, hinter denen er entweder «den genialsten Schwindel, der je einer Öffentlichkeit präsentiert wurde», vermutete oder aber «... ein Ereignis in der Geschichte der Menschheit, das man später einmal als epochemachend bezeichnen sollte».

Doyle, ein überzeugter Spiritist und Autor spiritistischer Beiträge, war damals um die Sechzig und auf der Höhe seiner Popularität als Romanschriftsteller und Dramatiker. Er geriet in diese Geschichte aufgrund eines Artikels, den er für das *Strand Magazine*, eine englische Monatsillustrierte, schreiben sollte. Es ging dabei um Menschen in England, Schottland, Wales und Irland, die behaupteten, das «kleine Volk» sehen und beschreiben zu können. Gemeint waren nichtstoffliche Kreaturen aus der Feenwelt, und es lag Doyle eine «erstaunliche Anzahl von Fällen» vor. Der Artikel war eine gute journalistische Arbeit. «Die Beweise», schrieb Doyle, «waren exakt und lückenlos, es traten dabei so viele gute Namen auf, daß es schwerfiel, dem keinen Glauben zu schenken.»

Als Rechtfertigung für sein Abschweifen in diese fremdartigen Bereiche wies Doyle darauf hin, daß wir in der rationalen Welt des Stofflichen die Gegenstände nur innerhalb eines sehr beschränkten Frequenzbandes sehen, das aus unserem Farbenspektrum besteht. Es existieren aber an beiden Enden dieses Bandes unendlich viele Schwingungen, die für die meisten

Menschen unsichtbar sind. «Könnten wir uns Wesen aus einem Material vorstellen, das kürzere oder längere Schwingungen aussendet», schrieb Doyle damals, «wären sie für uns so lange unsichtbar, bis es uns gelänge, uns auf ihre Wellenlängen einzustimmen.»

Doyle sagt: «Wenn man Hochspannungsstrom durch mechanische Vorkehrungen in Niederfrequenzstrom verwandeln kann, weil dies der vorgesehene Verwendungszweck erfordert, warum sollte dann nicht ähnliches möglich sein mit den Schwingungen im Äther und den Lichtwellen?»

Dieser Meinung konnten sich die beiden einflußreichen Elektrizitätsforscher Thomas Edison und Nikola Tesla, Doyles Zeitgenossen, kaum verschließen, waren doch beide eifrig bestrebt, mit den Geistern der Verstorbenen und den Geistern der Feenwelt in Kontakt zu kommen und sie, wenn möglich, zu fotografieren.

Grundlage der theosophischen Lehre war eine Behauptung, die sich auf jahrtausendealtes östliches Wissen und auf ausführliche okkulte Untersuchungen gründete. Demnach besteht ein physischer Körper aus sieben verschiedenen Materialformen: fest, flüssig, gasförmig und vier sehr feinen «ätherischen» Zuständen, die sich alle gegenseitig durchdringen. Außerdem soll das unsterbliche Selbst aus sieben verschiedenen Körpern bestehen, die sich aus immer feineren Wellenlängen zusammensetzen. Da auch diese sich gegenseitig durchdringen, ist es dem Individuum möglich, auf sieben Existenzstufen zu agieren: körperlich, ätherisch, astral, geistig sowie auf noch höheren, nicht näher benannten Stufen.

Doyles Selbstsicherheit wurde durch einen Brief erschüttert, den er am 21. Juni 1920 erhielt und der zwei ganz ungewöhnliche Fotos enthielt. So etwas hatte Doyle noch nie gesehen. Ein Foto zeigte ein junges Mädchen aus England, das einen tanzenden Erdgeist an der Hand berührte; das andere zeigte das Porträt eines noch jüngeren Mädchens, das dem Ringtanz einiger Wesen zuschaut, die offenbar den Waldelfen angehören.

Auf den ersten Blick erschienen Doyle die Abzüge als raffinierte Fototricks mit allen Anzeichen eines Betrugs. «Ein skandalöser Schwindel», dachte er und beschloß, ihm nach Holmes' Art auf die Spur zu kommen.

Die Frau, die Doyle die Fotos geschickt hatte, behauptete, sie von einem Verwandten, Edward L. Gardner, bekommen zu haben. Er war Präsident der Blavatsky Lodge, eines einflußreichen Zweigs der Theosophischen Gesellschaft Englands*. Dieser Gardner war in ihren Augen «ein zuverlässiger Mensch, gesund an Geist und Körper». Er illustrierte mit diesen Fotos eine theosophische Vorlesung über «ätherische und astrale Lebensstufen».

Doyle war sofort interessiert und schrieb an Gardner; denn er war der Meinung, daß diese Informationen unbedingt der Öffentlichkeit zugänglich gemacht werden sollten. Er schlug deshalb vor, so bald wie möglich eine unabhängige Untersuchungskommission einzusetzen. Außerdem wollte er die Originalnegative sehen, von denen die Abzüge gemacht worden waren.

In seiner Antwort bot Gardner ihm seine Hilfe an. Er war im Besitz der Originalplatten und hatte sie bereits «zwei erstklassigen Fotoexperten, einem in Harrow und einem in London», zur Überprüfung vorgelegt.

Der erste hatte die Platten als absolut echt bezeichnet. Er sah keinen Betrug in der Sache, auch wenn sie für ihn nicht erklärbar war. Der zweite hatte bereits einige «parapsychologische» Fälschungen aufdecken können. Aber auch er war der Meinung, daß die Platten keine Fälschung waren.

Gardner erzählte folgendes: Er fuhr mit dem Fahrrad nach Harrow, wo er den Fotografen, einen Mr. Snelling in 26 The Bridge, Wealdsone, besuchte. Dieser zeigte sich sehr überrascht

---

* Die Theosophische Gesellschaft war 1875 von Helena P. Blavatsky in New York gegründet worden mit der Maßgabe, «den Okkultismus zu studieren und zu erklären, die Bedeutung der fernöstlichen Religionen zu verteidigen und die verborgenen Naturwunder ebenso zu entdecken wie die im menschlichen Körper schlummernden Kräfte».

von den Fotos: «Das ist das Tollste, was ich je gesehen habe! Einmalbelichtungen! Die Figuren haben sich bewegt. Es sind wirklich echte Fotografien! Woher haben Sie sie?»

Gardner betonte, daß Mr. Snelling ein wirklicher Experte sei, der über dreißig Jahre lang in der großen Fotofirma Illingsworth beschäftigt gewesen sei. Dort habe er «hervorragende Arbeit geleistet, Naturstudien und Studioaufnahmen gemacht». Er beschrieb Snelling als einen kleinen quirligen Mann mit einem wirren Haarschopf und Flecken an den Fingern, die von den Chemikalien herrührten. Er bestätigte sofort, daß die beiden Negative nicht gefälscht, sondern echte, einmal belichtete Fotografien aus der freien Natur seien. Für ihn wäre es sehr einfach, behauptete Snelling, Doppelbelichtungen zu erkennen, und er grinste bei der Vorstellung, daß irgendein Fachmann in England ihn mit einem gefälschten Foto irreführen könnte. Er zeigte, daß sich die Feengestalten bewegt hatten. Bei den Negativen weise nichts darauf hin, daß sie im Studio mit Papp- oder Papiermodellen, dunklem Hintergrund, bemalten Figuren oder anderen Täuschungsmanövern entstanden seien. «Meiner Meinung nach sind beides echte, unmanipulierte Bilder.»

Dieser Brief veranlaßte Doyle, so schnell wie möglich Edward Gardner in London zu treffen. An diesem gutaussehenden Mann, der etwa zehn Jahre jünger war als Doyle, fiel diesem vor allem seine farbenfrohe Krawatte auf. Im übrigen war Gardner «ruhig, ausgeglichen, zurückhaltend – keinesfalls ein wilder visionärer Typ», wie Doyle sich ausdrückte.

Gardner war wiederum von Doyles körperlicher Größe und seinem militärischen Gebaren beeindruckt. Er zeigte ihm die beiden Negativplatten zusammen mit starken Vergrößerungen der Fotos, die Doyle einfach «großartig» fand... «Die wunderbare Anmut der fliegenden Fee war unbeschreiblich.»

Doyle brachte nun die Platten zu Kodak in Kingsway, wo er sie einem Mr. West und einem anderen Fachmann zeigte. Nach eingehender Betrachtung konnten auch diese beiden keine Tricks und keine Doppelbelichtung feststellen.

Daß im Norden Englands Fotografien von Feen gemacht

worden sein könnten – und zwar «unter Umständen, die jeden Betrug ausschließen» –, erschien Doyle als mindestens ebenso bedeutsam wie die Entdeckung der Neuen Welt durch Kolumbus. Für Doyle war klar, daß die Fotos, sollten sie selbst und die Art und Weise ihrer Herstellung jeder Kritik standhalten, auf allerhöchstes Interesse stoßen müßten. «Es war sicher nicht übertrieben zu behaupten, daß sie eine neue Epoche im menschlichen Denken einläuteten.»

Beim Lunch in seinem Club, dem Athenaeum, zeigte Doyle die Abzüge seinem Freund Sir Oliver Lodge. Er war ein namhafter Physiker, und Doyle respektierte seine Ansichten über (para-)psychische Dinge. Als Mitglied der British Society for Psychical Research (Gesellschaft für Psychologische Forschung) war er wie Sir William Crookes, der Erfinder einer Kathodenstrahlröhre (Vorläufer der Elektronenröhre des Fernsehbildschirms), sowie andere führende Wissenschaftler an dem Phänomen interessiert, das sie als «ätherische Welt» bezeichneten.

Die vier Zustandsformen des Äthers, die feiner sind als Festkörper, Flüssigkeiten und Gase, bezeichnete der Theosoph Charles Leadbeater mit E_1, E_2, E_3 und E_4, wobei die letzte als feinste gilt.

«Ich sehe noch [Lodges] erstaunten und interessierten Gesichtsausdruck», schrieb Doyle, «als er sich in der Halle des Athenaeum-Clubs die Bilder ansah.»

Um sich von der Echtheit der Fotos zu überzeugen, schickten sie zunächst Gardner nach Yorkshire. Er sollte dort die Eltern der jungen Mädchen besuchen, Mr. und Mrs. Eddie Wright, auf deren Grundstück die Aufnahmen angeblich gemacht worden waren.

Mitte Juli 1920 nahm Gardner den Zug nach Bradford, einer großen Industriestadt im Aire-Tal am Fuße des mittelenglischen Gebirgszugs der Pennines. Gedanklich war er «für alles offen». An einem schönen Sommernachmittag kam Gardner in Bradford an und fuhr mit der Straßenbahn weiter nach Cottingley, einen malerischen Flecken, der halb versteckt in einem Tal des Hochlands lag. Etwas außerhalb des Ortes fand Gardner das

Haus der Wrights in 31 Lynwood Terrace. Mrs. Wright, eine reizende Frau um die Vierzig, die alle Welt Polly nannte, begrüßte Gardner und stellte ihm ihre Tochter Elsie vor, ein hübsches, großes, schlankes Mädchen von sechzehn Jahren, dessen üppiges, kastanienbraunes Haar von einem schmalen Goldband gebändigt wurde.

Während sie darauf warteten, daß Mr. Wright von seiner Arbeit nach Hause käme, erzählten Mutter und Tochter Gardner die Entstehungsgeschichte der Fotos.

Vor drei Jahren, im Juli 1917 – Elsie war gerade dreizehn Jahre alt geworden –, kam ihre zehn Jahre alte Cousine Frances Griffiths aus Südafrika zu Besuch. Die beiden Mädchen verbrachten viel Zeit in einer Bergschlucht hinter dem Cottage, wo Elsie von Kindesbeinen an häufig Feen, Elfen, Zwerge und andere Waldbewohner gesehen, ja sogar mit ihnen gespielt haben wollte.

Mrs. Wright gab zu, daß sie von den Erzählungen der Kinder über die Feen wenig Notiz genommen und die Geschichten ins Reich der Phantasie und Einbildung verwiesen habe, bis eines Samstags Elsie bei Tisch darum bat, sich vom Vater die Kamera ausleihen zu dürfen, um den Beweis der Existenz der kleinen Leute zu erbringen.

An diesem Punkt der Erzählung von Mrs. Wright kam ihr Mann nach Hause, der auf einem nahe gelegenen Landsitz als Verwalter arbeitete. Mr. Wright entpuppte sich als «Mann mit Herz vom Yorkshire-Typ, der offen aussprach, was er dachte. Er hatte einen aufrechten Charakter, Sinn für Humor und ein fröhliches Gemüt». Er setzte sich zum Tee und erzählte freundlich, daß er den Mädchen zuerst die Kamera nicht habe geben wollen, da er «die Platten nicht von ihnen kaputtmachen lassen wollte». Doch da die Mädchen so sehr darauf bestanden, tat er schließlich eine einzige Platte in die Box und zeigte Elsie, wie man den Auslöser bedient.

Es war noch keine Stunde vergangen, da kamen die Mädchen zurück und baten darum, die Platte entwickeln zu dürfen, denn sie «hätten ein Foto gemacht».

Mr. Wright erzählte weiter, daß er die Platte zum Spültisch

brachte, wo er seine Entwicklungen machte, und die Platte in eine Schüssel legte. Er erwartete irgend etwas Unklares, Verschwommenes. Statt dessen mußte er erstaunt mitansehen, wie sich fast sofort dunkle Gestalten zeigten, in denen er Schwäne zu sehen meinte. Als Elsie, die ihm die ganze Zeit nicht von der Seite gewichen war, das erblickte, rief sie Frances, die sich außerhalb des Hauses befand, zu: «Die Feen sind auf der Platte!» Frances hüpfte auf und ab und quietschte vor Freude. Ein Abzug, den Mr. Wright daraufhin erstellte, ließ ihn nicht schlecht staunen. Obwohl er von den Kindern keine anderen Erklärungen bekam, als daß sie wirklich Feen fotografiert hätten, war Wright weiterhin davon überzeugt, daß die Gestalten auf dem Bild aus Papier oder irgendeinem anderen Material bestanden hätten.

Wright versicherte Gardner, daß er selbst in die Schlucht gegangen sei, um dort nach Papierschnipseln zu suchen, und daß er und seine Frau das Schlafzimmer der Mädchen durchwühlt hätten, als diese draußen waren. Aber sie hätten nichts gefunden. Einen Monat später habe Elsie eine weitere Aufnahme gemacht. Sie zeigt eine etwa fünfundzwanzig Zentimeter große Fee, die dicht an Frances Gesicht in die Höhe springt.

Gardner sah eine Möglichkeit, Elsie zu überprüfen, und bat sie, ihm den Ort zu zeigen, wo sie die Fotos geschossen hatte. Direkt hinter dem Haus grenzte an den gepflegten Garten eine Schlucht mit wildem Pflanzenwuchs und einem Bach, dem sogenannten *beck* (Bächlein), der nach einer knappen Meile in den Aire fließt. Auf dem Weg dorthin sagte das Mädchen zu Gardner, daß sie keinen Einfluß auf das Gebaren der Feen habe und daß der einzige Weg, sie «anzulocken», darin bestehe, unbeweglich dazusitzen und die Gedanken in aller Ruhe in ihre Richtung zu schicken. Sobald schwache Geräusche oder Bewegungen ihre Gegenwart anzeigten, werde sie ihnen zuwinken, um sie willkommen zu heißen. Man könne im übrigen manchmal auch ihre dünnen und hohen Flötentöne hören, sofern es im Gebüsch nicht zu sehr raschelte, fügte Elsie noch hinzu. Gardner fand den Ort, der ganz sicher der gleiche war, der auf den Fotografien zu sehen war, und entdeckte mehrere große Giftpilze am Bachufer, von denen er zwei pflückte, um sie nach Hause mitzunehmen.

Elsie zeigte ihm, wo sie niedergekniet war, um das Foto mit ihrer Cousine Frances und den tanzenden Elfen um sie herum zu machen, und gestand Gardner, daß sie das Feenvolk schon immer gesehen habe, seitdem sie sich erinnern könne.

Im Cottage testete Gardner Elsies Zeichentalent. Es stellte sich heraus, daß sie zwar recht gut Landschaften zeichnen konnte, den Feengestalten, die sie nach den von ihr gesehenen zeichnen wollte, jedoch «jegliche Ähnlichkeit mit denen auf dem Foto fehlten».

Als er Elsies Vater sagte, daß Sir Arthur Conan Doyle sich möglicherweise der Fotos bedienen wolle, wehrte Wright ab. Auch das angebotene Geld lehnte er strikt ab mit der Bemerkung, daß die Fotos durch einen Gewinn ihren eigentlichen Wert verlieren würden, sollten sie sich denn als echt erweisen.

Nach einigem Zureden brachte Gardner Wright so weit, daß er einer Veröffentlichung zustimmte, aber nur unter der Bedingung, daß sein Name und Wohnort nicht genannt würden. In seinem Bericht an Doyle betonte Gardner, daß die häufigsten Motive für Betrug – Geld und Berühmtheit – bei den Wrights offensichtlich nicht vorhanden waren. Auch zeigte er sich beeindruckt von der Offenheit und Redlichkeit ihrer Aussagen. Sollte etwas Unehrliches oder Falsches hinter den Fotos stecken, so hatten sie jedenfalls keine Ahnung davon.

Zufrieden mit diesem Ergebnis, kamen Doyle und Gardner überein, die Fotos zusammen mit einem Bericht in der Weihnachtsausgabe des *Strand Magazine* zu veröffentlichen.

Ihnen war klar, daß solche «Feenfotos» ziemliche Aufregung verursachen würden. Sie mußten also für weitere, möglichst tragfähige, ja unumstößliche Beweise sorgen. Sie nahmen sich deshalb vor, Elsie und Frances je eine Kamera und zwei Dutzend Platten zu geben und sie zu bitten, weitere Fotos zu machen. Frances lebte damals in Scarborough, einem traditionellen Ferienort der Arbeiterklasse an der Nordostküste Englands. Sie wurde eingeladen, ihre Sommerferien bei Elsie in Cottingley zu verbringen.

Gardner besorgte zwei gute Cameo-Balgenkameras mit Einzelplatten und erstand bei der Firma Illingsworth zwei Dutzend Viertelplatten. Diese ließ er markieren, so daß nur der Fabrikbesitzer und seine Techniker sie wiedererkennen konnten.

Gardner fuhr zum zweiten Mal nach Cottingley, übergab den Mädchen die Kameras, zeigte ihnen ihre Bedienung und gab ihnen ein paar Hinweise zu Lichtverhältnissen und Entfernung.

Außerdem erteilte er ihnen den Rat, nur an schönen Sonnentagen in die Schlucht zu gehen, um die Feen «herbeizulocken».

Gardner berichtete Doyle, Frances sei seiner Meinung nach mediumistisch, das heißt, ihr ätherischer Leib enthalte «mehr locker zusammengefaltetes Ektoplasma*» als üblich, «Ektoplasma, das die Naturgeister vermutlich dazu benutzt haben, ihre eigenen Leiber so weit zu verdichten, daß sie von der Kamera eingefangen werden konnten».

Für Gardner hatten beide Mädchen «gute hellseherische Fähigkeiten und waren gänzlich unschuldig, da ihnen diese Fähigkeiten nicht bewußt waren». Sie waren glücklicherweise nur in der Lage, den «feinstofflichen Teil zu sehen, aber nichts dahinter, da ihre außersinnliche Wahrnehmung nur beschränkt war; so gab es bei ihrer Hellsichtigkeit nur wenig Ablenkung oder Verzerrung».

Gardner blieb nicht in Cottingley, um Zeuge weiterer Feenfotos zu werden. Er hatte das Gefühl, seine Gegenwart würde nur verhindern, daß irgend etwas auf den Platten erschiene.

---

* Laut Webster ist Ektoplasma eine äußere Schicht des Protoplasmas, «der einzigen Materieform, in der das Phänomen Leben sich manifestiert». Okkultisten sehen im Ektoplasma eine gelegentlich aus dem menschlichen Körper austretende formlose grauweiße Masse, die an Wolken oder Dampf erinnert. Durch die besonderen und unbewußt ausgeübten parapsychischen Fähigkeiten einiger weniger Menschen kann diese Masse sich zu einer berührbaren Form verdichten.

«Es ist nämlich so», sagte er, «daß das kleine Volk nur dann aus dem Unterholz hervortritt, wenn der beobachtende Mensch sich ihm in Sympathie nähert. Dabei muß er aber nicht nur von seiner Denkweise her sympathisch sein – die ist wenig wert –; wichtiger ist eine gefühlsmäßige, in ihrer Unwissenheit und Einfachheit kindliche Sympathie.»

Die Mädchen wollten Gardner Mut machen und behaupteten, daß er sich bestimmt in einigen Monaten an die Feen gewöhnen würde, oder besser: sie sich an ihn. Er aber hegte Zweifel daran, ob er sogar in dieser langen Zeit die entsprechenden Fähigkeiten entwickeln werde. Im übrigen hatte er auch nicht soviel Zeit. Im August 1920 regnete es fast ständig in ganz England. Den Mädchen war bekannt, daß die Feen sich bei bewölktem Himmel nicht zeigen würden, und so hielten sie sich nur für eine oder zwei Stunden in der Schlucht auf, als die Sonne gerade mal schien. Sie machten dabei ganze zwei Aufnahmen, später folgte noch eine weitere.

Gardner wurden die drei Platten mit dem Ausdruck ehrlichen Bedauerns überreicht: «Leider sind sie nicht besonders gut, aber zwei sind ziemlich scharf.»

Nach der Entwicklung zeigte eines der Fotos eindeutig eine Fee. Sie balanciert auf einem Gebüsch und bietet Elsie eine Blume an. Das andere zeigt eine Fee, die direkt vor Frances' Gesicht fröhlich umherspringt. Dazu sagte Elsie, daß die Fee mehrmals so gehopst sei und dabei Frances gerade in dem Augenblick, als sie auf den Auslöser gedrückt habe, so nahe gekommen sei, daß diese ihren Kopf nach hinten geworfen habe und dabei das Foto «fast verwackelt hätte».

Das dritte Foto war ein Zufallsschuß, den sie mitten im Gras am Rand eines Tümpels nahe am Bach gemacht hatten, als sie dort eine Bewegung wahrnahmen. Auf gut Glück hatten sie einen Schnappschuß von einer «ziemlich großen Gestalt» gemacht. Diese dritte Aufnahme war die interessanteste. Sie zeigte ein dichtes Gestrüpp aus Gras und Glockenblumen, in dem man Feengestalten und Gesichter entdecken konnte. Für Gardners Untersuchungen war diese Aufnahme besonders wertvoll. Sie zeigte sogar eine Feenlaube beziehungsweise einen Blütenbogen, Dinge, von denen bislang in den Annalen der Feenbeobachtung kaum berichtet wurde. Geübte Feenbeobachter sagten Gardner, daß das Foto offenbar ein «Feenbad» zeigte – ein gespinstartiges schiffsähnliches Gefäß, das sie nach langen Perioden schlechten und nebligen Wetters benutzten.

Gardner brachte die Negative sofort zum Geschäftsführer von Illingsworth. Er stellte nach eingehender Prüfung fest, daß sie aus der an Gardner gegangenen Lieferung stammten. Er fügte hinzu, daß er selbst nichts über die Authentizität der Bilder auf den beiden ersten Platten sagen könne. Von der dritten jedoch behauptete er emphatisch: «Ein Betrug ist ausgeschlossen.»

Man machte extragroße Abzüge von den Platten und prüfte sie eingehend auf irgendwelche Anzeichen von Papier, Leinwand, Farbe oder sonstigen Dingen, mit denen die Elfen hätten dargestellt werden können. Auf starken Vergrößerungen des Fotos mit der hüpfenden Fee suchte man ausgiebig nach irgendwelchen Haltevorrichtungen. Doch man konnte nichts entdecken.

Unter dem Eindruck der neuen Beweisstücke schrieb Gardner an Doyle: «Es fällt mir nicht leicht, Ihnen mitzuteilen, wie sehr ich am Ende all der Untersuchungen von der Echtheit überzeugt bin. Um dieses Gefühl wirklich zu teilen, müßte man mit den Eltern und den Kindern sprechen, wie ich es getan habe. Hier kann ich nur meine ganz persönliche Meinung wiedergeben: Ich bin von der Echtheit der fünf Fotos in jeder Hinsicht überzeugt. Ich habe keine Mühen gescheut, um mir diese Überzeugung zu verschaffen, und ich kann behaupten, daß die Untersuchungen sehr gründlich waren.»

Nach der Veröffentlichung im *Strand Magazine* stellten aufgeregte Leser so viele Fragen, daß die *Daily News & Westminster Gazette* einen ihrer besten Reporter damit beauftragte, «die Wahrheit herauszufinden, um dem Schwindel ein Ende zu bereiten».

Dieser Reporter kam selbst aus Yorkshire und hatte den richtigen Riecher, mit der Geschichte in Bradford anzufangen. Er ging jedem Gerücht nach und suchte dann die Wrights in Cottingley auf. Er machte getrennte Interviews mit der Mutter, dem Vater und der Tochter. Dann besichtigte er die Plätze in der Schlucht, um sie mit den Fotos zu vergleichen. Er suchte alle Fotolabors in der Umgebung auf und nutzte alle möglichen anderen Informationsquellen. Natürlich befragte er auch Freunde der Familie. Doch es war alles vergeblich. Der Reporter konnte auch nicht den leisesten Hinweis auf einen Betrug entdecken und beendete seine Story mit dem Bekenntnis: «Am Ende war ich selbst nahe daran, an Feen zu glauben.»

2 Schicksal der Welt

Das Interesse, das der Feenartikel hervorgerufen hatte, war so groß, daß Doyle und Gardner beschlossen, noch gründlicher nach Antworten zu suchen. Sie wollten herausfinden, wieso die Feen auf den fotografischen Platten erscheinen konnten. Außerdem wollten sie wissen, warum diese Wesen die Schlucht bewohnten und wie dieses Phänomen mit der modernen Physik in Einklang zu bringen war.

Als erstes suchte Gardner einen Freund auf, von dem er wußte, daß er hellseherische Fähigkeiten besaß und auch schon Feen gesehen hatte. Dabei war dieser Freund – Geoffrey Hodson – alles andere als verrückt. Im Ersten Weltkrieg diente er als Major in der britischen Panzertruppe, und Doyle schätzte ihn als «einen ehrenwerten Gentleman, der keinerlei Absicht oder Wunsch hegte, jemanden zu betrügen».

Gardner hatte Glück: Hodson versprach ihm, die Angaben der Cottingley-Mädchen über die Feen zu überprüfen und dabei zu versuchen, an weitere Fotos zu kommen.

Wie Gardner selbst gehörte auch Hodson der Theosophischen Gesellschaft an. Außerdem studierte er Buddhismus und praktizierte Yoga und – hatte früher Feen als ein Phantasieprodukt betrachtet. Erst nach einer unerwarteten okkulten Erfahrung fing er an, sich mit ihnen zu beschäftigen. Diese Erfahrung zwang ihn, nicht nur seine Sichtweise zu ändern, sondern seine ganze Lebenseinstellung. Hodsons erste Begegnung mit dem Feenvolk war sehr ungewöhnlich. Nach dem Krieg auf Arbeitssuche, hatte sich Hodson in Preston, Lancashire, niedergelassen, einer Industriestadt mit vielen Baumwollspinnereien. Er wollte dort einen Verein zur Wiedereingliederung männlicher

Jugendlicher gründen, die aus sogenannten Besserungsanstalten entlassen wurden.

Bevor er ein Haus in Preston erwarb, hatten er und seine Frau einige Zimmer in einem alten Gutshaus angemietet. In dem großen, aber gemütlichen Wohnzimmer befand sich ein schöner offener Kamin, vor dem im Winter der schwarzweiß gefleckte Foxterrier Peter zu liegen pflegte und ins Feuer schaute. Eines Tages verließ Peter ohne jeden ersichtlichen Grund diesen Platz und ließ sich weit davon entfernt in einer Ecke des Raums nieder und starrte hinüber. Mehrere Abende lang wiederholte sich dieses eigenartige Verhalten des Hundes. Hodson beschloß, der Sache nachzugehen. Er setzte sich neben Peter und «verstärkte mit Hilfe von Yoga-Übungen seine hellseherischen Fähigkeiten».

Das Resultat kam für Hodson unerwartet und beeinflußte sein weiteres Leben. Seiner Schilderung nach sah er ein großes, lavendelfarbenes, leuchtendes eiförmiges Gebilde, in dem sich lauter kleine Wesen befanden, «in der traditionellen Gestalt von Brownies, den englischen Heinzelmännchen, von Elfen, Feen und anderen Geistwesen».

Langsam öffnete sich das Ei und entließ die kleinen Wesen, die «im ganzen Raum umherstoben, sich auf Bilderrahmen und Türstöcken niederließen oder – wie etwa die angeblichen Heinzelmännchen – auf dem Kaminläufer auf und ab stolzierten, zu dem Peter wieder zurückgekehrt war».

Hodson sah in diesem wunderlichen Abenteuer mit dem kleinen Volk nicht nur einen tieferen Sinn, sondern sogar spirituelle Führung. Und so machte er sich sofort behutsam daran, das kleine Volk zu erforschen. Da die Besuche sich einige Abende lang wiederholten, diktierte Hodson seiner Frau, was er beobachtete. Das ergab ein ziemlich umfangreiches Manuskript und eröffnete den Hodsons eine völlig neue Welt. Was als ganz persönliche Beschäftigung mit okkultem Wissen begann, wurde bald der Anlaß für ein völlig anderes Leben der Hodsons.

Von ihrer Entdeckung in Anspruch genommen, verbrachten sie den größten Teil ihrer Freizeit im Frühjahr und Sommer 1919 auf den Feldern und in den Wäldern von Lancashire. Auf ihrem Motorrad mit Beiwagen fuhren sie über die Hügellandschaft und durch Moorgebiete und machten sich Notizen über die verschiedenen Arten von Feen und anderen Naturgeistern, die sie auf dem Land entdeckten. Ihr Hund Peter begleitete sie und verhielt sich ganz still bei ihren Beobachtungen.

Zu jener Zeit wurde Hodson auf Gardner aufmerksam, dem es bald gelang, den Major für die Überprüfung der Cottingley-Feen zu interessieren. Gutmütig lachend versprach er Gardner, seinen ohnehin knappen Urlaub zu opfern, um ihn in Cottingley zu verbringen.

Das Wetter war den ganzen Sommer über schlecht, doch sobald es aufklarte, nutzten Hodson und die Mädchen die Zeit und gingen in die Schlucht oder setzten sich an den Bach, wo Hodson alles aufschrieb, was er und die Mädchen sahen. Nach Hodsons Angaben wimmelte die ganze Gegend von Elementargeistern jeder Art, etwa Waldelfen, Erdgeistern und Goblins. Sogar die seltenen Wasserelfen tummelten sich im Bach.

Hodson wählte eines dieser Geistwesen aus, deutete darauf und bat die Mädchen um eine Beschreibung. Wie er sagte, waren die Beschreibungen der Mädchen im Rahmen ihrer begrenzten Kräfte korrekt, ihre Hellsicht war jedoch beschränkter als seine eigene.

Am 12. August saßen alle drei auf einem umgestürzten Baum in einem Buchenhain nahe Cottingley. Da sah Hodson, wie die Mädchen zwei winzige Baumelfen beobachteten, die auf sie zuliefen. Elsie erzählte ihm, daß die Elfen eine hautähnliche Kleidung trugen. Sie war einteilig, lag eng an und glänzte, als wäre sie naß. Hände und Füße der Elfen waren überproportional groß, ihre Beine dünn, die Ohren groß und spitz; in den großen Mündern war kein Zahn zu sehen. Die Elfen hielten plötzlich inne und starrten die Menschen erstaunt, aber ohne jede Angst an. Erst als Frances sich ihnen näherte, schienen sie zu erschrecken und verschwanden.

Auf einem Feld entdeckten Hodson und die Mädchen zwergengroße Gestalten, die Grimassen schnitten und groteske Verrenkungen machten. Elsie sah sie immer nur einzeln, wobei eine Gestalt in die andere überging. Hodson hingegen konnte die ganze Gruppe auf einmal sehen.

Wir lesen in Hodsons Notizbüchlein: «Elsie sieht ganz in der Nähe eine wunderschöne Fee; sie ist nackt und hat goldenes Haar. Sie kniet im Gras, hat die Hände auf die Knie gelegt und schaut uns lächelnd an. Ihr Gesicht ist sehr hübsch; und sie schaut nur mich an. Dieses Wesen kam uns auf eineinhalb Meter nahe und verschwand erst, als ich mit seiner Beschreibung fertig war.»

Hodson bemerkte noch eine Gruppe weiblicher Gestalten, die eine Art Ringelreihen veranstalteten. Am Schluß des Spiels entstand so etwas wie ein Wirbel, «der in einer Höhe von etwa einem Meter zwanzig bis zu einem Meter fünfzig nach oben floß. Und auf einigen Wiesenflächen, auf denen das Gras üppiger und dunkler war, wurden die Feen währenddessen besonders aktiv.» Im Bach entdeckte Hodson bei einem großen Felsen und einem kleinen Wasserfall einen nackten Wasserkobold. Seine helle Haut schimmerte rosig, und er hatte ein hübsches Gesicht. Mit den Fingern schien er durch seine langen Haare zu streichen.

Zwei Tage später – es war der 14. August – führten die Mädchen zur mondhellen Abendzeit gegen neun Uhr Hodson zu einem Feld, das von Brownies, Feen, Elfen und Erdgeistern dicht besiedelt war. Hodson berichtet, daß Frances winzige Feen in einem Kreis tanzen sehen konnte. Sie konnten ihre Körper bis zu fünfundvierzig Zentimeter in die Länge strecken. Elsie sah andere Feen, die in einem vertikalen Kreis tanzten und dabei langsam auf und ab schwebten, sich schließlich ins Gras legten und sich ausruhten. Hodson entdeckte etwa dreißig Zentimeter große Pärchen. Sie waren in ätherische Gewänder gehüllt, die ihnen ein geisterhaftes Aussehen verliehen, und tanzten in einem langsamen Walzertakt.

Gegen zehn Uhr am folgenden Abend sah Elsie auf einem von einer kleinen Fotolampe beschienenen Feld eine ganze Gruppe kleiner Kobolde, die sich von den Waldelfen unterschieden und eher wie Erdgeister oder Zwerge aussahen. Hodson seinerseits war gefesselt vom Anblick mehrerer Feen mit einer weiblichen Anführerin, der Königin. Ihr Erscheinen verursachte ein helles Licht, das auch die knapp sechzig Meter entfernt stehenden Mädchen sehen konnten. Über die Königin schrieb Hodson: «Sie benahm sich sehr selbstherrlich und gebieterisch; ihrem Befehl mußten alle anderen gehorchen. Die Feen schwärmten in einem immer größer werdenden Kreis um sie herum, wobei das Gras zu glühen schien. Offensichtlich wurde es von den Feen belebt und zum Wachsen angeregt.»

Drei Tage später – es war der 18. August, sein letzter Tag – notierte Hodson, daß Frances in der Schlucht eine Fee gesehen habe, die genauso groß wie sie selbst war. Sie trug fleischfarbene hautenge Hosen und eine Art Röckchen um die Hüften. Mit ihrem lieben Gesichtsausdruck schien sie Frances ins Feenland einzuladen. Eine andere war in irisierend schimmerndes goldenes Licht gehüllt und schwebte zwischen den Blättern und Zweigen einer Weide. Sie lächelte und hielt beschwörend einen Finger an die Lippen.

Hodson konnte sich nach eigenem Bekunden während seines Aufenthalts in Cottingley vollkommen von der Gutgläubigkeit der Mädchen sowie von der Authentizität der von ihnen gemachten Fotos überzeugen. «Ich verbrachte zwei Wochen mit ihnen und der Familie und wurde immer sicherer in bezug auf ihre hellseherischen Fähigkeiten und die Gegenwart der Feen. Diese glichen im übrigen genau den in der Schlucht von Cottingley fotografierten. Alle Beteiligten schienen mir vollkommen ehrlich zu sein.»

Doch was weitere Aufnahmen betraf, so hatten die Mädchen wenig Erfolg. Gierig darauf, mehr Negative zu erhalten, hatte Gardner die Mädchen mit einer ganzen Menge frischer Platten ausgestattet, doch die Mädchen mußten zugeben, daß die Naturgeister zwar «herauskamen» und sich ihnen näherten, sich aber abwehrend gleich wieder zurückzogen. Darüber waren die Mädchen selbst sehr traurig. Den Grund dieses Mißerfolgs sah Hodson darin, daß die Naturgeister nicht mehr in der Lage waren, mit Hilfe von Frances' Aura ihre eigene Gestalt zu verdichten, und deshalb nicht auf den Platten erschienen. In einem Brief an Doyle vermutete Gardner, daß Frances' Pubertät – sie war jetzt vierzehn – der Grund dafür sein könnte. «Es war einfach nicht genügend dichte Materie in einer passenden Form vorhanden», schrieb Gardner, «oder besser: die vorhandene wurde nicht angenommen.»

Um sichtbare Bilder zu bekommen, war – nach Gardner – demnach eine «assoziierte Aura» der beiden Mädchen nötig. Doch keines der Mädchen war anscheinend stark genug, um den erwünschten Effekt von sich aus zu bewirken. Für die Naturgeister, meinte Gardner, war es ganz sicherlich eine köstliche Empfindung, Frances' Aura bzw. ihr Ektoplasma zu nutzen, um ihre eigenen Körper zu materialisieren. «Offenbar», sagte Gardner, «hatten die Feen dies häufig getan, auch schon bevor die Kamera in Aktion trat. Die reale, fest umrissene Form ihrer Körper bereitete ihnen bestimmt eine ganz große Freude. Sie genossen diesen Zustand wie ein erfrischendes Bad. Während sie sich der Aura von Frances bemächtigten, gelangten ihre Formen vor das Objektiv der Kamera, und in diesem Zustand waren sie viel dichter als normalerweise.»

Gardner war davon überzeugt, daß jeder, der sich in der Zeit, als die Aufnahmen gemacht wurden, in der Nähe der Mädchen befand, ebenfalls die Feen hätte tanzen sehen können. Weiter erklärte er, daß die hellseherischen Fähigkeiten von Elsie wie von Frances etwas ganz anderes seien als die mediumistischen Qualitäten von Frances und daß ihr Feensehen auf ihre «ätherischen Augen» zurückzuführen sei. Mit «ätherisch» bezeichnete er «ein Feld elektromagnetischer Aktivität, in dem viele biochemische Umwandlungen stattfinden».

Nach Gardners Ansicht konnten die Mädchen also weiterhin die Feen sehen, auch wenn das Fotografieren nicht mehr möglich war. «Jeder Mensch», sagte Gardner, «hat diese ätherischen Augen; sie ähneln konkaven Scheiben hinter dem Augapfel und um ihn herum, eine Art Untertasse hinter einer Glühbirne. Diese feinstofflichen Scheiben verleihen den physischen Augen

Vitalität und Feuer und wirken normalerweise immer mit ihnen zusammen, nie unabhängig von ihnen. Wenn man das ätherische Sehen ausübt, wird im großen ganzen eine weitere Oktave Licht bewußt gegenständlich: Diese unabhängige Aktivität der ätherischen Augen kann kontrolliert geschehen oder auch unbewußt.»

Was die objektive Existenz der von den Mädchen gesehenen Geistwesen betrifft, so besteht Gardner darauf, daß «alles, was fotografiert werden kann, notwendigerweise stofflich sein muß. Kein feinstofflicher Zustand kann – in der Welt der Materie – eine Auswirkung auf die empfindlichen Platten haben.»

Bei den sogenannten «Geister»-Fotos, wie sie unter dem Einfluß von Medien bei Séancen zustande kommen, sind «zusätzliche» Personen auf den Platten zu erkennen. Nach Gardners Auffassung ist ein gewisser Grad von Materialisation nötig, damit eine «Form» auf einem Film – auch dem empfindlichsten – auftauchen kann. Aber immerhin gäbe es innerhalb unserer körperlichen Oktave schon Dichtegrade, die sich der gewöhnlichen Wahrnehmung entziehen. «So wie es viele Sterne am Himmel gibt, die von der Kamera festgehalten werden, aber noch von keinem menschlichen Auge gesehen wurden, so existieren zahlreiche lebende Kreaturen, deren Körper aus unserer Sicht so zart und fein sind, daß sie außerhalb unserer normalen Sinneswahrnehmung liegen. Viele Kinder, aber auch viele Sensitive können sie sehen. Das ist es, was wir von Feen wissen – wohlbegründete und nun auch bewiesene Tatsachen.»

Nach Gardners Bericht waren die Körper der Feen von einer äußerst geringen Dichte, «leichter als Gas». Aber als nichtstofflich dürfe man sie auf keinen Fall bezeichnen, fügte er noch hinzu. «Auf ihre Weise sind sie genauso real wie wir. Und sie erfüllen wichtige, faszinierende Aufgaben, die mit der Pflanzenwelt zusammenhängen.»

Nach diesen Untersuchungen in Cottingley erhielten Gardner und Doyle von vielen Hellsehern die Bestätigung, auch sie hätten schon alle möglichen Arten von Naturgeistern gesehen, die mit Pflanzen in Beziehung stünden. Überall würden Gräser und Bäume unter der Berührung der winzigen Arbeiter pulsieren, «deren magnetische Körper als Folie agierten, auf der die Wunder des Wachstums und der Farben möglich werden».

Über die in Cottingley fotografierten Feen und die von Hodson beschriebenen Naturgeister sagte Doyle: «Der Geist tut sich schwer, die letzten Ergebnisse zu begreifen, wenn wir wirklich auf unserem Planeten die Existenz einer Population nachweisen, die unter Umständen genauso zahlreich ist wie die der Menschen und die ihr eigenes seltsames Leben auf ihre eigene seltsame Weise führt und sich von uns nur durch einige Schwingungen unterscheidet.»

Auf die Frage, in welcher Beziehung dieses Feenwissen zum allgemeinen Denken stehe, antwortete Doyle, daß es da wohl nur eine lockere und indirekte Verbindung gäbe. Es könne aber dazu beitragen, unsere Vorstellung vom Möglichen zu erweitern und unserem Geist wieder zu mehr Flexibilität zu verhelfen. «Die ganze Feengeschichte ist unendlich klein und unbedeutend», sagte Doyle, «im Vergleich mit unserem eigenen Schicksal und dem der ganzen Menschheit.»

Hodson bestätigte Doyle, daß «die engelgleichen Wesen Mitbewohner dieses Planeten sind und ungeduldig auf unsere Anerkennung warten». Sie würden darauf nicht nur reagieren, sondern auch sinnlich wahrnehmbar in unserer Gemeinschaft existieren. Doyle teilte ganz und gar Hodsons Meinung. Deshalb sollte und würde ein Zusammenwirken der Engelwesen und der Menschen eine wichtige Rolle bei der Entwicklung einer neuen Spezies auf Erden spielen.

Auch Gardner schloß sich dem an: «Wir sollten endlich aufhören, das Wirken von Devas und Naturgeistern zu ignorieren, und statt dessen ihre teilweise Abhängigkeit von der menschlichen Denkweise erkennen. Dann könnten wir auch die erstaunliche Reaktion auf diese Anerkennung beobachten: Viele unserer Schwierigkeiten und Probleme würden auf wundersame Art gelöst werden.»

3 Die größte Feengeschichte aller Zeiten

Zum ersten Mal hörte ich von den Cottingley-Feen 1973 in Findhorn. E. L. Gardner war – als Hundertjähriger – 1970 gestorben, und ich wurde an seinen Sohn Leslie verwiesen. Er war um die sechzig, als ich ihn in seinem von einem Blumengarten umgebenen Cottage in Hastings-on-Thames nordöstlich von London aufsuchte.

Schon bei Leslie Gardners freundlicher Begrüßung war mir klar, daß er auf jeden Fall von der Echtheit der von Elsie und Frances gemachten Fotos überzeugt war. Er zeigte mir denn auch gleich die Originalglasplatten, die er von seinem Vater geerbt hatte. An diesen Besuch schloß sich ein Schriftwechsel an, in dem sich Gardner als besonders hilfreich erwies und mich mit weiteren Informationen versah, die ich unbedingt in mein Buch *Das geheime Leben der Pflanzen* einbringen wollte, ebenso wie die Interviews mit Ogylvie Crombie, Dorothy McLean und anderen, die mit eigenen – hellseherischen – Augen Naturgeister gesehen hatten und sie beschreiben konnten. Als dieses Material dann, zu Gardners großem Kummer, in dem Werk keine Aufnahme fand – teils wegen des Umfangs, teils weil die Phantasie der Leser nicht überbeansprucht werden sollte –, machte mir Gardner große Vorwürfe und brach den Kontakt zu mir ab.

Daraufhin reiste ich nach Neuseeland, um Geoffrey Hodson, der damals in Auckland lebte, zu interviewen. Ich war darauf erpicht, sein Wissen über die Naturgeister anzuzapfen und mir außerdem seine Ansichten über die astronomischen und geodätischen Kenntnisse der alten Azteken und Mayas anzuhören, über die ich ein anderes Buch schrieb. Auch er hegte keinerlei

Zweifel an der Authentizität der von den Cottingley-Mädchen aufgenommenen Motive.

Und so hätte die ganze Geschichte zu Ende sein und allmählich im Nebel der Zeit versinken können, wäre da nicht ein rühriger Fernsehproduzent, Lynn Lewis, durch einen Nachruf auf E. L. Gardner auf die Feenstory aufmerksam geworden. Gardner war bei einem Besuch der Cottingley-Mädchen gestorben. Elsie – damals um die siebzig Jahre alt – war in die Yorkshire Midlands gezogen und lebte dort gut situiert in einer Doppelhaushälfte mit Garten. Sie erfreute sich bester Gesundheit, wollte aber von der Feengeschichte nichts mehr wissen. Als sie Mitte Zwanzig war, hatte sie Cottingley verlassen und war nach Amerika gegangen, wo sie Frank Hill, einen Ingenieur aus Schottland, geheiratet hatte. Sie lebte mit ihm ein Vierteljahrhundert lang in Indien und kehrte erst für ihr Rentnerdasein wieder nach England zurück.

Sie machte Chambers klar, daß sie keine Lust hatte, die Sache von damals wiederaufleben zu lassen. Sie lehnte es inzwischen ab, daß sich die Leute mit okkulten Themen beschäftigten, vor allem mit solchen Themen wie Spiritismus, Oui-ja-Boards und Amateur-Séancen. «Was die Fotos betrifft», fügte Elsie hinzu, «so lassen Sie mich sagen, daß sie die Fiktion unserer – Frances' und meiner – Phantasien waren. Bitte lassen Sie es dabei.»

Diese Bemerkung Elsies veranlaßte Stewart Sanderson, den Präsidenten der British Folklore Society – Leute, die mehr daran interessiert waren, Geschichten über das Feenvolk zu veröffentlichen, als daß sie wirklich an die Feen geglaubt hätten –, zu der voreiligen Behauptung, daraus lasse sich der Schluß ziehen, daß die Fotos gefälscht waren. Sanderson, Englisch-Professor an der Leeds University, unternahm einen großangelegten Versuch, das Geheimnis zu lüften. Er grub die Kopie einer aus Kriegszeiten stammenden Anzeige aus, auf der Feen abgebildet waren, von denen er behauptete, sie würden der Fee auf dem ersten Cottingley-Foto gleichen.

In einer Rede vor der Folklore Society im Jahre 1973 wies Sanderson darauf hin, daß Elsie 1916, ein Jahr vor den Fotos, in einem Foto-Studio in Bradford angestellt war. Dort habe sie sicher genügend Erfahrung gesammelt, um einfache Retuschen selbst machen zu können. Außerdem habe sie schon während ihrer Schulzeit ganz hübsche Bilder von Feen gezeichnet und gemalt.

Als nächste wurde Frances interviewt. Auch sie hatte geheiratet, den Soldaten Sidney Way. Er war – genau wie ihr Vater – als Oberfeldwebel an verschiedenen Orten innerhalb Englands sowie im Ausland, unter anderem auch in Ägypten, stationiert gewesen. Auch sie hatten sich in die Midlands zurückgezogen. Die Mutter zweier Kinder wurde von der Zeitschrift *Woman* interviewt und machte dabei keinerlei Anstalten, die Echtheit der Feen zu bezweifeln: «Sie gehörten zu unserem Leben und hatten für uns nichts Abenteuerliches. Wir wußten, daß sie da waren, und sobald die Licht- und Wetterverhältnisse es zuließen, brauchte man sie nur zu fotografieren, sobald man sie sah...»

Dieser Unterschied zwischen Elsies und Frances' Aussagen veranlaßte einen anderen Fernsehproduzenten von YTV (Yorkshire Television) zu einem Zwanzig-Minuten-Report über die Feengeschichte aus Cottingley. Für den Filmtag brachte er die beiden Frauen am Originalschauplatz, dem kleinen Ort in Yorkshire, zusammen. Es war ihr erstes Treffen in Cottingley seit über einem halben Jahrhundert.

Zur Betreuung der beiden würdigen älteren Damen nahm der Produzent die Dienste eines unternehmungslustigen Journalisten, Joe Cooper, in Anspruch. Er kam am 10. September 1976 in dem Dorf an und betätigte sich als Begleiter der Damen und Kommentator vor den Kameras.

In Coopers Augen war Frances, damals knapp siebzig, eine wunderbare Person von beeindruckender Autorität, die sie als Vorsteherin des Epsom College, einer Jungenschule, erworben hatte. Sie kam aus einem nahegelegenen Hotel und war Cooper gegenüber «aufrichtig, geradeheraus und humorvoll. Sie sprach einen leichten Midland-Akzent.»

Kurz darauf kam Elsie an. Sie war Mitte Siebzig, sah aber zehn Jahre jünger aus. Sie war in «modisch weite lange Hosen gekleidet und trug einen schicken schwarzen Hut auf den blondgefärbten ergrauten Locken». Sie sprach mit schottischem Akzent, den sie wohl von ihrem schottischen Mann in den fast dreißig Indien-Jahren übernommen hatte.

Cooper beschrieb auch den Interviewer Austin Mitchell, der später Parlamentarier der Labour-Partei wurde. Er stand vor dem Cottage in Cottingley und sagte: «Hier, vor fast sechzig Jahren, spielten Elsie Wright und ihre Cousine Frances häufig in dem Bach... einem Wasserlauf hier unten, direkt hinter dem Haus. Und hier war es auch, wo sie die Feen gesehen, ja sogar fotografiert haben wollen. Das war im Juli 1917.» Unten am Bach führte Frances die ganze Mannschaft zu dem Wasserfall, wobei die Kameraleute große Mühe hatten, auf dem rutschigen Boden nicht auszugleiten. Elsie und Cooper gingen derweil ein Stückchen höher, und Elsie fand den Ort, an dem sie die Fotos gemacht hatte.

«Hier kamen die Erdgeister immer heraus», sagte sie zu Cooper, und dieser rief seine Leute herbei.

Auf die Frage, wie das Bild eines solchen materialisierten Gnoms zustande gekommen sein sollte, antwortete Elsie: «Sobald er deutlich zu sehen war, drückte Frances auf den Auslöser der Kamera.»

Mitchell: «Die Gnome – sie kommen und gehen einfach so?»

Elsie: «Ja.»

Mitchell: «Ich meine, warum habt ihr nie versucht, einen festzuhalten?»

Elsie: «Das ging nicht... Man kann ja auch keinen Geist oder so was festhalten.»

Gegen Ende der TV-Sendung war Mitchell zu der Meinung gekommen, daß die ganze Sache «ein unbewußt ausgeübter Schwindel war, über die Jahre hinweg im Gedächtnis zweier netter alter Damen vergraben, die immer noch der Meinung sind, die Wahrheit zu erzählen.»

Innerhalb der Mannschaft und des Produktionsteams war man sich einig, daß da irgendwo ein Trick sein mußte, aber niemand wußte Genaueres. Elsie und Frances – so dachte man – verharrten in einem Stadium ständiger Selbsttäuschung.

Eine Dorfbewohnerin, die das Fernsehteam beobachtet hatte, faßte die Meinung aller Dorfbewohner zusammen: «Oh, das war doch ein Scherz... Niemand in Cottingley glaubte, daß die Feen echt wären.»

Während der Sendung zeigten die ersten Bilder des YTV-Programms einen grinsenden Mitchell, der sich über Papierfiguren beugte, die Feen darstellen sollten. Fernsehtechniker hatten sie gebastelt. Doch auch damit konnte der Glaube des Journalisten Cooper nicht erschüttert werden. Er sagte, daß «man sich überall in West Riding die Köpfe darüber zerbrach, wie es Elsie möglich gewesen sein konnte, den für einen solchen Betrug benötigten Draht und das Werkzeug zu besorgen und sich die Zeit dafür zu nehmen. Woher hatte sie die Geschicklichkeit? Und konnte sie damals überhaupt heimlich arbeiten?»

Cooper gab zu, daß die Cottingley-Feen ziemlich «verbessert» aussähen, doch heiße dies noch lange nicht, daß sie nicht echt wären. Er hielt treu zu Elsie und Frances und teilte im August 1978 Elsie seine Meinung mit, daß bestimmt schon oft Feen gesehen worden waren und daß er – wie übrigens auch der irische Dichter William Butler Yeats und viele andere – daran glaube, daß die Feen uns umgeben «wie die Strahlen des Fernsehens, der Wärme, des Lichts und wie Delta- und Gammastrahlen».

Zur Unterstützung seiner Meinung nahm Cooper die Aussagen eines äußerst nüchternen Försters auf Tonband auf. Ronnie Bennett arbeitete in den Wäldern in der Nähe von Cottingley, und seine Worte gaben denen der Mädchen mehr Substanz. Bennett sagte: «Was die Natur betrifft, so bin ich wohl so vertraut mit ihr wie sonst kaum jemand... Und ich kenne Stellen im Wald, wo auch ich Feen gesehen haben... Was ich gesehen habe, ähnelt sehr dem, was auf den Fotos zu sehen war... Ich staunte nicht schlecht, als ich den Fernseher anmachte... Da sehe ich dieses junge Mädchen und tatsächlich eine Fee... Ich war noch nie auch nur annähernd so nahe dran... Das waren immer nur wenige Sekunden... Ich sprach auch nicht mit ihnen..., aber ich sah nicht nur eine, ich sah drei... Und danach schlief ich drei Nächte lang nicht.»

Ein Jahr darauf beauftragte die BBC den jungen Dramatiker Geoffrey Case aus Barnsley in Yorkshire, aus der Cottingley-Geschichte ein Theaterstück für Kinder zu machen. Man wußte, daß Case genauso von den Feen überzeugt war wie Cooper. Er schrieb das Stück, und es wurde von Anne Head produziert. Ihr hatte Frances vorher schon eine Beschreibung der Feen geschickt, die sie, Frances, in Südafrika gesehen hatte. Die Dreharbeiten zu dem Stück fanden im Sommer 1978 am Originalschauplatz in Cottingley statt, und am Mittwoch, dem 20. Oktober 1978, wurde der Film zum ersten Mal von BBC 2 ausgestrahlt.

Diese die Mädchen in Schutz nehmende Sendung rief den Protest der Orthodoxen hervor, und zwar nicht nur in England, sondern auch in den Vereinigten Staaten, der Heimat von berufsmäßigen Entzauberern wie dem Magier James Randi und vor allem von Martin Gardner. Als Mitglieder des Committee for the Scientific Investigation of the Claims of the Paranormal (Komitee für die wissenschaftliche Untersuchung der Ansprüche des Paranormalen) sahen sie sich selbst und diejenigen, die sich in ihren Dienst stellten, als die einzigen Menschen an, die rechtmäßig dazu berufen und qualifiziert waren, festzustellen, was wahre Wissenschaft ist. Sie lachten sich über Elsie und Frances halb tot und gingen zur Attacke über.

Gardner war berühmt oder berüchtigt – je nachdem –, weil er Atlantis, die Orgonomie, Dianetik, Reinkarnation, ASW (Außersinnliche Wahrnehmung), das Wünschelrutengehen, die Cheopspyramide und alle anderen von seinen Mentoren als unannehmbar bezeichneten Dinge verspottete. Er bezeichnete Wünschelrutengehen und Pendeln als «dummes Zeug» und die Menschen, die dies praktizierten, als «Betrüger». Er machte Ignatius Donnellys verständliche und weise Verteidigung des Atlantis-Mythos lächerlich, entstellte die großartigen mathematischen Berechnungen der Pyramidologen John Taylor und

Charles Piazzi Smith zur Cheopspyramide und bezeichnete diese bedeutenden Werke selbstherrlich als «pathetische Pseudowissenschaft».

Noch im Jahre 1970, als ich *Cheops* veröffentlichte, war das Thema dank Professor F. A. P. Barnard scheinbar tabu. Als Präsident des Columbia College in New York und Präsident der American Association for the Advancement of Science hatte Barnard die Cheopspyramide als «gewaltiges Monument der Dummheit» bezeichnet und ihre Erbauer wegen der «blödsinnigen Arbeit» belächelt, die darin bestanden habe, «einen Haufen schwerer Steine zu einer Masse von fast eineinhalb Millionen Kubikmetern aufzutürmen». Nach Barnard «stammten die Pyramiden aus einer Zeit, als noch keine intellektuelle Kultur existierte. Sie wurden ohne jede wissenschaftliche Methode erbaut und verdankten ihre früheste Form dem Zufall und der Laune.»

Bei der Verteidigung ihrer unhaltbaren Stellung gingen die Orthodoxen sogar so weit, die großartigen Kenntnisse der alten Ägypter auf den Gebieten der Geometrie, Geodäsie und Astronomie anzuzweifeln. Kurz bevor mein Buch erschien, konstatierte ein bekannter Ingenieur aus Baltimore in seinem Büchlein *Designing and Building the Great Pyramid* («Entwurf und Bau der Cheopspyramide»): «Es gibt in der Cheopspyramide keinen Hinweis darauf, daß sie [die alten Ägypter] irgendeine Vorstellung von der Himmelsrichtung Norden hatten beziehungsweise wußten, daß eine Nordsüdlinie eine Senkrechte zur Ostwestlinie bildet.»

Der «Spitzenmann» des amerikanischen Komitees, Randi der Magier, bezeichnete Doyles Geschichte über die Cottingley-Feen angriffslustig als «einen der dümmsten und dauerhaftesten Schwindel, die jemals über diese Wesen verbreitet wurden». Im Verein mit seinen berühmten Wissenschaftlerfreunden Sir Oliver Lodge und William Crookes lehnte er auch Doyles' Behauptung ab, daß es «überwältigende» Beweise für ein Leben nach dem Tod gäbe. Und immer wieder attackierte er Doyles' Untersuchungen über die Feen: «Der Fall zeigte alle klassischen Fehler einer solchen Untersuchung: Leichtgläubigkeit, Halbwahrheiten, Übertreibungen, offensichtliche Lügen, selektive Wahrnehmung. Der Wunsch, daran zu glauben, und jede Menge Dummheit von der schlimmsten Sorte sind hier vereint mit den schändlichsten Gutachten, die jemals auf diesem Gebiet gemacht wurden.»

Daß innerhalb dieses Komitees große Vorurteile bestanden, bezeugt ein Mitglied, das sich damit nicht einverstanden erklären konnte: Dennis Rawlins, Herausgeber von *Zetetic Inquirer*. Er verließ das Komitee und bezeichnete es als «eine Gruppe von Möchtegern-Desillusionisten, die selbst in ihren größten Untersuchungen pfuschen und die Ergebnisse verfälschen, Fehler kaschieren und einen Kollegen rausschmeißen, der damit droht, die Wahrheit zu sagen».

Cooper versuchte, die Feengeschichte in einem objektiveren Licht zu sehen, und brachte zu Beginn des Jahres 1980 drei weitere Artikel für die Zeitschrift *The Unexplained* heraus. Darin heißt es, er sei «geneigt zu glauben, daß die Cottingley-Feen wirklich fotografiert worden sind». Er beschloß seine Behauptung mit den Worten: «Die Kritiker – Lewis von *Nationwide*, Austin Mitchell von YTV, Randi und Steward Sanderson sowie Katherine Briggs von der Folklore Society – sind alles fair denkende Leute, die daran interessiert sind, Wahrscheinlichkeit und Beweismaterial in Einklang zu bringen. Dieses labile Gleichgewicht schien sich während der siebziger Jahre zugunsten der beiden Mädchen und ihrer Ehrlichkeit zu verschieben, doch ganz sicher bedürfen einige Punkte noch der weiteren Erforschung.»

Elsie und Frances erklärten sich beide zufrieden mit Coopers Artikeln, für die jede von ihnen vierzig Pfund als Honorar für die von ihnen gelieferten Informationen erhalten hatte. Damals bekam Cooper vom Verlag Constable den Auftrag, ein Buch über Telepathie zu schreiben. Gleichzeitig entstand die Idee, zusammen mit Elsie auch ein Buch über Feen zu schreiben.

Elsie war an dem Projekt interessiert und sagte Cooper zu dem ersten Foto: «Hätten wir die Feen nicht selbst gesehen,

würde ich diesem Foto keinen Glauben schenken. Diese hopsende Fee sprang fünfmal in die Höhe... Das Foto ist deshalb unscharf, weil Frances ihren Kopf nach hinten warf.»
Cooper: «Erinnern Sie sich, wann Sie das erste Mal Feen gesehen haben?»
Elsie: «Nein.»
Cooper: «Wer sah sie zuerst?»
Elsie: «Ich glaube, wir sahen sie beide zur gleichen Zeit.»
Cooper: «Und Sie waren nicht überrascht?»
Elsie: «Nein, ich glaube nicht... Die Feen waren so schön, und ich habe versucht, alles über sie zu vergessen... Man wird es leid, jahrelang immer wieder über sie sprechen zu müssen. Aber sie wollen mich immer wieder an früher erinnern – und an meine Vorstellungen von damals... daß wir alle eins sind, und wenn wir uns nicht zusammentun, dann wird niemand von uns übrigbleiben.»

Ermutigt durch Elsies Worte und neugierig auf weiteres Material, ging Cooper nach Ramsgate, um Frances zu besuchen, die dort in einer herrschaftlichen Wohnung in ihrem eigenen schönen Haus wohnte. Er traf eine scharfsinnige und launighumorvolle Frau an, die – im Gegensatz zu Elsie – keinen Kontakt mit medialen Dingen suchte. Frances war bereits Witwe, von Arthritis geplagt, «aber noch aktiv in sozialen Belangen. Sie klagte über fehlende Kontakte mit intellektuellen und fröhlichen Menschen, bekam aber häufig Besuch von ihren Kindern und Enkeln».

Cooper bat Frances, ihm genau zu erzählen, was damals am Bach geschehen war.

«Nun...», sagte Frances, «das war, als warteten wir auf den Bus. Wir warteten..., bis sie eben kamen..., und dann fotografierten wir sie.»

Ende August 1981 erhielt Cooper einen Anruf von Frances. Sie bat ihn, noch einmal zu ihr nach Ramsgate zu kommen.

In der großen Hoffnung, daß Frances sich nun entschlossen habe, ihm den 15 000 Wörter umfassenden Bericht, den sie früher einmal über die Feen geschrieben hatte, auszuhändigen, machte sich Cooper von Yorkshire aus auf den Weg. Er kam spätabends an einem Sonntag im September 1981 bei Frances an.

Am nächsten Morgen bat sie ihn, sie nach Canterbury ganz in der Nähe zu fahren. Dort besuchte sie die Kathedrale. Cooper wartete in einem Café auf der anderen Straßenseite auf sie. Als sie zurückkam, setzte sie sich Cooper gegenüber, «legte das Kinn in ihre Hände, lächelte ihn spöttisch an und beobachtete ihn eindringlich mit ihren braunen Augen hinter den runden Brillengläsern».

Cooper interessierte nur eines, und so begann er Feengeschichten zu erzählen – von Baumfeen und Bachelfen und anderen Wesen der Feen- und Elfenwelt. Plötzlich unterbrach Frances ihn: «Was denken Sie wirklich von dem ersten Foto?» Cooper sah sofort den weltberühmt gewordenen Schnappschuß von Frances vor sich, die – von Geistern umgeben – in die Kamera schaut.

Frances' amüsierter Blick heftete sich an seinen. «Dort, wo ich war, konnte ich die Hutnadeln sehen, die die Figuren hochhielten. Ich habe mich immer gewundert, daß alle Welt die Sache so ernst nimmt.»

Cooper verschluckte sich fast an seinem Kaffee, und sein Puls schlug Purzelbäume. Das war also die Wahrheit! Endlich!

«Dieses erste Foto verfolgte mich immer», sagte Frances. «Ich schwor Elsie, nie auch nur einem Menschen etwas davon zu erzählen. Doch vorigen Monat zeigte Glenn (Elsies Sohn) Elsie das Shepperton-Bild (aus dem Geschenkbuch von 1916), und Elsie gestand, daß sie die Figuren aus diesem Buch herausgeschnitten hatte. Glenn überredete Elsie, die Sache zuzugeben. Dann rief er meine Tochter Kit an und erzählte ihr die Geschichte.»

«Was ist mit den anderen vier Fotos?» fragte Cooper, der sich allmählich beruhigt hatte. «Sind auch sie Schwindeleien?»

«Drei davon ja», sagte Frances. «Das letzte ist echt. Elsie hatte gerade nichts Rechtes zur Hand, so mußten wir ein Foto von ihnen im Gebüsch machen.»

«Das ist dann also das erste Foto, das es wirklich von Feen gibt?»

«Ja.»

Als Cooper erfuhr, daß *The Unexplained* ab Frühjahr 1983 nicht mehr erscheinen sollte, beschloß er, die «Wahrheit» niederzuschreiben, wie er sie von Frances beim Anblick der Canterbury Cathedral gehört hatte. Der Herausgeber der Zeitschrift, Peter Brooksmith, war einverstanden und bat zusätzlich Fred Gettings um einen Artikel darüber, wie er an die Shepperton-Zeichnung in dem *Princess Mary Gift Book* (1916) gekommen war.

Beide Artikel erschienen im Dezember 1982 unter dem Titel «Cottingley. Endlich die Wahrheit».

Eigenartigerweise wunderte sich niemand darüber, daß Feen in Formen erscheinen, die dem Betrachter vertraut sind und somit natürlich den Shepperton-Zeichnungen ähneln, die die Mädchen so gut kannten.

Nach Coopers weiteren Aussagen lehnten Frances und Elsie von da an jeden Kontakt mit ihm ab. Frances beschimpfte ihn telefonisch als Betrüger und legte auf.

Es war sie, die beschloß – *The Unexplained* zufolge –, als erste ein öffentliches Eingeständnis zu machen. Sie rief die *Times* an, ließ sich interviewen, und heraus kam eine Story mit dem so bekannten ersten Foto. Die Überschrift lautete: «Fotos täuschen Conan Doyle. Cottingley-Feen nach Aussage der Beteiligten ein Schwindel». Es folgte eine Beschreibung der Feen-Herstellung mit Pappkarton und Haarnadeln.

Trotz allem behauptete Frances weiterhin, daß das letzte Foto wirklich Feen zeige und daß sie es selbst geschossen habe.

Elsie lehnte zuerst jeden Kommentar zu dem Artikel ab, empfing später aber einen Reporter und einen Kameramann in ihrem Haus in Nottingham. Dort ließ sie sich dabei fotografieren, wie sie eine Feenfigur aus Pappe schnitt.

Einige Tage nach der Enthüllung durch die *Times* setzte ein Reporter des *Manchester Daily Express* der ganzen Sache ein Ende: «Feen?» zitierte er lachend Elsie. «Nein, an Feen glaube ich nicht. Das habe ich noch nie getan und werde es auch nie tun.»

Der Artikel mit der Überschrift «Die größte Feengeschichte aller Zeiten» wurde ergänzt durch das Foto einer lächelnden Elsie, inzwischen einundachtzig Jahre alt.

Doch als Frances im Juli 1986 im Alter von achtzig Jahren starb, behauptete ihre Tochter, daß ihre Mutter bis zu ihrem Ende daran festgehalten habe, «daß es Feen wirklich gibt. Nie hat sie etwas anderes gedacht.»

Trotz allem war Coopers Glaube kaum erschüttert. Also machte er sich daran, ein Buch über die Cottingley-Sache zu verfassen. Er schrieb darin, daß Elsies spätere Abkehr von den Feen «meiner Meinung nach die Entscheidung einer müde gewordenen, kranken alten Dame gewesen ist, die nicht länger von den Reportern gestört werden wollte».

Was damals gespielt wurde, war nichts anderes als das ewig gleiche, seit Jahrhunderten von den Orthodoxen praktizierte Vorgehen mit dem Ziel, den Widerstand der Ketzer zu brechen. Jeder, der es wagt, den etablierten Glauben anzugreifen, weiß, daß er sich auf ein abgekartetes Spiel einläßt und daß er oder sie entweder öffentlich widerrufen muß oder das gleiche Schicksal erleiden wird wie die großen Märtyrer Hypatia, Giordano Bruno und Jeanne d'Arc. Oder wie die Millionen von Menschen, die allein in diesem Jahrhundert auf der einen oder anderen Seite in heißen und kalten Kriegen gequält und geopfert wurden.

Hier könnte die Geschichte wirklich enden – wäre da nicht Geoffrey Hodson. Er verbrachte sein Leben damit, nicht nur den Cottingley-Feen zu ihrem Recht zu verhelfen, sondern den Naturgeistern überhaupt. Denn wer über die nötige geistige Einsicht verfügt, kann sie sehen und ihre zartgewebten Wohnorte beschreiben. Ein Märchen. Es führt aus der Finsternis ins Licht.

4 Sehen heißt glauben

Das anfängliche Publikumsinteresse an den Untersuchungen der Feenfotos richtete sich später immer mehr auf die hellseherischen Kräfte Hodsons. Im Januar 1923 gründeten einige wohlhabende Theosophen in London einen wissenschaftlichen Ausschuß, der «moderne naturwissenschaftliche Ansichten mit der Theosophie» in Übereinstimmung bringen sollte. Sie luden Hodson mit seinen eindrucksvollen hellseherischen Fähigkeiten zur Mitarbeit ein. Die Theosophische Gesellschaft war das geistige Kind von Helena Petrowna Blavatsky, einer phantasiebegabten, umstrittenen Parapsychologin aus Rußland. Sie gründete die Gesellschaft 1875 in New York, unterstützt von dem amerikanischen Journalisten und Buchautor Henry Steel Olcott, einem vom Okkultismus begeisterten Colonel. Die 1831 im Nordkaukasus als Kind eines russischen Leutnants und einer Prinzessin des russischen Herrscherhauses geborene Blavatsky behauptete, von Kindheit an in zwei Welten gelebt zu haben: in einer körperlich-materiellen und in einer geistigen. Letztere war bevölkert von sichtbaren und unsichtbaren Weggefährten, wobei sich ihr, der damals Sechzehnjährigen, eines dieser Wesen – wie sie selbst erzählte – in Fleisch und Blut während eines Spaziergangs im Londoner Hyde Park zeigte. Es steckte in der Gestalt eines indischen Rajputen, des Prinzen Koot Hoomi, und weissagte ihr, daß sie ihn eines Tages in seinem Aschram im Himalaya aufsuchen würde – eine zur damaligen Zeit unvorstellbare Prophezeiung.

Die Blavatsky wurde von ihren Eltern mit einem dreimal so alten russischen General verheiratet. Noch in der Hochzeitsnacht floh sie und reiste in vielerlei Verkleidungen durch die

Welt. Ihren Lebensunterhalt verdiente sie sich jahrelang mit Zauberkunststücken. Sie behauptete, wie von Koot Hoomi vorausgesehen, in Indien und Tibet großes Wissen in der Arkandisziplin erworben zu haben, viele geheime Meister gehabt zu haben und in die Mysterien eingeweiht worden zu sein.

Im Jahre 1873 forderten ihre «Meister» von ihr, Paris zu verlassen und nach New York zu gehen, um dort die Theosophische Gesellschaft zu gründen mit dem Ziel, «das Wissen der Gesetze, die das Universum regieren, zu sammeln und zu verbreiten». Zu den ersten Mitgliedern der Gesellschaft gehörten der Erfinder der Glühbirne, Thomas Edison, und General Abner Doubleday, angeblicher Erfinder des Baseballspiels.

Der Terminus «Theosophie» beziehungsweise «göttliches Wissen» bezeichnete damals eine ganze Reihe mystischer Spekulationen, die mit der Kabbala und den Schriften von Okkultisten wie Paracelsus und Robert Fludd in Verbindung standen. Unter der Prämisse, das keine Religion höher steht als die Wahrheit, beabsichtigte die Gesellschaft, «alle Religionen, Sekten und Nationen in einem gemeinsamen Ethiksystem zusammenzuführen, das sich auf ewige Wahrheiten gründet». Colonel Olcott sagte, man müsse «die öffentliche Meinung von theologischem Aberglauben und von der feigen Unterwürfigkeit gegenüber der Arroganz der Wissenschaft befreien». Weiter hatte er vor, eine multinationale, multiethnische und multikonfessionelle Gemeinschaft von Frauen und Männern zu bilden. Sie sollten in «bürgerlicher Liebe» vereint sein und sich in selbstloser Nächstenliebe, in gemeinsamer Arbeit und gegenseitigem Wohlwollen engagieren mit dem Ziel, das wirklich zu erreichen, was andere Gesellschaften – etwa die Freimaurer – nur versprachen: Brüderlichkeit innerhalb der Mitgliederschaft, ohne Ansehen der Rasse, des Glaubens und der sozialen Stellung. Die Blavatsky erkannte, daß soziale Mißstände, Armut, Elend und Krankheit große Teile der Bevölkerung in westlichen Ländern beeinträchtigten und eine Weiterentwicklung von Körper und Geist der Menschen nicht zuließen. Sie verlangte von der Gesellschaft, klar und deutlich gegen den kruden Materialismus, gegen Gleichgültigkeit,

Luxus und Zügellosigkeit Stellung zu nehmen. Außerdem galt ihr Protest der allgemeinen Unfreundlichkeit und Ungerechtigkeit, und sie vermißte Liebe und Mitleid.

In New York verfaßte die Blavatsky ihren ersten großen theosophischen Text, das monumentale Werk *Entschleierte Isis*. Darin bezeichnet sie die Menschen als geistige Wesen und verfolgt ihre Geschichte durch Äonen von Karmastationen. Glaubt man Olcott, so hat sie das Buch auf astralem oder telepathischem Wege von ihren höherstehenden Meistern empfangen. Er beschrieb, wie ihre Feder über die Seiten flog und schließlich innehielt. «Dann schaute sie mit dem geistesabwesenden Blick einer Hellseherin in den Raum, verkürzte ihre Sicht, als würde sie irgend etwas Unsichtbares direkt vor sich in der Luft festhalten wollen, und schrieb auf, was sie sah.»

Die erste Auflage war in zehn Tagen vergriffen. Manly P. Hall, Verfasser umfassender okkulter Werke, bezeichnete das Buch damals als «den lebendigsten literarischen Beitrag für die moderne Welt». Auf *Entschleierte Isis* folgte in kurzem Abstand *Die Geheimlehre*, ein zweibändiges Werk von insgesamt 1600 Seiten mit den Einzeltiteln *Kosmogenesis* und *Anthropogenesis*.

Die Theosophie wollte die lebenswichtigen Wahrheiten lehren, die in allen Religionen enthalten sind. Damit sprach sie Christen, Buddhisten, Hindus, Parsen, Juden und Muslime gleichermaßen an. Tatsächlich gehörten zu ihrer Gesellschaft Menschen solch unterschiedlicher Bekenntnisse, die auch weiterhin an ihrer Religion festhielten.

Große Leuchten der Gesellschaft waren Annie Besant und Charles W. Leadbeater. Die damals über vierzig Jahre alte Besant – die «streitsüchtige Annie» – war als Rebellin, Freidenkerin, radikale Aktivistin, Sozialistin der Fabian Society, Frauenrechtlerin und brillante Rednerin bekannt. Als der Herausgeber der *Pall Mall Gazette*, William T. Steed, sie bat, *Die Geheimlehre* von Blavatsky zu rezensieren (mit der Steed selbst nichts anfangen konnte), verschlang Annie Besant die 1600 Seiten und wurde quasi über Nacht Theosophin: «geblendet vom Licht, in dem Dinge, die scheinbar nichts miteinander zu tun haben, als Teile eines großen Ganzen gesehen werden. Plötzlich schienen sich alle meine Fragen, Probleme und Rätsel aufzulösen. In einem einzigen Lichtblitz erkannte ich, daß die anstrengende Suche vorüber und die eine einzige Wahrheit gefunden war.»

Als Annie Besant im Jahre 1887 die Blavatsky in London traf, wurde sie deren Assistentin und nach ihrem Tod 1891 Leiterin der Theosophischen Gesellschaft. Als leidenschaftliche Befürworterin der politischen Befreiung Indiens verbrachte die Besant viele Jahre auf dem Subkontinent und wurde schließlich zur Präsidentin des indischen Nationalkongresses gewählt.

Der Hauptbeitrag, den der als Enfant terrible der Theosophie wohlbekannte Charles W. Leadbeater für die Gesellschaft leistete, bestand in einem Dutzend Aufklärungsbüchern zum Thema. Er reiste gern durch die Welt – in die purpurfarbene Robe eines Bischofs der Liberal-katholischen Kirche gewandet, mit Krummstab und juwelenbesetztem Kreuz.

Die Theosophische Gesellschaft Englands veröffentlichte eine ganze Reihe detaillierter Informationsschriften über die Zustände diesseits und jenseits des Todes, über das Wesen von Äther-, Astral- und Geistkörpern, über die Gesetze des menschlichen Wachstums und des Karmas, über den Sinn des Lebens und über den raschesten Weg, das Ziel der menschlichen Entwicklung zu erreichen, wobei die Quelle dieses Geheimwissens das Hellsehen in seinen verschiedenen Formen darstellte.

Leadbeater beschrieb die drei Grundformen des Hellsehens: Mit dem einfachen Hellsehen erkennt der Mensch, was immer sich an «astralen oder ätherischen» Wesenheiten um ihn herum befindet. Er kann aber keine weit entfernten Orte sehen und keine Szenen erkennen, die in einer anderen Zeit als der Gegenwart spielen. Als räumliches Hellsehen bezeichnete Leadbeater die Fähigkeit, weit entfernte Szenen oder Ereignisse zu erkennen – zu weit entfernt, um mit dem Auge wahrgenommen zu werden, oder von dazwischen liegenden Objekten verborgen. Das zeitliche Hellsehen befähigt den damit Begabten, Gegenstände oder Ereignisse zu sehen, die außerhalb seiner Zeit liegen. Er kann also in die Vergangenheit sowie in die Zukunft schauen.

Das alles soll in der feinstofflichen Substanz Akasha niedergelegt sein. Dieses Sanskritwort heißt soviel wie «Raum-Äther» und bezeichnet eine Chronik der Ereignisse des Planeten, der Sonne, der Galaxis und des ganzen Kosmos vom Anbeginn der Zeit an – bis hin zu solchen «Kleinigkeiten» wie den Gedanken, die sich Caesar bei der Führung seiner Legionen gemacht haben soll. Auf der Astralebene, behauptet Leadbeater, bewegen sich die übermittelten Bilder gelegentlich. Auf der höheren mentalen Ebene erscheinen sie als eine endlose Folge bewegter Filmbilder.

So verwunderlich derartige Kunststücke des Hellsehens auch sein mögen, so wenig kann man ihre Existenz leugnen, auch wenn ihre Erklärung so dünn wirkt wie die der schwachen Kernkraft der Physiker. Die theosophische Literatur beschreibt viele Ebenen des Hellsehens, wobei die elementare Fähigkeit das «ätherische Sehen» darstellt. Dabei sieht der damit Ausgestattete mit Hilfe einer «ätherischen Retina», die – wie Hodson es schilderte – hinter der körperlichen liegt. Mit ihr kann der Sehende die Aura erkennen, die den menschlichen Körper umgibt.

Okkultisten behaupten, der Ätherleib gleiche dem stofflichen Leib in seiner Form, durchdringe diesen und gehe leicht über ihn hinaus. Seine Substanz ist feiner als Glas, und seine geisterhafte bläulich-rosa Farbe, die an eine dunkle Pfirsichblüte erinnert, leuchtet hell und wabert leicht. An den Stellen der Organe ist der Ätherleib durchzogen von Strömen in den unterschiedlichsten Farben, vorwiegend in Orange und Gelb. In der Verdichtung reflektiert er das Licht, wird – wie auf parapsychologischen Fotos – sichtbar, ja sogar fühlbar. Jedes Lebewesen besitzt angeblich einen solchen Ätherleib. Er hat die Aufgabe, dem stofflichen Körper «Leben» zu verleihen, da er ohne ihn zu Staub zerfiele – wie es im Tod geschieht.

Noch subtiler als ätherisches Sehen ist das Astralsehen. Da der Astralkörper feinstofflicher ist als der Ätherleib, durchdringt ersterer den Ätherleib sowie die stoffliche Physis und legt sich zwischen beide. Den Okkultisten erscheint der Astralleib als eine eiförmige, sich in ständiger innerer Bewegung befindende Wolke, die den physischen Körper umschließt und sich auflöst, je näher sie dem Boden kommt. Seine Aufgabe ist es, Gefühle zu ermöglichen, Wünsche und Emotionen zusammenzubringen und als Brücke zwischen dem Ätherleib und unserem spirituellen «Selbst» – das sich zwischen Geist und Materie befindet – zu dienen. Dabei nimmt er alle Farben des Regenbogens an, entsprechend dem Verlangen, das ihn belebt. Der Astralleib verleiht dem Ätherleib Bewußtheit, ohne die er im Stadium des Schlafes bleiben würde. Kurz gesagt: Leben gehört zum Ätherleib, Bewußtsein zum Astralleib und Gedächtnis zu unserem augenblicklichen Sein. Was für den physischen Körper der Tod, ist für den Ätherleib der Schlaf und für den Astralleib das Vergessen. Das im Vergleich zum ätherischen Sehen subtilere astrale Sehen erfordert keine spezialisierten Organe. Der Hellsichtige kann die Gegenstände hinter und unter sich gleich gut erkennen, ohne dabei den Kopf bewegen zu müssen.

Laut Leadbeater besteht das einfache Hellsehen aus plötzlichen Lichtblicken einer Einsicht bis hin zum Vollbesitz der Fähigkeiten ätherischen wie astralen Sehens. Beim ätherischen Sehen verändert sich das Aussehen unbelebter Gegenstände auf aufregende Weise, weil die meisten durchsichtig werden. Eine Steinmauer erscheint dabei nicht kompakter als ein dünner Nebelschleier, so daß der Seher erkennen kann, was im angrenzenden Raum geschieht. Auch kann er den Inhalt einer verschlossenen Kiste beschreiben, einen versiegelten Brief lesen oder – mit ein bißchen Übung – eine in einem zugeschlagenen Buch versteckte Botschaft entdecken.

Mit dem ätherischen Sehen bekommt fester Boden eine gewisse Transparenz, so daß der Seher in eine beträchtliche Tiefe hineinsehen kann, manchmal so deutlich, als sähe er durch fast klares Wasser. Er kann ein Tier erkennen, das sich grabend fortbewegt, oder Kohle- und Erzadern unterscheiden, sofern diese nicht zu tief liegen. Aber auch belebte Dinge werden durch das ätherische Sehen verändert: Menschen und Tiere werden gleichermaßen transparent, so daß man die inneren Organe bei ihrer Arbeit beobachten kann und sogar – in gewissem Ausmaß – Krankheiten zu diagnostizieren vermag.

Zur Unterscheidung von ätherischem und astralem Sehen mußten in den Büchern über das Hellsehen neue Wörter gefunden werden: Das ätherische Sehen wird «Durchsicht» (englisch: *troughth*) genannt, womit die Fähigkeit gemeint ist, durch undurchsichtige Gegenstände hindurchzusehen. Das Astralsehen hingegen wird als «Innensicht» (englisch: *withinth*) bezeichnet, als eine Art vierdimensionales Sehen, bei dem man einen Gegenstand von allen Seiten zur gleichen Zeit sowie von innen wahrnimmt. Den Unterschied zwischen ätherischem Sehen und astralem Sehen erklärt Leadbeater so: Ein auf allen Seiten beschrifteter Holzwürfel würde für das ätherische Sehen durchsichtig wie ein Glaswürfel, und man könnte die Schrift auf der Vorderseite erkennen. Die Schrift auf der Rückseite würde von hinten nach vorne zu lesen sein, und die Seitenbeschriftung wäre erst zu lesen, wenn man den Würfel entsprechend drehen würde. Mit der Astralsicht betrachtet, wären alle Seiten gleichzeitig erkennbar, mit der Schrift nach oben, als wäre der Würfel flach auseinandergefaltet. «Trotzdem würde man jedes Teilchen im Innern sehen und nicht durch sie hindurchsehen. Man würde sie von einer anderen Seite her erkennen, mit rechten Winkeln in allen Richtungen.»

Das astrale Sehen ist nach Ansicht der Theosophen vergleichbar mit dem Sehen in der vierten Dimension. Astralsichtige können ohne Schwierigkeiten jede Seite eines zugeklappten Buches lesen, denn sie schauen nicht durch die Seiten – wie die des ätherischen Sehens Mächtigen –, sondern sehen jeweils nur eine Seite, als wäre diese die einzige. Dies wäre für einen Äthersichtigen kaum möglich, da er sich jede Seite durch alle anderen hindurch anschauen müßte. Leadbeater drückt es so aus: Mit der Äthersicht nimmt der Beobachter mehr oder weniger deutlich den relativ dichten ätherischen Körper der niederen Ordnungen der Naturgeister wahr, die noch zu fein sind, um irgendwelche Strahlen innerhalb des normalen Lichtspektrums zu reflektieren. Zu diesen Wesen gehören seiner Meinung nach Feen, Zwerge und Brownies. Der größere Teil der Naturgeister aber ist aus dem viel feineren Astralstoff, und das astrale Sehen eröffnet dem

Beobachter eine völlig neue Weltsicht. «Jeder, der über das vollkommene Astralsehen verfügt», sagt Leadbeater, «sieht praktisch alles in dieser Welt, das er sehen möchte. Seinem Blick öffnen sich die geheimsten Orte, und die sperrigsten Gegenstände existieren nicht für ihn, sobald er nur seine Sichtweise ändert.»

Der mit beiden Sichtweisen in höchster Form ausgestattete Hodson war für die Londoner Theosophen von unschätzbarem Wert. Um von seinen Begabungen möglichst viel profitieren zu können, teilte sich die Versammlung in verschiedene Sektionen, und jede beschäftigte sich mit einem bestimmten Bereich wissenschaftlichen Denkens: Parapsychologie, Heilen, Anthropologie, Geologie, Psychologie, Erkennen von Krankheiten. Um an diesen Untersuchungen teilnehmen zu können, verkauften die Hodsons ihr Haus in Preston und zogen nach London.

Zu den ersten Experimenten, an denen Hodson teilnahm, gehörte eines, das bereits Besant und Leadbeater für *Okkulte Chemie* erforscht hatten und von dem Hodson bis dahin nur wenig Ahnung hatte. In numerierten Glasröhrchen befanden sich verschiedene Gase in ihrer reinsten Form, und Hodson sollte sie mit Hilfe seiner hellseherischen Kräfte erkennen. Das erste Gas war Sauerstoff.

Ähnlich wie Leadbeater beschrieb auch Hodson die Atome, die er durch seine Siddhi-Kräfte sehen konnte, als umeinanderwirbelnde und -schießende Energiezentren. Auch ihm gelang es, sie anzuhalten, um sie besser untersuchen zu können. Hodson konzentrierte sein Bewußtsein auf das Sauerstoffatom und verglich das, was er sah, mit der Sicht von einem Planeten ins Sonnensystem. Die Ähnlichkeit des Aufbaus und der Größenverhältnisse beeindruckten ihn tief. Die durch die gewaltige Vergrößerung hervorgerufene Veränderung der Wahrnehmung bewirkte, daß das von einem Punkt in seinem Innern aus untersuchte Atom so unermeßlich groß erschien wie das Sonnensystem.

Hodson beschreibt das Sauerstoffatom als ein eiförmiges, von einem spiraligen Kraftfluß umgebenes Gebilde. Im Innern des Eis nahm eine Art Säule etwa ein Fünftel des gesamten zur

Verfügung stehenden Raumes ein. Um sie herum wand sich eine Doppelspirale, die durch die rasche Drehbewegung kleiner Kügelchen entstand. Diese Kügelchen hatten einen Durchmesser von etwa einem Sechzigstel der Eiform. Innerhalb dieser zentralen Säule sah Hodson «einen goldenen, sonnengleichen Brennpunkt, aus dem eine nicht berechenbare Energiemenge hochwallte und aus dem Innern des Atoms hinausfloß, als würde sie von einer höheren Ebene zu einer tiefer gelegenen strömen».

Hodsons Fähigkeit zur Vergrößerung war erstaunlich. Schließlich ist die Größe eines Sauerstoffatoms vergleichbar mit der eines Menschen in der Galaxis. Als man Hodson ein Röhrchen mit Chlorgas gab, ohne ihm den Inhalt zu verraten, sah er grünliche, hantelförmig gebogene Atome, die an den Enden strahlten und paarweise gemeinsam hin- und herschwangen, als wären sie miteinander verbunden. Diese Bewegung erinnerte ihn an Tänzer, und diese seine Beschreibung wiederum stimmte mit der in *Okkulte Chemie* wiedergegebenen überein. Weiter sah Hodson zwölf Trichter an jedem Ende des Chlorgasbalkens, wobei die Trichterseiten wie «Orte eines Kraftstroms» erschienen. Zwölf Trichter waren auch in *Okkulte Chemie* erwähnt.

Auch Hodsons visionäre Reichweite war beeindruckend. Selbst die Bitte, zwei weiße Pulver zu benennen, die von völlig unterschiedlicher chemischer Zusammensetzung waren und für einen Normalsichtigen gleich aussahen, bereitete ihm keine Schwierigkeiten. Er identifizierte sie sofort als Natriumsulfat und Magnesiumsulfat.

Ein weiteres Experiment bestand darin, den Fluß des elektrischen Stroms durch einen Draht zu bestimmen. Dabei wußte er nicht, ob der Strom angeschaltet war oder nicht. Auch die unterschiedliche Emanation der Nord- und Südpole von Magneten konnte er beobachten, ja, diese Strahlungen sogar im Dunkeln erkennen.

Ein praktischer Nutzen aus Hodsons hellseherischen Fähigkeiten ergab sich auf dem Gebiet der Bakteriologie. In mehreren Experimenten, die im November 1927 anfingen, ging es um

Kulturen von Darmbakterien, die mehreren Menschen entnommen wurden. Diese Bakterien gehörten zu den Erregern verschiedener Darmerkrankungen, etwa der Ruhr. Alle Kulturen waren durch homöopathische Verfahren bis zur dreißigsten Potenz verdünnt. Eine solche Potenz macht es praktisch unmöglich, irgendeinen Stoff außer destilliertem Wasser in der Verdünnung festzustellen. Hodson wurden die Lösungen in numerierten Glasröhrchen vorgelegt mit der Bitte um hellseherisches Erkennen. Obwohl keinem während des Experiments Anwesenden die Lösung bekannt war (so daß Gedankenübertragung oder Gedankenlesen ausgeschlossen blieben), konnte Hodson eine Verbindung herstellen zwischen dem Fläschchen und dem Menschen, von dem der Inhalt stammte, ja, er vermochte sogar genau Geschlecht, Alter und andere Einzelheiten des Patienten zu bestimmen. Im Gegensatz zu dem berühmten amerikanischen Parapsychologen Edgar Cayce, der solche Beschreibungen nur in Trance geben konnte, benannte Hodson die Qualitäten der ihm vorgelegten homöopathischen Mittel in hellwachem Zustand und beschrieb ihre Wirkungsweisen «mit einer erstaunlichen Geschwindigkeit».

Eine weitere, ebenso bemerkenswerte Begabung Hodsons zeigte sich darin, daß er die relative Position der Planeten im Sonnensystem an beliebigen Tagen genau angeben konnte. Dadurch bekam man eine rationale Erklärung dafür, wie es alten Völkern wie den Mayas möglich gewesen ist, so außergewöhnlich exakte, Tausende von Jahren gültige Kalender zu berechnen, in denen die korrekte Position der Planeten zu jeder x-beliebigen Zeit vermerkt ist, ohne daß ihnen irgendwelche astronomische Instrumente zur Verfügung gestanden hätten.

Am 7. Dezember 1928, genau um 11 Uhr 30, bekam Hodson den Auftrag, mit seinen hellseherischen Kräften das Sonnensystem zu erforschen und den Stundenwinkel der Planeten sowie ihre relative Entfernung von der Sonne anzugeben. Hodson wußte dabei nicht, daß man einen Plan des Sonnensystems in Form eines Zifferblatts aufgezeichnet hatte, auf dem die Sonne auf der 1-Uhr-Position stand und die Erde auf der 6-Uhr-Position. Die heliozentrischen Positionen der Planeten waren auf das Zifferblatt mit seinen verschiedenen Stundenangaben verteilt worden, entsprechend dem nautischen Jahrbuch für diesen Tag. Hodson plazierte den Planeten Uranus genau auf 8 Uhr 30, Neptun auf 3 Uhr, Merkur auf 1 Uhr, Mars auf 6 Uhr und Jupiter auf 7 Uhr. Später wiederholte er diese Beobachtung noch mehrmals und gab jedesmal die Stundenwinkel der Planeten und ihre relative Entfernung von der Sonne an – nur mit Hilfe seiner hellseherischen Begabung natürlich.

Die Psychometrie ist die Wahrnehmung von Tatsachen, die mit einem Gegenstand in Zusammenhang stehen, zum Beispiel seiner Entstehung oder Herkunft – und zwar allein durch Kontakt oder auch nur Nähe zu dem Gegenstand selbst. So beschreibt es Leadbeater und stellt gleichzeitig fest, daß diese Begabung von der Astralsicht herrührt, obwohl sie von Ätherstrahlungen abhängt. Der Psychometriker entwickelt eine Beziehung zwischen dem Ort des Geschehens und dem Geschehen selbst. Dies vollzieht sich mit Hilfe eines materiellen Gegenstandes, der – wie Okkultisten es erklären – noch mit der Ätherebene des Orts verbunden ist, von dem er entfernt wurde. Nach Leadbeater strahlt jeder stoffliche Gegenstand in alle Richtungen aus, und diese Strahlungen werden unaufhörlich auf einer höheren, feinstofflichen Ebene, dem Akasha oder Raum-Äther, vermerkt.

Hodson beschreibt sehr ausführlich die Methoden, einen Gegenstand von einer zeitlich wie räumlich weit entfernten Stelle zu psychometrisieren, zu vermessen, indem man ihn einfach nur vor sein Stirnchakra – oder das «dritte Auge» – hält. «Untersuche ich ein Fossil, sehe ich als erstes kleine Bilder seiner Umgebung vor meinen Augen, dann wechselt die Szene, und die Vision wird immer weniger Bild und immer mehr meine Umgebung, so daß ich darin präsent bin und die Ereignisse noch einmal durchlebe... Das ergibt ein Gefühl der Unmittelbarkeit. Man steckt mittendrin in der Szenerie, und ich habe sogar die entsprechende Temperatur in meinem physischen Körper gespürt.» Aber man kann nicht in die Aktion eingreifen, sagt Hodson: «Wenn ich gefragt werde, ob diese Kreatur einen Schwanz hat, sie aber gerade (darauf) sitzt, kann ich nichts weiter tun als warten, bis das Wesen aufsteht und ich mehr erkennen kann. Es ist mir dann nicht vergönnt, andere okkulte Kräfte anzuwenden, um durch den Körper hindurch bis zu einem eventuell vorhandenen Schwanz zu schauen.»

Sehr nützlich ist die Psychometrie bei archäologischen Ausgrabungen. Dies war der Fall bei Hodsons parapsychologischer Erforschung der Stadt Teotihuacán in der Nähe von Mexiko City, die zwei Jahrtausende vor den großartigen Bauten der Sonnen- und der Mondpyramide in aller Pracht erstrahlte.

Im Jahre 1956, als noch nichts von der alten Stadt sichtbar war, stand Hodson auf der Sonnenpyramide und berichtete von Zeremonien aus der Zeit zwischen 500 v. Chr. und 500 n. Chr., die von Priestern in leuchtender Federkleidung geleitet wurden. Kurz danach zeigte die eben noch blühende Stadt erste Anzeichen ihres Untergangs. Hodson sah die einzelnen Viertel der Stadt, die ärmlichen Behausungen der niederen Klassen und die von Höherstehenden bewohnten komfortablen Häuser in der Nähe der Tempel. Die Gebäude waren aus seiner Sicht mit flachen Dächern versehen, aus Ziegeln und Stein gebaut, einige hatten gar keine Dächer. Er sprach außerdem von langen, geraden Straßen, die sich im rechten Winkel trafen.

Erst Mitte der sechziger Jahre war es René Millon, Professor für Anthropologie an der Universität von Rochester, möglich, genügend Mittel von der National Science Foundation in Washington, D.C., zu erhalten, um eine Luftmeßkarte von der gesamten Ausgrabungsstätte Teotihuacán anfertigen zu können. Damit erhielt er die exakten Ausmaße der alten Stadt und stellte fest, daß Hodsons Beschreibung erstaunlich genau war. Millon entdeckte eine Stadt, die sich auf der Höhe ihrer Entwicklung um das Jahr 500 unserer Zeitrechnung über etwa zwanzig Quadratkilometer erstreckte. Die großzügig angelegte Stadt war aber nicht nur sehr ausgedehnt, sondern auch gut geplant; sie wimmelte von Menschen und stellte eine der größten vorindustriellen Städte der Welt dar – ihre Ausdehnung war größer als die des kaiserlichen Rom. Millons Karte zeigte die Stadt Teotihuacán auf dem Höhepunkt ihrer Macht. Sie war in vier Viertel unterteilt und wurde von parallel verlaufenden Straßen durchkreuzt. Wie die Archäologen feststellen konnten, gab es danach Anzeichen des Niedergangs. Die Katastrophe muß etwa 750 n. Chr. eingetreten sein. Sie machte aus dem einst blühenden Ort eine Geisterstadt. Als Cortés zu Beginn des 16. Jahrhunderts dort eintraf, war das ganze Gebiet von einer Schlammschicht bedeckt.

Im Dezember 1957 befand sich Hodson in Neuseeland und wurde von einem Parlamentsmitglied und Doktor der Chemie, D. D. Lyness, eingeladen, an einer weiteren Untersuchungsreihe teilzunehmen, um auf hellseherischem Wege Atome zu erkennen. Die Ergebnisse veröffentlichte Lyness selbst in der Schrift *Some Recent Clairvoyant Research in New Zealand*. Darin beschreibt Hodson die Methode, Graphit auf mehreren Ebenen der Vergrößerung zu untersuchen. «Als erstes sehe ich nur schwarzes Pulver, und ich weiß, daß ich mich noch auf der stofflich-physikalischen Ebene befinde. Dann schalte ich meine Willenskraft ein, um eine Vergrößerung zu bekommen. Dabei verschwindet zuerst das schwarze Pulver; statt dessen sehe ich jede Menge unbeschreiblich winziger Nadelspitzen aus Licht, die sich rasch in alle Richtungen bewegen.» Für Hodson schien der ganze Raum mit diesen Mini-Lichtpunkten ausgefüllt zu sein. «Manchmal gab es winzige Explosionen in ihrem Mittelpunkt, die kleine Blitze auslösten. Ich kann das mit offenen wie mit geschlossenen Augen sehen.»*

In der Hoffnung, den Bereich von *Okkulte Chemie* auszu-

---

* Hodsons Schilderung stimmt mit der bemerkenswerten Arbeit des Biologen Gaston Naessens aus Frankreich überein. Er entwickelte ein wirksames Mittel gegen verschiedene Krebsarten. Sein neues Mikroskop machte es ihm möglich, lebendiges Blutplasma mit einer größeren Auflösung als unter einem Elektronenmikroskop zu beobachten. Dabei entdeckte er Tausende von kleinen Lichtpünktchen, die er als «Somatiden» bezeichnete. Er glaubte, darin würde sich das biologische Leben manifestieren.

weiten, führte Lyness in den Jahren 1958 und 1959 in Australien eine weitere Reihe von Experimenten mit Hodson durch. Sie hatten das Ziel, ein einziges Elektron zu identifizieren, das viel kleiner ist als die von den ersten Theosophen beschriebenen «Atome». Wenn ein Kohlenstoffatom zur Größe der Riesenstadt Teotihuacán aufgeblasen werden könnte, würden seine Elektronen die Größe von Erbsen haben! In der Hoffnung, man könne solche Elektronen am ehesten an einem Ort entdecken, der quasi von ihnen überquoll, gab Lyness Hodson eine Kathodenstrahlröhre. Hier treten Elektronen zwischen den Polen eines starken Magneten aus und werden von ihm abgelenkt. Als die Lage des Magneten verändert wurde, konnte Hodson die Richtung der Ablenkung genau feststellen. Hodson zufolge, dessen Sprache eher die eines Panzeroffiziers war denn die eines Teilchenphysikers, bestand der Strahl aus rasch dahineilenden Teilchen. Darum herum habe sich wie ein Aal eine Spirale bewegt und sich dabei wie in einer Reihe von Wellenkämmen verdickt und verdünnt, «als ob man einen Draht um einen anderen Draht wickeln würde und dieser zweite Draht... aus sich schnell bewegenden Teilchen bestünde. Aber sie bewegen sich nicht in die gleiche Richtung wie der große Draht, sondern immer um ihn herum und herum und herum, als ob der Hauptdraht mitten durch sie hindurchginge.»

Professor Smith kommentierte diese Analyse Hodsons, wobei ihm auffiel, daß dieser förmlich nach Worten rang, halbe Sätze ausstieß und diese schließlich durch passendere Ausdrücke ersetzte.

Einige Elektronen, die Hodson ausmachen konnte, waren in die Länge gezogene Teilchen, die sich auffällig drehten wie die kleinsten Bestandteile der von Leadbeater und Besant entdeckten Materie, ihrer «letzten physikalischen Atome»; nur daß sie viel kleiner waren. Hodson erkannte in einem eine spiralartige Bewegung. «Ich kann keinerlei Angaben über die Größe machen – innen bewegt es sich wie eine Doppelspirale. ... Es ähnelt einer Kastanie mit ihrer Schale. Es hat allerdings keine glatte Oberfläche, es strahlt von sich aus; ja, es schickt Strahlen und

Kraftlinien um sich selbst herum aus, und diese stehen wie Dornen heraus in einer Länge von eins, zwei, drei – etwa einem Sechstel oder Achtel des Durchmessers, Seitendurchmessers, des Objekts... Aber man darf sich nicht die Oberfläche einer Kastanie vorstellen. Sie (die Dornen) sind viel dichter als bei ihr.»

Der vermutlich wichtigste Teil der Hodsonschen Vision von sich spiralförmig bewegenden Elektronen war seine Beschreibung ihrer Bewegung in einer Kathodenstrahlröhre. Dies hatte der österreichische Physiker Erwin Schrödinger, der Entdecker der Wellenmechanik, genauso vorhergesagt, was aber, wie Lyness bemerkte, Hodson nicht bekannt sein konnte. Hodsons Fähigkeit zur Vergrößerung war viel effektiver als die eines jeden Mikroskops, wenn man bedenkt, daß der Elektronenradius – im Jahre 1990 schließlich gemessen – weniger als 0,000000000000000001 Zentimeter (18 Nullen!) beträgt!

Lyness reagierte auf diese Experimente und Resultate mit der Bemerkung, Hodson habe wirklich Elektronen beobachtet, da sie den Gesetzen der Ablenkung in einem magnetischen Feld gehorchten. So blieb kein Zweifel: Er hatte tatsächlich gesehen, was er so lebendig und dramatisch beschrieb: «Seine Wahrhaftigkeit und Integrität scheint durch alle seine Worte.»

Die effektivste der von Hodson und Leadbeater entwickelten Methoden, entfernte Dinge von weitem zu erkunden, besteht vermutlich in der Aktivierung des Stirnchakras, des «dritten Auges». Leadbeater fand einen Weg, mit Hilfe von Astralstoff eine direkte Verbindungslinie zu den weit entfernten Gegenständen herzustellen. Wie bei einem Telegraphendraht werden dabei Schwingungen übertragen, mit deren Hilfe «alles gesehen werden kann, was am anderen Ende geschieht». Er behauptete, daß es dem menschlichen Willen möglich sei, mehrere Parallellinien von Astralatomen zu polarisieren, so daß sie vom Beobachter zur gesehenen Szene führen. Alle betroffenen Atome werden dann eine Zeitlang mit ihren Achsen streng parallel gehalten, so daß sie eine Art Zeitröhre bilden, durch die der Hellseher schauen kann.

Der Anblick einer solchen, durch den «Astralstrom» beobachteten entlegenen Szene «ähnelt der Sicht durch ein Teleskop. Die Menschen erscheinen dann sehr klein, wie auf einer fernen Bühne, sind aber trotzdem klar zu erkennen, als befänden sie sich ganz in der Nähe.»

Weiter sagte Leadbeater, daß es auf diesem Wege manchmal sogar möglich sei, zu hören, was gesprochen wird. Er bedauerte allerdings, daß die Astralsicht, wenn sie in eine solche Röhre zusammengepreßt wird, ähnlich wie die normale Sicht unter ähnlichen Umständen eingeschränkt sei. Trotzdem würden sich selbst auf diese Entfernung hin noch Auren zeigen. Leadbeater weiter: «Und genauso lassen sich auch Gefühlsausbrüche und die meisten Gedanken der Beobachteten entdecken.»

Für diese Art des Entfernungssehens ist es nicht nötig, daß der Seher seinen Materiekörper verläßt: Es gibt keine Projektion seines Astralmediums oder irgendeines Teils von ihm selbst in die Richtung, in die er schaut. Er schafft nur für sich selbst ein astrales Zeitfernrohr.

Hodson erreichte dies, indem er die «Sicht» seines Stirnchakras so fokussierte wie bei seinem stofflichen, physischen Auge. Dies gelang ihm durch die Yoga-Praxis, die darin besteht, das Chakra mit der Kundalini-Energie, der speziellen, im Basis-Chakra ruhenden Energie, zu beleben. Für Okkultisten ist sie eine Kraft, die von der Sonne ebenso wie vom Mittelpunkt der Erde ausströmt und im feinstofflich-ätherischen Leib der Menschen an der Basis der Wirbelsäule ruht. Hellseher erkennen die Kundalini als flüssiges Feuer, das sich spiralartig durch den ganzen Körper schlängelt, die Chakren belebt und Astralexperimente ins physische Bewußtsein überträgt. Ist die Hypophyse in voller Aktivität, so schafft sie eine perfekte Verbindung zwischen dem astralen und dem physischen Bewußtsein. Laut Hodson vermittelt dieser Vorgang dem Bewußtsein des Forschers eine andere Art des «Sehens», ein Gefühl, daß das dritte Auge Lichtmuster «sieht» – ähnlich wie dies durch die Retina des stofflichen, physischen Auges geschieht. Der zu untersuchende Gegenstand wird dann etwa zehn bis fünfzehn Zentimeter von den

Augenbrauen entfernt und damit genau auf das offene Ende des Chakras gehalten. «Dieser genaue Punkt ist ganz wichtig für mich.»

Die Projektion einer Röhre vom Zentrum seines dritten Auges aus beschreibt Hodson ähnlich wie Leadbeater seine Methode zur fast unendlichen Vergrößerung ätherischer Gegenstände. «Die Kundalini wird bewußt ins Vorderhirn geleitet, genauer, in die Hypophyse. Danach wird sie willentlich durch den Trichter des Ajna-(Stirn-)Chakras geschickt, bis dieser Teil des Mechanismus genügend ‹elektrifiziert› ist.»

Diese von Hodson als «Ajna-Mikroskop» bezeichnete Röhre ist nach seinen Aussagen dichter als der Rest des Chakras, grau und durch Willenskraft innerhalb der Chakraöffnung beweglich. Hodson vermutete eine Konsistenz, die Leadbeater mit E_4 bezeichnete: die am meisten verdichtete ätherische Teilebene. Hodson tauchte die Spitze seines Ajna-Teleskops in die zu untersuchende Substanz ein und bestimmte dann die gewünschte Vergrößerung. Doch im Gegensatz zu einem normalen Mikroskop mußte Hodsons Ätherröhre immer auf das zu beobachtende Objekt projiziert und mit ihm in Kontakt gehalten werden, und zwar nur durch Willenskraft, was eine große Konzentration erforderte. Außerdem konnte er natürlich den Grad der Vergrößerung nicht einfach mit Hilfe eines Rädchens oder eines Schalters fixieren. Der Forscher war also gezwungen, die Einstellung ständig mit seinen Geisteskräften zu kontrollieren und zu erkennen, auf welcher Vergrößerungsebene er gerade arbeitete.

Hodson fand die Arbeit mit dem Ajna-Mikroskop so anstrengend und ermüdend, daß er nicht ausschloß, daß nach einer gewissen Zeit Fehler auftreten könnten. Sein ganzer Körper soll durch die Kraft der Kundalini gezittert haben, und die für die Arbeit notwendige Anstrengung bezeichnete Hodson als geradezu heldenhaft.

Für die übliche Psychometrie und das Vergrößerungssehen nutzte Hodson deswegen nur das Ajna-Chakra und nicht das Ajna-Mikroskop. «Bei der Arbeit mit dem Stirnchakra sind die physischen Augen geschlossen, und das Physische verschwindet bei der Betrachtung durch astrales oder geistiges Sehen.»

Soviel zu der von Hodson bei seiner langwierigen Exkursion in die Welt der Naturgeister angewandten Methode. «Wenn ich die Gestalt von Feen oder Zwergen sehen möchte, muß ich die Ajna-Kraft auf der ätherischen oder astralen Ebene verwenden. Doch um festzustellen, was geschieht, brauche ich auf jeden Fall die astro-mentalen Kräfte des Stirnchakras. Trotzdem... Ich habe auch unabsichtlich Feen gesehen und bemerkte dann erst, daß ich unbewußt in das Stirnchakra hineinrutschte. ... Das gleiche passierte, als ich früher Feen und Zwerge beobachtete. Sie standen dann wohl gelegentlich für mich still, doch meistens hüpften sie umher und nahmen gar keine Notiz von mir; trotzdem konnte ich – wenn ich es wollte – ein stillstehendes Bild von einem einzigen dieser Wesen für meine Untersuchungen erhalten.»

5 Tief im Feenland

Zwischen der Beschäftigung mit den Cottingley-Feen und seinem Umzug nach London im Jahre 1923 verbrachte Hodson viel Zeit mit dem Studium von Naturgeistern, wo immer er in den ländlichen Gebieten Englands auf sie stieß. Nach seinen aufregenden Aufzeichnungen über die Verwendung hellseherischer Kräfte bei der Analyse von Atomen, der Diagnose von Krankheiten, der Vermessung archäologischer Fundorte und bei der Erforschung des Sonnensystems erscheinen seine detaillierten Studien über die Welt der Naturgeister in einem neuen Licht – einfach unglaublich.

Im September 1921, so erinnerte er sich, ging er – nur wenige Meilen von seinem Haus in Preston entfernt – über eine Lichtung, die von herrlichen alten Bäumen gesäumt war, «in allen Herbstfarben leuchtend, wie ein sanfter Strom, und das Ganze vom herbstlichen Sonnenlicht beschienen». Wie er selbst schrieb, sah er ein Feld, das von Feen, Elfen, Brownies und «einem Graswesen, nicht Elfe, nicht Brownie, kleiner noch, auch weniger entwickelt», dicht bevölkert war.

Damals teilte Hodson nach klassischer Weise die Welt der Naturgeister noch in vier Hauptkategorien ein, entsprechend den vier vorherrschenden Elementen, die sie darstellten – Erde, Wasser, Luft, Feuer. Doch er merkte bald, daß es unzählige andere Arten gab, die sich zum Teil überlagerten.

Keiner dieser Naturgeister, stellte Hodson fest, hatte einen festen stofflichen Körper. Sie bestanden aus einer Astralsubstanz, waren aber in der Lage, Vehikel aus schwereren ätherischen Stoffen zu «materialisieren». Dabei verwendeten sie als Vorbilder die Vorstellungen, die sich ortsansässige Bauern und Kinder von ihnen machten, oder sie ahmten andere Formen nach, die sie früher einmal irgendwo gesehen und die ihnen gefallen hatten. Um diese Geister zu sehen, brauchte man mindestens das ätherische, besser noch das astrale oder ein noch höheres Sehvermögen.

Den mit hervorragendem Äther- und Astralsehen ausgestatteten Hodson erinnerten die Feen auf dem Feld in der Nähe von Preston stark an diejenigen, die er zusammen mit den Cottingley-Mädchen gesehen hatte. Sie gehörten zu seinen «Lieblingen», denn sie drückten «Fröhlichkeit, Unbeschwertheit und Lebensfreude» aus. Mit größtem Vergnügen beobachtete er, wie sie von Ort zu Ort schwirrten. Sie hatten die Gestalt zierlicher Frauen angenommen und trugen weiße, enganliegende, glänzende Kleider aus feinen Stoffen. «Sie trugen irgend etwas, das sie an das Gras und die Blumen weitergaben. Dazu hielten sie jedesmal an und berührten die Pflanzen in einer Art, als würden sie irgendeinen Stoff auf sie übertragen.»

Im Oktober 1921 erspähte Hodson in seinem Garten in Preston eine besonders schöne Fee. Ihre Kleidung bestand nur aus einem schillernden Licht. «Sie trägt ganz helle Farben», notierte Hodson, «lacht fröhlich und zeigt keinerlei Angst. Eine golden strahlende Aura umgibt sie, und man kann die Flügel erkennen. In ihrem Verhalten und ihrem Gesichtsausdruck zeigt sich leiser Spott, als würde sie sich über die armen Sterblichen lustig machen, die sie beobachten.»

Plötzlich veränderte sich jedoch ihr Verhalten, und sie wurde ernst. Sie streckte ihre Arme aus, als wolle sie meditieren, und Hodson konnte sie nun besser beobachten. Da sah er, daß sich durch diese Bewegung ihre Aura verringerte und in die Fee selbst zu kriechen schien. Nach etwa fünfzehn Sekunden, die sie in dieser Haltung verharrte, «ließ sie den ganzen konzentrierten Energiestrom aus sich herausfließen. Er strömte wie eine goldene Kraft in alle Richtungen und schien jeden einzelnen Stengel und jede einzelne Blüte innerhalb seiner Reichweite zu berühren.»

Bei einem Chrysanthemenbusch schien es Hodson, als würde

die Fee die von ihr ausgestrahlten Schwingungen noch verstärken, weil sie – wie Hodson vermutete – dort früher schon ähnliche Versuche unternommen hatte. «Das Ergebnis dieser Aktion war, daß die Astralschicht des ganzen Busches vermehrt strahlte und leuchtete, bis in die Wurzeln hinunter.»

Auf einem anderen Feld in der Nähe schwärmten jede Menge anderer Erdgeister. Sie waren nicht ganz so anziehend, aber deshalb nicht uninteressant. Es waren vor allem Brownies, Gnome, Elfen und Männekens. In Hodsons Notizen liest sich die Beschreibung der Brownies wie folgt: Sie erscheinen in der Gestalt rundlicher, untersetzter, nur etwa zehn bis fünfundzwanzig Zentimeter großer alter Männlein. Ihre Kleidung ist die des Mittelalters: braunes Jäckchen mit leuchtenden Knöpfen, dazu grüne Kniebundhosen, derbe Socken, schwere Stiefel beziehungsweise lange, spitze Schuhe. Auf dem Kopf sitzt eine Hirschlederkappe, die an eine altmodische Nachtmütze erinnert. Mit ihrer geröteten Haut, dem grauen Bart und ebensolchen Augenbrauen und den kleinen Kulleraugen besaßen diese Brownies für Hodson das Aussehen von Ackerbauern. Einige von ihnen trugen auch Schürzen, wie sie die Schmiede haben, und taten mit großem Ernst, als würden sie mit Spaten und Picken in der Erde graben. Ob sie dies als Arbeit oder Spiel ansahen, war an ihren Gesichtern nicht zu erkennen.

Einige Monate später befand sich Hodson im Lake District, an der Westküste von Thirlmere. Hier entdeckte er in einem dichten Wald, in dem Eichen, Haselnußbüsche und Buchen standen, eine große Kolonie von Brownies, die sich kaum voneinander unterschieden. Sie wanderten über eine der Steilklippen. Weiter entdeckte Hodson zwischen den Wurzeln und Felsen etliche winzige Häuschen. Sie ragten kaum über die Erdoberfläche hinaus, waren aber sehr hübsch, zum großen Teil aus Holz und Stroh; auch Fenster und Türen waren vorhanden. Sobald die Brownies durch die Türen in ihre Häuser gingen, konnte Hodson sehen, wie sie ihre Gestalt verloren und als fast formlose Masse in der Erde verschwanden.

Hodson versuchte, mit seinem ätherischen Sehvermögen in

eines dieser putzigen Häuschen einzudringen. Doch sobald er durch die Tür ging, verlor sich die Illusion des Hauses. Die statt dessen auftretende Dunkelheit war hier und da durchzogen von dünnen «magnetischen» Linien.

Die Häuser schienen keinem bestimmten Individuum und auch keiner bestimmten Gruppe zu gehören. Alle Mitglieder der Kolonie gingen ein und aus und erweckten den Anschein, als würden sie ihr Hauswesen versorgen. Hodson konnte allerdings keine weiblichen Brownies entdecken, und die Männlein waren alle nur mit sich selbst beschäftigt. Sie pflegten untereinander keine Kommunikation.

Als Hodson wieder in Preston war, bemerkte er in seinem Haus die Gegenwart eines Naturgeistes aus der Brownie-Familie. Er war etwa zwölf bis fünfundzwanzig Zentimeter groß und von dunkelbrauner «Haut»-Farbe. Seine Kulleraugen waren schwarz. Hodson sah ihn zum ersten Mal auf einem Regalbrett über dem Küchenherd hocken, später war er auch im Wohnzimmer. Man konnte ihn an den gelegentlichen Blitzen ätherischen Lichtes gut erkennen, von denen seine raschen Bewegungen begleitet waren. Der Brownie schien die Familie adoptiert zu haben, wie sich Hodson ausdrückte. Im Gegensatz zu anderen seiner Gattung hatte er etwas Strahlendes, Jugendliches und war sauber rasiert.

Der Zwerg pflegte das Haus durch den Garten zu betreten und rannte nackt umher, wobei sein Körper ab und zu eine dunkelgrüne Farbe annahm. Er liebte es offenbar, in Hodsons Aura zu stehen, als würde er darin eine «ätherische Dusche» nehmen. Irgendwann kletterte er sogar auf Hodsons Knie. Dieser empfand dabei einen leisen Schauer und ein Kältegefühl; auch das sehr leichte Gewicht war zu spüren. Das zerbrechliche ätherische Äußere seines winzigen Gastes beschrieb Hodson als «weniger konsistent als ein Windhauch». Trotzdem war seine Gestalt perfekt und in allen Einzelheiten definiert.

Im Herbst des Jahres 1921 entdeckte Hodson auf den Feldern bei Preston einige Gnome. Diese Geisterart lebt normalerweise direkt auf oder unter der Erdoberfläche, zwischen Baumwurzeln und Pflanzen. Verglichen mit den Brownies waren diese Kreaturen mit über sechzig Zentimetern viel größer. Sie waren dünn und schlaksig, schwarz oder dunkelbraun, und in ihren Gesichtern mit der rauhen Haut steckten kleine, schwarze Augen. Sie hatten etwas Hohlwangig-Leichenhaftes an sich, und ihre Beine hingen steif in den Gelenken, als ob sie schon sehr alt wären. Hodson meinte, daß sie vielleicht Überlebende von Atlantis sein könnten. Jedenfalls gehörten sie nicht zu einer angenehmen Sorte von Geistwesen.

Hodson beschrieb noch viele andere Gnomenarten. Einige waren nur ein paar Zentimeter groß, und alle gehörten den Erdgeistern an. Sie konnten ungehindert durch Felsen laufen. Einige bewegten sich über die Erde, indem die Füße im Erdboden steckten; und keiner konnte sich über die eigene Größe hinaus in die Luft erheben.

Als Hodson versuchte, mit diesen Gnomen in ihrer unterirdischen Welt in Kontakt zu treten, schienen sie sich aufzulösen und ihre Individualität zu verlieren. Sie versanken im Boden und verschmolzen mit ihm. Das bedeutete, daß das Volk fast ausschließlich vom Gruppenbewußtsein und einem Herdeninstinkt beseelt war. Indem sie sich aus Kügelchen dieser Wesenheit selbst formten, konnten sie sich auf der Erde ziemlich frei bewegen. Doch sobald sie sich über den Boden erhoben, manifestierten sie sich augenblicklich in ihrer Gestalt als Gnome. Hodson konnte diese Metamorphose keiner Intelligenz zusprechen, sondern nahm einen mehr oder minder automatischen Vorgang an.

Bei der Beobachtung von Naturgeistern am Lake District fühlte sich Hodson von einem großen Felsen angezogen. Er entdeckte darunter einen eindrucksvollen Gnom. Dieser hatte einen grauen Bart, und seine Jacke reichte bis unter die Taille. Er trug ein Licht, eine Art Kerze, die einen gelben Schein abgab. Hodson sah, wie der Gnom in der Erde – etwa sechzig bis neunzig Zentimeter unter dem Stein – verschwand und sich dort ungehindert bewegte. Seine ganze Erscheinung und Ausstrahlung veränderte sich jedoch, sobald er an die Oberfläche trat.

Tief im Innern eines anderen großen, kompakten Felsens entdeckte Hodson etwas, das er das «sich entwickelnde Bewußtsein» einer anderen Art von Gnomen nannte. Es war zwar viel größer – drei bis viereinhalb Meter –, aber weniger entwickelt. Der Körper war kaum ausgeprägt, und abgesehen von Augen und Mund erschien die Masse wie ein formloser Farbklecks. Mit seinem ätherischen Sehvermögen entdeckte Hodson, daß diese Kreatur anscheinend in einem durchsichtigen Felsblock gefangen war und nur eine vage Vorstellung von ihrer Umgebung hatte. Die einzige Willenskraft, über die das Wesen zu verfügen schien, bestand darin, daß es langsam den Brennpunkt und die Richtung seines schwachen und begrenzten Bewußtseins ändern konnte. Doch allein seine Gegenwart, sagt Hodson, gab dem Felsen eine Individualität, die an einer magnetischen Schwingung auf grobstofflicher Ebene zu spüren war.

Näher an seinem Haus entdeckte Hodson einen von ihm so genannten Baumzwerg. Das etwa fünfundsiebzig Zentimeter große Wesen nahm seine Gnomengestalt an, sobald es den Baum zu einem kurzen Ausflug über die Felder verlassen wollte. Es hatte etwas Leichenhaftes, war lang aufgeschossen und knochig, mit hohen, hervorstehenden Wangenknochen und länglichen, mandelförmigen Augen. Der Gnom bewegte sich rasch – mit etwa zwanzig Meilen in der Stunde, wie Hodson schätzte. Mit langen Schritten lief er über das Gras und hob dabei jedesmal seine Beine hoch in die Luft. Dabei schien aber der Bereich, in dem er sich bewegte, durch den «magnetischen Kontakt» eingeschränkt, den er mit dem Baum aufrechterhielt, als würde er den Ätherleib des Baumes benötigen, um damit seine eigene Gestalt zu formen. Ohne den Gnom sah der Baumstamm für Hodson wie ein leerer Zylinder aus. Als der Gnom durch eine Art «Tür» auf der Südseite in den Baum eintrat, verlor sich seine Zwergengestalt und ging in dem Baum auf.

Hodson nahm auf der Astralebene mit dem Bewußtsein des Gnoms Kontakt auf und entdeckte, daß er sehr lange gelebt hatte, doch hatte diese lange Lebenszeit weder geistig noch körperlich einen großen Eindruck bei ihm hinterlassen. Er schien vor allem in der Gegenwart zu leben und hatte nichts anderes im Sinn als Freude, andauernde, ständige Freude. Deshalb brauchte er auch nicht die Gesellschaft eines zweiten Wesens seiner Art.

In einer anderen Gegend in der Nähe von Preston liefen Hodson «tanzende» Zwerge über den Weg. Sie waren weniger entwickelt als die Baumzwerge und sahen mit ihrer zehn bis fünfzehn Zentimeter kleinen Gestalt und ihren antiquierten Bewegungen recht putzig aus. Sie waren im Gegensatz zu den Baumgnomen keine Einzelgänger, sondern lebten und spielten in Gruppen, was possierlich und grotesk zugleich aussah.

Aus den dunklen Kulleraugen dieser farbenfrohen kleinen Gesellen strahlte es, als wären sie ständig in Verzückung. Sie hielten sich an den Händen und schunkelten in einer schwingenden Bewegung, «die auf der körperlichen Ebene ziellos zu sein schien», wie Hodson schrieb, auf der Astralebene den Zwergen jedoch ein wunderschönes Gefühl zu vermitteln schien. Hodson konnte erkennen, daß diese Bewegung ihren Astralleib – eine Wolke anorganischer Materie, die doppelt so groß war wie die körperliche Materie – erregte. Strahlungen aus dem Inneren (ausgehend vom Solarplexus) liefen in Wellen durch den ganzen Astralkörper, intensivierten dessen Farben und machten es den Gnomen möglich, das dadurch hervorgerufene Gefühl voll zu genießen.

Was die Elfen betrifft, so hatte Hodson Pech: Sie schienen in seinem Gebiet nicht zu existieren. Jene, die er im Wald von Cottingley unter den Buchen gesehen hatte, waren nur etwas mehr als zehn Zentimeter groß. Ihre Hände und Füße standen in keinem Verhältnis zum Körper, die Beine waren lang und die Ohren groß und spitz. Von anderen Naturgeistern unterschieden sie sich vor allem dadurch, daß sie sich nicht in einer den Menschen abgeschauten Kleidung zeigten. Für Hodson bestand ihr Körper aus einer zwar festen, aber doch gallertartigen Masse, ohne jeden inneren Aufbau, umgeben von einer dünnen grünen Aura. Bei jeder Bewegung erzitterten die kleinen ovalen Flügelchen, die mit ihrem glitzernden halbdurchsichtigen Material kaum zum Fliegen geeignet waren.

Auf einer Lichtung einige Meilen von Preston entfernt entdeckte Hodson winzige, nur etwa zweieinhalb Zentimeter große elfenähnliche Wesen. Sie waren sehr zahlreich, und ihr Geschnatter tönte durchs Gras, dessen Elfenwege für sie wie Pfade durch den Dschungel waren. Ihre Auren ließen den Ätherkörper der Grashalme erzittern, wenn sie vorübergingen. Kurze Entfernungen überwanden die Graselfen mittels eines schwerfälligen Flugs oder besser: einer schwingenden Bewegung, wobei sie die Füße schräg nach vorne streckten. Dabei konnte Hodson beobachten, wie aus ihren Köpfen ständig winzige Lichtpünktchen ausstrahlten, die er als Gedankenformen wahrnahm. Sie waren untereinander mit einem Lichtfaden verbunden, und die Elfen schienen sich mit dessen Hilfe zu unterhalten.

Männeken nannte Hodson alle männlichen Angehörigen des Feenvolks, auf die er stieß und die er weder als Gnome und Brownies noch als Elfen klassifizieren konnte, die aber einige Merkmale der jeweiligen Art zusammen mit Besonderheiten der eigenen Spezies aufwiesen. Er fand diese Männeken in oder in der Nähe von Bäumen, Hecken, Farnen, Gräsern, Heidekraut und Wildblumen. Sie waren vermutlich die in England am häufigsten vorkommenden Feen, und in den verschiedenen Gebieten hatten sich unterschiedliche Formen ausgebildet. Farn- und Grasmänneken waren fast immer in Grün gekleidet. Auf ihrem Kopf mit den spitzen Ohren saß eine kleine grüne Kappe, und ihre rundlichen Gesichter waren die von drei Jahren alten Kindern.

Die etwa fünfzehn Zentimeter großen roten Männeken zeigten sich in leuchtendroten Trikots und konnten sich selbst zu fast menschlicher Größe verlängern; aber nur unter großer Anstrengung und für kurze Zeit. Sie trollten in einer aus Tausenden bestehenden Kolonie über die Wiese – winzig und scheu, fröhlich und verspielt. Tanzend formierten sie sich zu geometrischen Figuren, die einer bestimmten Kraft Ausdruck verliehen. Dieser Kraftstrom schien ihnen einen besonderen Sinn für Glück und Lebendigkeit einzuflößen. So jedenfalls empfand es Hodson.

Die Baummänneken «lebten» vor allem in den Stämmen und Ästen der Bäume, direkt in der Borke, durch die sie leicht schlüpfen konnten, um an ihre Arbeit zu gehen, die etwas mit dem Wachstum und der Farbgebung von Zweigen und Blättern zu tun hatte. Gelegentlich flutschte eines aus dem Baum heraus und schwebte im freien Raum, «vielleicht um den Lebenssaft aus der Luft einzusaugen». Dann kehrte es wieder in den Baum zurück. Hodson konnte einige von diesen kleinen Männeken beobachten, wie sie an den Außenseiten der Blätter und Zweige einer großen Buche werkelten. Ab und zu flogen sie auf den Boden, nahmen dort irgendeine Substanz auf und brachten diese zum Baum zurück und verwoben sie mit dem aus kleinen Zweigen und Blättern bestehenden Material. Dann flogen sie zu einem anderen Baum derselben Art und wiederholten ihre Tätigkeit. Andere bummelten auf dem Waldboden herum, mitten im Unterholz und zwischen den herabgefallenen Blättern.

Hodson versuchte, mit einzelnen dieser Männeken auf irgendeine Art zu kommunizieren. Dabei stellte er fest, daß sie sehr primitiv und noch nicht einmal so intelligent wie Tiere waren. Sie imitierten die Menschen, hatten aber keine Ahnung von der Bedeutung ihrer Maskerade. Er konnte beobachten, wie sie den Mund bewegten und auch laut zu rufen schienen, doch ihren weitgeöffneten Mündern konnte er keinen Laut entnehmen.

Hodson bemerkte auch, daß so ein Männeken, wenn er es zu intensiv beobachtete, aus dem Gleichgewicht geriet, konfus und hilflos wurde und schließlich verschwand – ganz im Gegensatz zu den stabileren Gnomen oder gar den richtigen Feen. Es ging dann entweder ein Stück weiter weg oder verlor sich in einer höheren, astralen Dimension.

Hodson begegnete zweimal Männeken, die gar kein hübsches Äußeres hatten. Ihre Nasen waren zu lang, die Augen zu schmalen Schlitzen verengt, und ihre Gesichter sahen richtig böse und lauernd aus.

Sehr viel anziehender empfand Hodson die Wassergeister. Sie sind als Undinen oder Nymphen bekannt und treten immer als nackte, wohlgeformte weibliche Wesen auf.

Die Nymphen, die er auf Sandbänken im Meer entdeckte, waren viel lebhafter als die Landgeister. Sie hatten die Gestalt von strahlend schönen Menschenfrauen angenommen; aber es fehlten ihnen die Flügel der Landfeen. Sie bildeten große Gemeinschaften und lebten im Wasser wie auf dessen Oberfläche, ritten auf den Wellen und tauchten immer wieder in die Tiefe hinab, wobei sie Freudenschreie ausstießen. Hodson konnte hören, wie sie sich mit lauten Stimmen etwas zuriefen. «Sie riefen mit hohen Jubelstimmen, als würden die Lebenskräfte, aus denen sie bestanden, ihnen zu unvorstellbarer Freude verhelfen.»

Diese Meeresnymphen wechselten ständig ihren Zustand: Mal waren sie leuchtende, beinahe formlose Lichtblitze, dann nahmen sie wieder menschliche Gestalt an. Hodson stellte fest, daß sie über keinen ständigen Ätherleib verfügten, aber sich zeitweilig einen zulegen konnten, um mit der physischen Ebene in Kontakt zu gelangen. Ihr Bewußtseinszentrum war offenbar eine helleuchtende Flamme im Kopf. Voller Freude badeten sie in dem starken Meeresmagnetismus, nahmen etwas von dieser Kraft auf und gaben sie nach einer Weile der Assimilation wieder ab. Hodson empfand sie als Wesen voller Leben – lebendiger als jedes andere Lebewesen auf der grobstofflichen Ebene. Immer wieder nahmen sie Kraft auf und gaben sie wieder ab. Dabei schwoll ihr Astralleib in Windeseile auf die dreifache Stärke an.

Hodson gelang es, eine für einen Augenblick bewegungslose Meeresfee zu fangen. Ihre Augen strahlten, und die Arme hielt sie in einer schimmernden Aureole weißen Lichts ausgestreckt. Sie war frisch mit einer Kraft aufgetankt, die fast zwei Meter weit in jede Richtung ausstrahlte, und freute sich an dem Lebensgefühl. Als sie diese Kraft von sich gab, fühlte Hodson die Meeresfee erzittern. Sobald das Gefühl nachließ, wurde der Vorgang wiederholt.

Andere Wesen, etwa die kleinen Meeresfeen, trippelten in

Menschengestalt über die Wasseroberfläche, ritten auf den Wellen und freuten sich an der elektrisierenden Vitalität, die mit der einströmenden Flut verbunden war. Sie waren aktiver und «kraftvoller» als die Landfeen und «in ihrer Lebensfreude ungestüm und wild, als hätten sie die Kraft des Meeres in sich».

Andere Arten entdeckte Hodson weit draußen auf See. Sie erschienen ihm wie grüne ätherische Monster. Ihre Leiber wie ihre Köpfe erinnerten ihn an Fische, doch hätte er nicht sagen können, an welche. Jedenfalls hatten sie keine Ähnlichkeit mit menschlichen Formen. Sie waren durchsichtig wie Glas und gaben ein unheimliches grünes Licht ab. Sie kamen wohl aus großen Tiefen an die Oberfläche, wobei sie sich langsam und schwerfällig bewegten und geistesabwesend starrten. Ihre Intelligenz war wohl sehr eingeschränkt.

Weit unten in der Meerestiefe konnte Hodson ein fadenförmiges pflanzliches ätherisches Wesen in der Strömung driften sehen. Es schien kein äußeres Bewußtsein zu haben. Ganz weit draußen auf dem Meer entdeckte er eine Schar großer Meeresdevas. Diese majestätischen Herrscherinnen der Meere sahen mit ihren gekrönten Häuptern sehr eindrucksvoll aus und erinnerten Hodson vage an die Verkörperung des klassisch-griechischen Meeresgottes Poseidon.

Als Hodson im April 1922 an der Westküste Englands die herannahende Flut beobachtete, hatte er nicht nur das Meer bis weit hinaus im Blick, sondern auch die Küste. Dort entdeckte er, daß die ganze Atmosphäre angefüllt war mit zahllosen Meeresgeistern. Sie befanden sich in den verschiedensten Stadien der Evolution: angefangen bei kleinen Wesen in Menschengestalt, die zwischen den Meeresbrechern umhertollten, bis zu sämtlichen Ordnungen der großen Meeresgeister, die Fischen, aber auch Vögeln ähnelten, meistens jedoch einen Menschenkopf hatten.

Es schien Hodson, als würden sich Horden von Meeresgeistern mit der wachsenden elektrischen Kraft der nahenden Flut zunehmend selbst in Äther hüllen, um noch besser der wunderbaren Erfrischung und belebenden Magnetisierung teilhaftig zu werden, die aus der höher und höher steigenden Flut erwuchs und von ihr abgegeben wurde.

Sie tobten durch die Brecher, um an die Magnetkraft zu gelangen, die von der Tide während der ganzen Flut bis zur Hochwassermarke nach oben und vorne abgegeben wurde. Sobald die Geister in das magnetische Feld gerieten, wurden sie in ihrer menschlichen Gestalt sichtbar und gaben leuchtende weiße Lichtblitze von sich. Allmählich absorbierten sie die ganze Magnetkraft, was ihnen äußerste Freude bereitete, bis sogar ihr ätherischer Organismus nichts mehr davon aufnehmen konnte. Dann hielten sie einen Augenblick inne, wobei sie vor Freude und Lebenslust strahlten und eine Lichtaureole sie umgab. Nach Erreichen dieses Sättigungsgrads löste sich die ganze Kraft wie bei einer elektrischen Entladung auf. Langsam zog sich das Wesen aus der ätherischen Ebene in einen Zustand verträumter Untätigkeit und dann auf die Astralebene zurück.

War das Meer bei Ebbe relativ ruhig, blieben die Wesen – nach Hodsons Beobachtungen – in ihrer Astralebene, um «die stimulierenden Freuden nachzuempfinden, die sie gerade genossen hatten. Sie warteten auf die nächste Flut, um das gleiche belebende Ereignis noch einmal zu erfahren.»

Aber auch im Landesinnern sah Hodson Wassergeister. Auch sie waren immer weiblich und nackt; er stieß auf sie an Flüssen, Bächen und Wasserfällen. Es war in Whitendale im April 1922, als Hodson eines Tages in einer von Heidekraut überwachsenen Laube direkt an einem Wasserfall saß, um diese Wassergeister zu beobachten. Das Wasser stürzte hier zwischen zwei großen Felsbrocken etwa eineinhalb bis knapp zwei Meter tief auf moosbewachsene Steine. Die größte Nymphe, die Hodson entdeckte, war etwa zwanzig Zentimeter lang. Aber sie konnte – wie alle anderen auch – ihre Größe bis auf etwa sechzig Zentimeter strecken. Einige Feen hatten rosige Auren, andere blaßgrüne. Sie traten alle in Gestalt winziger, völlig nackter Menschenfrauen auf. Ihre langen Haare schwammen auf dem Wasser hinter ihnen her, auf dem Kopf trugen sie Girlanden aus kleinen Blütenköpfen. Sie waren schön anzusehen, aber weit von jedem menschlichen Leben entfernt. Sie waren besonders feinstofflich und schnell in ihren Bewegungen. Dadurch veränderte sich ihre Gestalt in verblüffender Geschwindigkeit, und so konnte Hodson nur mit Mühe ihre Aufmerksamkeit auf sich lenken, geschweige denn sie auf irgendeine Weise in ihrem Spiel am und im Wasser beeinflussen.

Während die Wassergeister quer durch das Wasser hin und her flitzten und ihre Lichtblitze abgaben, stießen sie schrille Töne aus, die fast in Schreie ausarteten. Für das menschliche Ohr klangen diese Schreie entfernt wie die Rufe der Schäfer, die man in den Alpentälern hören kann. Sie bestanden aus einer Aneinanderreihung der Vokale E-O-U-A-I und endeten in einer einfachen, aber ergreifenden Kadenz, wie man sie von Richard Wagners «Rheintöchtern» (aus der Oper *Rheingold*) kennt.

Voller Freude beobachtete Hodson die Undinen, wie sie gegen die Strömung den Wasserfall hinaufwanderten oder bewegungslos in ihm verharrten, in ihm spielten und durch ihn hindurchflitzten, in den großen Felsbrocken verschwanden und wieder aus ihnen herauskamen; denn sie bildeten kein Hindernis für die Wassergeister. Ihre Lebensfreude, ihr Spaß an der Bewegung und am Gesang steigerten sich jedesmal, wenn die Wolken sich verzogen und die Sonne den Wasserfall in strahlendes Licht hüllte.

Hodson entdeckte auch noch andere, weniger entwickelte Wassernymphen. Sie waren etwa dreißig Zentimeter groß, hatten schlanke, biegsame Körper und nahmen beständig neue Posen ein, um ihre Schönheit zu zeigen. Dabei segelten sie quer durch den Wasserfall oder schwebten am Rand des Wasserschleiers und stiegen wie Blasen im Wasser auf. Mit aufrechtem Körper und geraden Gliedmaßen sogen sie Lebenskraft direkt von der Sonne und vom fallenden Wasser ein, bis sie schier zu platzen drohten. Und selbst dann noch strengten sie sich heftig an, um diese Lebenskraft in sich hineinzupressen, bis es doch zuviel wurde. War der Höhepunkt erreicht, flitzten sie aus dem Wasser ins Freie und entließen die angesammelte konzentrierte Energie in einem phantastischen Farben- und Lichterspiel. Dabei versprühten sie Lebensfreude und Lebenslust in alle Richtungen. «Im Augenblick dieser Entladung erzitterten sie vor Wonne, und die Energie ließ sich sichtbar auf den umherliegenden Steinen, Farnen und Bäumen nieder. Das bedeutete nichts anderes als Wachstum für sie und für das ganze Gebiet, in dem die Undinen hausten.»

Im Augenblick einer solchen Emanation fand Hodson die Undinen ganz besonders schön. Vor allem in den blitzenden und strahlenden Augen war nichts als übergroße Freude, Vitalität und Kraft zu sehen: «In diesem magischen Moment schienen sie eine Freude und Lust zu empfinden, die mit nichts zu vergleichen war, was Sterbliche, die in ihrer fleischlichen Hülle gefangen sind, je erleben können.»

Hodson sah, wie auf diesen Zustand ein anderer, verträumt-vergnügter folgte, in dem sich das Bewußtsein weitgehend von der grobstofflichen Ebene weg und hin zur gefühlvollen Astralebene verlagerte. Er konnte nur noch eine unbestimmte Form erkennen; doch dann erschienen die Undinen wieder, und der ganze Vorgang begann von neuem.

Ihr Dasein schien aus einer unaufhörlichen Wiederholung von drei – wie Hodson es nannte – fundamentalen Naturprozessen zu bestehen: Absorption, Assimilation und Entladung. Wilhelm Reich beschreibt in seinem Buch *Die Funktion des Orgasmus* den von ihm so genannten «Lebenspuls» als «mechanische Spannung – bio-elektrische Aufladung – bio-elektrische Entladung – mechanische Entspannung» und schließt daraus, daß «die Orgasmusfunktion, zusammen mit der bekannten Wirkung der Sonne auf einen lebenden Organismus ... zeigt, daß der lebende Organismus Teil der nichtbelebten Natur ist».

Die Ähnlichkeit der von den Undinen gemachten Erfahrung mit dem menschlichen Orgasmus legt den Schluß nahe, daß wir bei puritanisch verdrängter Sexualität das verhindern, was sonst normalerweise zu einem natürlichen Rhythmus der Lebensfreude führt.

Wieder einmal saß Hodson an einem Wasserfall. Es war im Lake District, an einem Junitag des Jahres 1922. Von seiner inmitten von Farngestrüpp und Felsgestein stehenden Laube aus entdeckte er ein ganz anderes Feenland – das der klassischen Wassergeister. Der über den Wasserfall herrschende Hauptgeist erschien in Gestalt einer Menschenfrau. Sie war völlig nackt, präsentierte sich in voller Größe und war sehr schön. Im Vergleich zu den zuvor beobachteten Undinen war sie sehr groß und verfügte über eine höherentwickelte Intelligenz. An ihren Schultern flatterten kleine rosafarbene Flügel, deren Format nicht zum Körper paßte und die wohl kaum zum Fliegen dienten. Als Hodson sie zum ersten Mal sah, sprang diese Nymphe oder dieses «Geistwesen vom Wasserfall» aus dem festen Felsen heraus, hing eine Weile in der Luft und verschwand dann.

Mit ihrem hellen, glänzenden Haar, der wohlgeformten Gestalt und den großen, strahlenden Augen erinnerte sie Hodson an eine zum Leben erweckte blaßrosa Marmorstatue. Dabei hatte ihr Gesichtsausdruck etwas Wildes, wenn auch der Blick nicht unfreundlich war. Hodson entdeckte eine regenbogenartige Aureole, die sie umgab wie ein Halo den Mond. Sie bestand aus gleichmäßig angeordneten konzentrischen Bändern zarter, aber prachtvoller Farbschattierungen. Die Farben waren so zahlreich und in so rascher, ständiger Bewegung, daß Hodson sie nicht im Detail erkennen konnte. Ihre Aura schien aus allen Farben des Spektrums in deren blassester Form zu bestehen, wobei Rosa, Hellgrün und Hellblau dominierten. Die Farbbänder waren wie mit goldenem Feuer eingerahmt.

Über dem Kopf dieses Wesens entdeckte Hodson einen starken, nach oben fließenden Kraftstrom. Er durchbrach die Aura in einer fächerförmigen Strahlung, die scheinbar von einem goldglänzenden, vor Vitalität bebenden Punkt in der Mitte ihres Kopfes, etwas unterhalb der Augen, kam. Hodson schien es, als würde diese Kreatur die Felsen, Bäume, Farne und Moose, aber auch den Wasserfall beseelen. Bei dieser Beschreibung fällt einem sofort Wilhelm Reichs «Orgon» oder Lebenskraft ein, mit der das Wesen seine Umgebung zu versehen schien.

Schier unglaublich erscheint, daß Hodson Naturgeister beobachten konnte, die über noch mehr Energie verfügten als die

Nymphen und Undinen: die Luftgeister oder Sylphen. Ihr Element ist nicht die Erde, nicht das Wasser und nicht das Feuer. Luftgeister haben zu tun mit Wind, Wolken und Gewitterstürmen. Ihre Leiber sind astral, ihre Gestalt menschlich, aber viel kleiner. Sie sind geschlechtslos, haben wunderschöne Gesichter und beherrschen all ihre große Kraft und Vitalität, auch wenn sie mit ihrer wilden Umhertollerei den gegenteiligen Eindruck erwecken. Sie sausen mit einer blitzartigen Geschwindigkeit von zehn bis fünfzehn Meilen durch die Lüfte und genießen die Kraft des Windes. Von diesen Luftgeistern entdeckte Hodson mehrere Arten. Sie unterschieden sich in Kraft, Intelligenz, Verhalten und Aussehen. Einige segelten nahe über der Erdoberfläche, andere schienen diese und damit das Reich der Menschen zu meiden.

Hodson notierte, daß die Luftgeister regelmäßig jegliche Menschengestalt aufgaben und dann zu wirbelnden Kraft- und Lebensenergiebündeln wurden. Gleich danach konnten sie sich in anmutige flügelartige Wesen verwandeln, mit langen fließenden Formen, einer Andeutung von winkenden Armen und im Wind wehenden Haaren. Dann erschienen zwei strahlende Augen in einem überirdisch schönen Gesicht, in dem sich «Entzücken, Trunkenheit, Ekstase und ungebändigte Manneskraft» spiegelten.

Im Verlauf des Jahres 1922, beobachtete Hodson viele Luftgeister, die sich in Größe, Kraft und Entwicklungsstand unterschieden. Alle aber waren ungebärdig und ungestüm in ihrer Lebensfreude. Ihre lauten Rufe klangen wie das Pfeifen im Wind, wie der Gesang der Walküren.

Eines Tages, spät im Jahr 1922, befand sich Hodson in Ewehurst und hatte sich dort am Rand eines sehr alten Lärchen- und Kiefernwaldes niedergelassen. Von hier hatte er einen weiten Ausblick in südlicher Richtung. Genau südwestlich sichtete er einige Luftgeister, die im Wind spielten und auf den Luftströmungen mehrere Meilen weit davonritten. Dann drehten sie um und schossen plötzlich nach oben, nur um gleich wieder in atemlosem Fall hinabzutauchen bis kurz vor die Baumkronen, wo sie abrupt haltmachten. Danach stiegen sie rasch wieder hinauf und ließen sich kilometerweit davontragen. Hodson sah, wie eine Sylphe langsam bis auf wenige Meter über dem Boden hinabschwebte. Das Wesen war nackt und von übernatürlicher Schönheit, über zwei Meter groß und geschlechtslos, aber eher männlich als weiblich. Der Körper war in seinen großartigen Proportionen perfekt geformt. Eine dreimal so große Aura strahlte um den ganzen Leib, und das Wesen balancierte knapp über den Spitzen des wogenden Grases. Der Körper dieses Wesens befand sich auf der Astralebene und schillerte, wechselte die Farbe und pulsierte aufgrund der Astralkraft. Obwohl keine Eingrenzung durch einen fixierten oder definitiven Körper zu erkennen war, war dieser doch fähig, sich auf der Ätherebene in einen schönen Mann oder eine Frau zu materialisieren, um sich mit Pflanzen, Tieren und sogar Menschen zu beschäftigen.

Der Kontakt mit dem Bewußtseinszustand dieses Luftgeistes ließ Hodson an einen Status konzentrierter Energie denken, wie er im Atom zu finden ist: unberechenbare Energie, ehrfurchtgebietende Kraft und doch harmlos, da in Kanäle gezwängt. Das Lebenszentrum der Sylphe schien ein wunderbar strahlendes Chakra in der Nähe des Solarplexus zu sein; von ihm strömte die Aura in allen Farben wellenförmig aus. Auch andere Kraftlinien strömten aus dem Körper heraus. Sie teilten sich an den Schultern in flügelähnliche Gebilde, die über den Kopf hinausragten.

Als das Wesen die Hände hob, kam es Hodson so vor, als würde es ihn dazu überreden wollen, die Beschränkungen des Fleisches zu überwinden und mit ihm zu höheren Ebenen des Raums und des Bewußtseins aufzusteigen. Dies überzeugte Hodson davon, daß sogar die großartigsten Augenblicke von Freude und Hochstimmung, die Menschen erleben können, weit von der erregenden Lebendigkeit entfernt sind, die für Luftgeister ganz normal ist. Traurig bezeichnete Hodson danach unsere fleischliche Existenz als langweilig und befangen in einer schwerfälligen, unempfänglichen Gestalt.

Was die vierte Art von Naturgeistern, die Salamander oder

Feuergeister betrifft, war Hodson weniger poetisch. Über sie sagt er nur: Sie sind unterschiedlich groß und wie aus Flammen gemacht, sie verändern ständig ihre Gestalt, suggerieren aber eine menschliche Form. Ihre Augen strahlen viel Kraft aus, die Ohren sind sehr spitz, und die «Haare» flattern hinter ihnen her wie Flammenzungen – vor allem, wenn sie tief in die Flammen eines wirklichen Feuers eintauchen und durch dieses Element einfach hindurchfliegen; denn es ist ja ihr Element.

Wenn ihr dreieckiges Gesicht nicht gerade von orangeroten Auraflammen eingehüllt war, sah Hodson darin ausgesprochen menschliche Züge. Der darin zutage tretende Ausdruck allerdings war nicht menschlich, denn in den Schlitzaugen blitzte «ein ungutes Vergnügen an der zerstörerischen Macht des Elements Feuer». Verborgen in den Hitzepunkten, so immer sie sich manifestieren, bilden die Feuergeister nach den Farben geordnete Gemeinschaften – eine rote, eine orangefarbene, eine gelbe und eine violette. Sie alle sind Untertanen von Agni, dem Herrn des Feuers. Er ist die aktive Feuerintelligenz und bildet die Basis des Feuers im Sonnensystem.

Es blieb Rudolf Steiner vorbehalten, die Feuergeister und ihre besondere Rolle bei der Zerstörung und Wiedererschaffung im rechten Licht zu sehen. In seiner Philosophie ist das Feuer das Fundament aller Dinge, der geistigen wie der körperlichen. Die in der Hierarchie der Schöpfergeister im Universum am höchsten Stehenden haben es erschaffen und halten es unter Kontrolle.

6 Überall ist Feenland

Während Hodson, der sich trotz des Dutzends von Büchern, die er verfaßt hat, immer bescheiden im Hintergrund hält, das Feenland mit genauer Feder beschreibt, malt Leadbeater mit kräftigen Pinselstrichen auf großer Leinwand. Im übrigen war Leadbeater Okkultist, bekannter Gelehrter, Freimaurer, Priester der Anglikanischen Kirche und selbsternannter Bischof der Liberalkatholischen Kirche. Wo Hodson sich auf die heimischen Geister Großbritanniens beschränkte, spielte der Weltreisende Leadbeater auf der internationalen Klaviatur. Leadbeater behauptet, rund um den Globus alle Arten exotischer Geistwesen gesehen zu haben, und spricht von einer immensen Zahl von Untergruppen. Sie würden sich – wie die Menschen – in Intelligenz und Charakter unterscheiden. In den verschiedenen Ländern lebten auch verschiedene Spezies, deren Angehörige jeweils zusammenhielten. In manchen Ländern würde eine bestimmte Spezies dominieren, die woanders gar nicht vorkomme, und umgekehrt. Sie seien an ihren Farben zu erkennen, durch die sich die Stämme und Arten unterschieden wie Vögel durch ihr Gefieder. Und wie bei Vögeln seien auch bei den Feen die farbenprächtigsten Exemplare in den tropischen Ländern zu sehen.

Während die Menschheit nur einen kleinen Teil der Erdoberfläche bewohnt, bevölkern «ganze Einheiten einer entsprechenden Ebene auf anderen Evolutionsschichten» nicht nur die Erde, «sondern leben auch in den unermeßlichen Weiten der Erde und der Atmosphäre» – sagt Leadbeater.

Mit Vergnügen vergleicht er die lebhaft umhertollenden orange-, purpur- oder rot-gold-farbenen Männeken, die man in den Weingärten Siziliens tanzen sehen kann, mit den graugrünen

Kreaturen, die sich ruhig und bedächtig zwischen Eichen und Stechginster in den Heidegebieten Englands bewegen, oder mit dem goldbraunen «guten Volk», das in den Hügeln Schottlands herumspukt.

Eine smaragdgrüne Art soll besonders häufig in England vorkommen. Leadbeater hat sie aber auch in den Wäldern Frankreichs und Belgiens gesehen; hingegen war ihm dies in dem knapp hundert Meilen entfernten Holland verwehrt. Andererseits findet sich das kleine Männeken in Massachusetts und an den Ufern des Niagara. Auf den weiten Grasebenen Dakotas hat Leadbeater schwarzweißgefleckte Männeken gesehen, die er sonst nirgends entdeckt hat, und in Kalifornien eine andere einzigartige – weißgoldene – Art.

Auch in Australien unterscheiden sich die Naturgeister in den verschiedenen Regionen: in Neusüdwales, Victoria und dem tropischen Norden von Queensland. Am häufigsten stieß Leadbeater auf ein ganz bestimmtes Wesen mit «einem wunderschön leuchtenden Himmelblau».

Auf Java gehören zwei auffallende Typen zu den häufigsten Arten. Sie sind beide einfarbig: «Einer ist dunkelblau und schimmert leicht metallisch, der andere besteht aus allen Gelbschattierungen – was sehr putzig aussieht, aber auch sehr anziehend und eindrucksvoll.» Eine andere lokale Art war lustig geringelt, in Grün und Gelb, wie ein Fußballertrikot. In Malaysia sahen die Geister ähnlich aus, doch waren ihre Streifen rot und gelb, und auf der anderen Seite der Straße von Sumatra waren sie grün und weiß.

Auf der großen Insel Sumatra fand Leadbeater eine blaß malvenfarbige Art, die er zuvor nur in den Bergen von Ceylon gesehen hatte. In Neuseeland traf er auf eine dunkelblaue, silbern durchwirkte Art und auf den Inseln der Südsee sogar auf eine silberweiße Varietät, «die in allen Farben des Regenbogens schillerten, wie eine Statue aus Perlmutt».

Während seiner Reisen durch Indien sah Leadbeater alle möglichen Arten von Männeken, von den zierlichen rosa-blaßgrünen und blaßblau-rosafarbenen Wesen des Hügellandes bis zu jenen Wesen, «deren glühende Farben in fast barbarischer Intensität und Überfülle leuchteten» und die in den flachen Ebenen hausten. Auf dem Subkontinent gibt es auch viele von den schwarz-goldenen Typen, die sonst vor allem mit den Wüsten Afrikas in Zusammenhang gebracht werden, sowie eine ganz besondere Art, die «an eine Statue aus glänzendem karmesinroten Metall» erinnert, «wie das Oreichalkos der Atlantis-Bewohner».

In unmittelbarer Nachbarschaft von Vulkanen, etwa an den Hängen von Vesuv und Ätna, im Binnenland von Java, auf Hawaii, im Yellowstone Park in den USA oder auf der Nordinsel Neuseelands entdeckte Leadbeater regelmäßig eine sonderbare Art von Männeken. Sie schienen wie aus Bronze gegossen und dann gebrannt. Er sah in dieser Art Überlebende einer primitiven Art, die eine Zwischenstation darstellte zwischen Erdgeistern und Feen.

Die Meereshöhe hat anscheinend einen Einfluß auf die Verbreitung der Naturgeister. Die Gebirgsgeister vermischen sich nur selten mit Geistern der flachen Gebiete. In Irland konstatierte Leadbeater eine scharfe Grenze zwischen den unterschiedlichen Typen. Die hügeligen sowie die flachen Landschaften «waren belebt von einer außerordentlich aktiven und schelmischen kleinen rot-schwarzen Art, die quer durch den Süden und Westen Irlands geisterte. Sie wurde angezogen von den magnetischen Zentren, die vor beinahe zweitausend Jahren von den magischen Priestern der alten Mileser eingerichtet wurden. Diese wollten ihre Herrschaft über das Volk und hielten es unter dem Einfluß der «großen Illusion». Wie man weiß, waren die von zwei Spaniern geführten Mileser die letzten Invasoren Irlands. Man sieht in ihnen Vorfahren der jetzigen Bevölkerung.

In den nur eine halbe Stunde Fußweg entfernten, höher gelegenen Gebirgsregionen war nicht ein einziges rot-schwarzes Männeken zu sehen. Statt dessen waren die Hügel «bevölkert mit dem sanfteren blau-braunen Typ, der sich vor langer Zeit den Tuatha-de-Danaan ergeben hatte». Den alten irischen Erzählungen nach hatten diese vor den Milesern ihren Fuß auf die Insel gesetzt. Sie waren wegen ihrer übernatürlichen Kräfte berühmt, mit denen sie ihre Vorgänger, die Firbolg, besiegten. Nachdem sie selbst von den Milesern besiegt worden waren, sollen sich die Tuatha-de-Danaan zu den Sidhe- oder Feenhügeln zurückgezogen haben, wo sie sich mit den Feen vermischten, wie es die irische Volkssage wissen will.

Auf dem eigentlichen Gipfel war kein einziger Naturgeist irgendwelcher Art zu sehen. Dieses Gebiet – Zitat Leadbeater – «war den großen grünen Engeln vorbehalten, die dort seit mehr als zweitausend Jahren beobachtet werden. Sie bewachen ein Lebenskraftzentrum, das die Vergangenheit dieses mystischen Landes von Erin mit der Zukunft verbindet.»

Die okkulte Lehre behauptet, daß Naturgeister nichts kennen, was mit den menschlichen Phänomenen von Geburt und Tod zu vergleichen wäre. Nach Leadbeater erscheint eine Fee in voller Größe in dieser Welt – ähnlich wie ein Insekt. Dann lebt sie ihr – langes oder kurzes – Leben, ohne sichtliche Anstrengung und ohne den Wunsch, sich auch einmal auszuruhen. Und das ohne sichtbare Veränderung während all der Jahre.

Was die Lebensdauer der Naturgeister betrifft, so ist sie wohl sehr unterschiedlich. Manche haben ein kurzes, andere ein langes Leben – wie die Menschen. Und wie die Menschen unterliegen sie alle der Reinkarnation, die jedoch wegen ihres anderen Zustands auch anders abläuft.

Während ihres Aufenthalts auf Erden leben sie auf der Ätherebene und müssen nicht essen. Der Feenkörper scheint die nötige Nahrung ohne Anstrengung, direkt aus dem Umgebungsäther, aufzunehmen. Leadbeater weiter: Diese Nahrung wird aber nicht wirklich absorbiert, sondern es findet dabei ein ständiger Austausch von Teilchen mit anderen Teilchen statt, die aus ihrer Lebenskraft herausgeschleudert werden, um anderen Platz zu machen. Die Geister essen zwar nichts, aber sie haben am Duft der Blumen ein ebenso großes Vergnügen wie wir Menschen am Geschmack von feinen Gerichten. Für die Naturgeister, behauptet Leadbeater, ist das Aroma nicht nur eine Frage des Geruchs oder Geschmacks. Sie pflegen darin zu baden, bis es ihre Körper durchdringt und jedes Teilchen davon gleichzeitig erreicht.

Die Körper der Naturgeister besitzen nicht mehr innere Struktur als ein Nebelhauch. So können sie sich auch nicht schneiden oder verletzen. Und da ihnen weder Hitze noch Kälte etwas ausmacht, kann man sie glücklich zwischen Schneeflocken und «waagerecht peitschenden Regenspeeren» spielen sehen. Mit dem gleichen Vergnügen tanzen sie bei Mondschein wie im gleißenden Sonnenlicht. An ruhigen Sommernachmittagen lassen sie sich zufrieden und träge durch die Lüfte tragen, erfreuen sich aber ebenso an heftigen Windböen. Feuergeister, das weiß man, lieben nichts mehr, als ins Feuer einzutauchen. Gibt es irgendwo ein großes Feuer, kommen sie von allen Seiten und fliegen mit dem größten Vergnügen mitten durch die Flammen.

Die Naturgeister scheinen weder Sex noch Krankheiten, noch Existenzängste zu kennen. So sind ihnen die schlimmsten Ursachen menschlicher Leiden unbekannt. Körperliche Schmerzen erleiden die Geister offenbar nur in Folge von unangenehmen und unharmonischen Ausstrahlungen beziehungsweise Schwingungen, doch ihre Fähigkeit zur raschen Ortsveränderung macht es ihnen möglich, solche Zufallsbegegnungen zu meiden. Beide – Leadbeater und Hodson – sind der Meinung, daß wir viel mehr Naturgeister sehen könnten, hätten diese nicht eine tiefe Abneigung gegen die menschliche Nähe, eine Abneigung, die sie mit allen niederen Geistern teilen. Weiter behaupten die beiden Theosophen, die meisten dieser Geister würden die Menschen verabscheuen und meiden, da diese ihnen als üble Dämonen erscheinen, die Verderben und Zerstörung säen und absichtlich und zum Teil qualvoll all die Kreaturen töten, mit denen die Geister so gerne zusammenleben.

Menschen fällen Bäume, zertreten das Gras, pflücken Blumen und werfen sie fort; sie verbauen die schöne freie Natur mit scheußlichen Mauersteinen und Mörtel und ersetzen den Duft der Blumen durch die «übelriechenden Dämpfe von Chemikalien und den alles verschmutzenden Qualm der Fabriken».

Wir Menschen zerstören nicht nur die Welt der Naturgeister, klagt Leadbeater, sondern haben auch Gewohnheiten und Ausstrahlungen, die den Geistern zuwider sind und ihnen das Gefühl geben, als würde ein Abfalleimer über ihnen entleert. «In der Nähe eines Durchschnittsmenschen leben zu müssen wäre für sie wie ein Dasein inmitten eines ständigen Wirbelsturms – eines Wirbelsturms, der über eine Sickergrube bläst. Soll man sich da noch wundern, daß sie uns verabscheuen und mißtrauen und uns deshalb aus dem Weg gehen? Überrascht es da noch, daß Feen vor uns fliehen wie vor einer Giftschlange?»

In seiner Abhandlung über die Naturgeister betont Leadbeater den Aspekt der Evolution in ihrer Entwicklung und weist auf die ständige «Aufwärtsbewegung» von niederen zu höheren Stadien hin. Die tief im Untergrund hausenden Erdgeister arbeiten sich allmählich zur Erdoberfläche empor, bis sie den Sprung ins Feenreich schaffen. In einem dritten Stadium vereinen sie sich dann mit dem riesigen Heer der Wassergeister und gelangen schließlich über die Entwicklung zu Luft- und Feuergeistern ins Reich der Engel.

Dabei stellte Leadbeater fest, daß die Landfeen ihren «Nachwuchs» nicht nur von den Erdgeistern beziehen, sondern auch aus weniger entwickelten Ebenen des Tierreichs. Diese Entwicklungslinie berührt das Pflanzenreich, in der Gestalt winziger Pilze, geht dann über zu den Bakterien und den mikroskopisch kleinen Tierchen jeglicher Art und findet ihre Fortsetzung bei Insekten und Reptilien, steigt auf zu den Vögeln und erreicht erst nach vielen Inkarnationen das Feenreich.

Noch eine andere Art winziger Feen beschreibt Leadbeater. Ihre Herkunft ist ganz anders, erinnert sie doch an Kolibris oder Bienen im Kleinstformat, wenn sie wie diese um Blüten herumsummen. Diese entzückenden kleinen Kreaturen sind – laut Leadbeater – Wesen einer anderen Entwicklungslinie und dazu bestimmt, auf keinen Fall jemals Mensch zu werden. Den sie beseelenden Stoff bekommen sie von Gräsern und den Halmen von Weizen und Hafer, später von Bienen. «Ihr nächster Daseinszustand wird der einer schönen Fee mit ätherischem Körper sein, und sie werden dann auf der Erde leben. Später werden sie Luftgeister und Feuergeister mit Astralleibern, und so steigen sie immer weiter hinauf.»

Obwohl es bei diesen Geistwesen häufig zu Überlappungen der verschiedenen Reiche kommt, verläuft die Entwicklung geradlinig. «Ein Wesen, das einen unserer größten Waldbäume beseelt, kann niemals so weit herabsteigen, daß es einen Schwarm Mücken oder eine Ratten- oder Mäusefamilie beseelen würde. Auf der anderen Seite könnte ein solcher Schritt für den Teil der ‹Lebenswellen› angemessen sein, der das Pflanzenreich auf dem Entwicklungsstand von Gänseblümchen und Löwenzahn belassen hat.»

Was den Tod betrifft, so ist er bei den Naturgeistern ganz anders als bei uns Menschen, sagen die Okkultisten. Irgendwann ist ihre Energie erschöpft, und sie werden müde. Sobald dies geschieht, wird ihr Ätherleib immer durchsichtiger, bis ein Astralwesen übrigbleibt. Dieses existiert noch eine Weile inmitten der Geister, die den nächsten Entwicklungszustand darstellen. Von diesem Astralleben ausgehend, verschwindet er allmählich und kehrt zurück in seine Gruppenseele, bis er einen anderen Astral- sowie Ätherleib erhält, der für die Entwicklung eines anderen Lebens richtig ist.

Leadbeater beschreibt auch die Elementale, die für Blumen zuständig sind. Diese sind zwar sehr schön, aber eigentlich nur Gedankenformen, «geschaffen von einem höheren Wesen im Zuge der Evolution des Pflanzenreichs». Sie sind keine wirklichen Lebewesen, oder nur zeitweise, und so haben sie keine Entwicklung und kein reinkarniertes Leben zu durchlaufen. Haben sie ihre Aufgabe erledigt, lösen sie sich in Luft auf, wie die Gedanken der Menschen.

Leadbeater erklärt dies so: Hat eines der «höheren Wesen» eine neue Idee, was das von ihm betreute Pflanzen- oder Blumenreich betrifft, so kreiert es eine Gedankenform, die diese Idee ausführen soll. Diese nimmt normalerweise die Form eines Äthermodells der entsprechenden Blume oder eines kleinen Lebewesens an, das sich an die Pflanze hängt, solange diese ihre

Knospen ausbildet, und gibt diesen die der Gedankenform entsprechende Form und Farbe. Ist die Pflanze ausgewachsen oder hat sich die Blüte geöffnet, hat das Geistwesen seine Arbeit getan und löst sich auf.

Hodson sagt, die Hauptfunktion der Naturgeister im Pflanzenreich bestehe darin, eine lebendige Verbindung herzustellen zwischen «der stimulierenden Sonnenenergie und dem Rohmaterial der entstehenden Form». Ein Pflanzensamen, den wir in warme, feuchte Erde geben, würde niemals so sprießen, wie wir das als normal und unabänderlich ansehen, wenn es diese Feen-Baumeister nicht gäbe. Hodson: «Die Natur schickt ihre Handwerker, die die Bodenbestandteile so bearbeiten, daß sie der Pflanzenstruktur angepaßt werden können.»

Der übliche Arbeitskörper von Feen oder Kobolden, die mit dem Wachstumsprozeß zu tun haben, hat keine menschliche Gestalt und auch keine andere definierte Form. «Sie haben keine klar modellierte Form, und ihre Arbeitskörper sind nichts anderes als ziemlich vage Farbwolken, die zwar einen helleuchtenden Funkenkern haben, aber sonst kaum leuchten. Man kann ihre Gestalt ebenso wenig klar umreißen und beschreiben wie die von Flammenzungen. In dieser Körperform arbeiten sie innerhalb einer Pflanzenstruktur, das heißt, sie durchdringen diese.»

Hodson beschreibt diese wolkenförmigen Körper weiter als Wesen eines Magnetfeldes. Ihre Aufgabe beim Zellwachstum und beim Fließen des Lebenssaftes ist eher wie «die durch einen Magneten bewirkte Bewegung von Eisenspänen, wobei die magnetische Anziehung durch die Ströme ihrer eigenen Vitalenergien entsteht».

Naturgeister kann man direkt an der Erdoberfläche sehen, manche sind aber auch an den im Erdboden steckenden Wurzeln tätig. Einige haben sich auf Farben spezialisiert. Sie sind verantwortlich für das «Anmalen der Blüten. Der dazu nötige Pinselstrich ist nichts anderes als eine fließende Bewegung ihres eigenen Wolkenkörpers.»

Hodson beobachtete einige Zwiebeln, die in einer Schale

heranwuchsen, und entdeckte dabei eine große Zahl submikroskopisch kleiner «ätherischer Kreaturen», die um die sprießende Pflanze und in ihr selbst herumwaberten. Er erkannte sie auf der ätherischen Ebene als Lichtpunkte, die um die Stengel und innerhalb und außerhalb der wachsenden Pflanze spielten.

«Es gelingt ihnen, bis zum obersten Rand einer Pflanze in die Luft zu springen, doch darüber hinaus konnte ich keines dieser Wesen hüpfen sehen. Sie saugen irgend etwas aus der Atmosphäre auf, das sie an die Pflanze weitergeben, indem sie direkt in das Pflanzengewebe hineinströmen. Dieser Vorgang wiederholt sich kontinuierlich. Die Wesen arbeiten völlig selbstvergessen und sind darum bemüht, der Pflanze, die sie als ihren Körper ansehen, Fürsorge und Liebe zukommen zu lassen. Darüber hinaus ist ihnen nichts bewußt. Die Zwiebeln sind sehr stark und scheinen voller Energien zu stecken. Ihre rosa-violette Farbe hat in der Mitte einen sehr intensiven Leuchtpunkt. Von diesem Zentrum aus strahlt die schon beschriebene Pflanzenkraft senkrecht nach oben und führt Feuchtigkeit und andere Nährmittel mit sich. Die kleinen Naturgeister beschränken sich aber nicht nur auf eine Pflanze oder diese eine Schale; ich sehe sie auch von einer Schale zur anderen flitzen.»

Dann beschreibt Hodson, wie diese Miniwesen eine Pflanze mit den Lebenskräften versorgen. «Während sie selbst die Lebenskraft in sich aufnehmen, werden sie immer größer. Schließlich sind sie blaßviolette oder lilafarbene, bis zu fünf Zentimeter große Kugeln. Von ihrem Inneren strahlen Kraftströme in die Peripherie aus. Die Enden dieser Strahlen gehen sogar leicht über den Rand der Kugel hinaus. Haben sie sich aufs äußerste vergrößert, kehren sie zur Pflanze zurück, dringen in sie ein und geben das, was sie aufgesogen haben – die Lebenskraft – an sie weiter.» Hodson spricht von einem natürlichen «ätherischen Lebensfluß», der von der wachsenden Pflanze ausgeht und gut sechzig Zentimeter über sie hinausreicht. Voll Freude spielen und tanzen die kleinen Wesen auf diesem Lebensfluß und lassen sich von ihm auf- und abbewegen.

Auch den Vorgang der Aufnahme durch die Pflanzen beschreibt Hodson und spricht von einem Ätherstoff, der von allen Seiten auf sie einströmt. Manchmal konnte er auch sanft wirkende Tentakel entdecken, die sich aus dem «ätherischen Doppelgänger» der Pflanze herausstrecken und über die der Ätherstoff angesogen wurde. Diese hellgrauen Fühler sehen aus wie hohle, leicht gebogene «ätherische» Röhren, die an den Öffnungen etwas breiter sind. Die längsten von ihnen streckten sich etwa zehn bis fünfzehn Zentimeter von der Pflanze aus und hatten einen Durchmesser von etwa einem Zentimeter.

Gemäß der okkulten Lehre sind die Schwingungen des «Ätherstoffs» so fein, daß sie auf physikalische Weise nicht gemessen oder nachgewiesen werden können, obwohl sie tatsächlich existieren. Für die vier, immer feiner werdenden Ebenen dieses Stoffes prägte Leadbeater die Unterscheidungsbegriffe E1, E2, E3 und E4. Alle vier nehmen nach erkennbaren Gesetzen Gestalt an und agieren dementsprechend. Der feinere «Astralstoff», aus dem der eigentliche Körper der Naturgeister besteht, soll aus einer sphärischen, vielfarbigen Aura bestehen, die sich um die empfindliche «ätherische Gestalt» legt.

Normalerweise arbeitet das Bewußtsein eines Feenwesens eher auf der Astral- oder «Gestalt»-Ebene als auf der «Lebens»-Ebene des Ätherstoffes, sagt Hodson. Der Astralkörper leuchtet von sich aus, wobei jedes einzelne Atom ein glühendes Lichtteilchen darstellt, und strahlt Kraftströme aus, mit denen Energiestrahlenflügel aufgebaut werden. Will das Wesen sich eher gegenständlich darstellen, so kleidet es sich mehr oder weniger instinktiv in Ätherstoff. Das findet seinen Höhepunkt in der zeitweiligen Erschaffung eines Ätherleibs, der «von seinem astralen Schöpfer beseelt, durchdrungen und umgeben wird».

Das dichtere «ätherische Gewand» wird, gemäß der Überlieferung der Okkultisten, aus mindestens zwei Gründen angelegt: Ein von einem Naturgeist eingenommener ätherischer Körper verfügt über einen zusätzlichen Sinn für Individualität oder Ganzheit. Ohne diese Individualität fühlt es als diffuser Teil der Gruppe, der sich seiner nicht bewußt ist. Bei näherem Kontakt mit der physischen Welt verleiht das Äthergewand außerdem eine größere Vitalität und Lebensfreude. Vor dem grobstofflichen Körper entsteht der ätherische Körper einer Pflanze – behaupten Okkultisten. Er wird geschaffen aus der Energie einer Gedankenform oder eines Prototyps, die das grobe Material zur Verfügung stellt und bearbeitet. Auch besteht der Ätherleib länger, weit über die Zeit hinaus, da der physische Leib der Pflanze zu zerfallen beginnt.

Um diesen ätherischen Körper aufbauen zu können, müssen die Naturgeister die zarte Astralebene verlassen und in die dichtere Ätherebene hineintauchen, wo sie leicht von Hellsehern entdeckt werden können. Es ist dieser ätherische Zustand, in dem sie tanzen und spielen, sich selbst und – bis zu einem gewissen Grade – auch Menschen sehen können, die sie dann nachahmen und denen sie sich gelegentlich anschließen. Voraussetzung ist allerdings, daß der Mensch sensibel genug ist, die Gegenwart der Naturgeister zu erkennen, und daß er mit ihnen in Verbindung treten will.

Interessant ist auch Hodsons Bemerkung, daß viele Naturgeister beim ätherischen Sehen weniger als einen Zentimeter messen; «bei der normalen physischen Sichtweise wären sie auch mit einem Mikroskop nicht zu sehen».

Dieses Größenverhältnis verleiht den Ausflügen der Hellseher ins Feenland etwas Gespenstisches. Als Sir Arthur Conan Doyle seine Studien über die Beweise abschloß, die Gardner, Hodson und andere für die Existenz der Geisterwelt erbracht hatten, kam er sich selbst vor, als stünde er «am Rande eines neuen Kontinents, doch nicht durch Ozeane getrennt, sondern durch subtile, überwindbare psychische Zustände».

Diese neue multidimensionale Welt, die außerhalb der Grenzen unserer drei Dimensionen liegt, wurde weiterhin von Leadbeater, Besant und anderen Parapsychologen erforscht und beschrieben. Sie bereiteten damit den Physikern einen Weg, tiefer in die Welt der Atome einzudringen.

7 Okkulte Chemie

Meine These ist einfach: Wenn Hodson aufgrund seiner hellseherischen Fähigkeiten in ein Elektron hinein«sehen» kann und wenn Annie Besant und Charles Leadbeater den inneren Aufbau der bekannten chemischen Elemente exakt zu beschreiben vermögen, dann muß man auch ihre Schilderungen der Naturgeister ernst nehmen. Doch zuerst wollte ich sichergehen, daß es wirklich eine akzeptable Übereinstimmung zwischen der Beschreibung der Atome durch die Theosophen und der «Wirklichkeit» aus der Sicht der studierten orthodoxen Physiker gab.

Um dies herauszufinden, suchte ich Stephen M. Phillips auf, einen Professor für Teilchenphysik. Er hatte als erster theoretischer Physiker das in *Okkulte Chemie* veröffentlichte Pionierwissen der Theosophen neu bewertet. Sein 1980 erschienenes Buch *Extrasensory Perception of Quarks* («Außersinnliche Wahrnehmung von Quarks») behandelt nicht nur die neuesten Theorien über den Aufbau der Atomkerne, sondern geht auch von der Existenz bisher noch unentdeckter Teilchen aus, die noch kleiner sein sollen als die Quarks. Phillips analysierte zweiundzwanzig Diagramme der ungefähr hundert in *Okkulte Chemie* beschriebenen chemischen Elemente. Dabei konnte er kaum zu einer anderen als der folgenden Schlußfolgerung kommen: «Besant und Leadbeater haben tatsächlich auf dem Wege der außersinnlichen Wahrnehmung Quarks beobachtet – siebzig Jahre, bevor Physiker deren Existenz postulierten.» Mehr noch: Ihre Diagramme zeigten «letzte physikalische Teilchen», die noch kleiner waren als Quarks.

Als ich damals Phillips in dem südenglischen Seebad Bournemouth aufsuchte, hatte er gerade weitere vierundachtzig der von den Theosophen beschriebenen Elemente untersucht: Er fand, daß sie alle zu hundert Prozent übereinstimmten mit den letzten Entdeckungen der Teilchenphysiker. Jedes einzelne der insgesamt 3546 von Leadbeater beim Element Gold aufgezählten Subquarks konnte Phillips exakt nachweisen. Sollten sich die Ergebnisse von Phillips erhärten lassen, so wäre dies der Beweis dafür, daß die Theosophen mit ihrer Yoga-Kraft wirklich ein Fenster geöffnet haben, das den Blick aus der Welt der festen Materie in die des Geistes erlaubt.

Die Zustimmung zu Phillips Feststellungen ließ nicht lange auf sich warten: Sie kam von dem bekannten Biochemiker und Mitglied der Royal Society E. Lester Smith, dem Entdecker des Vitamins B_{12}. Smith ebenso bewandert in der mathematisch exakten Sprache der Physiker wie in der Geheimsprache der Theosophen, begründete seine Haltung in einem schmalen Bändchen: *Occult Chemistry Re-evaluated* («Okkulte Chemie – neu gesehen»). Und der Nobelpreisträger für Physik, Professor Brian Josephson von der Cambridge University, war von Phillips' These so beeindruckt, daß er ihn 1985 zu einer Vorlesung zu dem Thema ins berühmte Cavendish Laboratory einlud.

Doch es waren nur wenige orthodoxe Gelehrte, die den Mut hatten, ihre Stellung zu riskieren, indem sie so wüsten Behauptungen recht gaben, Parapsychologen könnten besser in die Grundbausteine der Materie hineinschauen als die mit milliardenteuren Supercollidern ausgestatteten Physiker. Schon als die Theosophen zum ersten Mal ihre visionäre Kraft auf die Atome der chemischen Elemente richteten – Ende des letzten Jahrhunderts –, trafen sie auf den Widerspruch der Physiker. Denn diese sahen in den Atomen «feste, kompakte, undurchdringliche, bewegliche Teilchen», wie Newton bereits zwei Jahrhunderte vorher vermutet hatte, und in denen der griechische Philosoph Demokrit winzige, harte Kugeln gesehen haben wollte, die von einer nur göttlichen Kraft geteilt werden könnten.

Das Äußerste, was der angesehene französische Chemiker Antoine Lavoisier zugestehen mochte – bevor er 1794 unter der Guillotine sein Leben verlor –, war, daß ein und dasselbe Element in drei (Aggregat-)Zuständen existieren könne: fest, flüssig und gasförmig.

Newtons Ansicht wurde 1808, drei Jahre nach Nelsons Sieg über Napoleon bei Trafalgar, nur leicht verändert, als der Engländer John Dalton behauptete, das Atom sei der Grundbaustein aller chemischen Elemente, zu denen etwa Wasserstoff, Sauerstoff und Stickstoff gehören. Jedes Element habe überdies sein eigenes spezifisches Gewicht. Zu Daltons Zeit waren vierzig Elemente bekannt, doch keines davon gab einen Anhaltspunkt für die Größe und Zusammensetzung eines Atoms.

Kurz nachdem Louis Phillipe als selbsternannter «Bürgerkönig» den Thron Frankreichs bestiegen hatte, schaffte es 1831 der Physiker Michael Faraday in England, elektrischen Strom herzustellen, indem er eine Kupferscheibe zwischen zwei Magnetpolen rotieren ließ. Zur Definition einer Einheit dieser nichtstatischen Elektrizität prägte der Physiker George Johnstone Stoney, ein Ire, den Begriff «Elektron». Dabei hatten weder Faraday noch Stoney selbst eine Ahnung, wie ein solches Elektron aussehen oder wie groß es sein könnte, ganz zu schweigen vom Wesen der Elektrizität selbst.

Erst 1898, drei Jahre nach den ersten parapsychologischen Untersuchungen eines Atoms durch die Theosophen, kam Professor Joseph John Thomson bei seinen Laborexperimenten an der Cambridge University zu dem Schluß, daß die von seiner Kathodenstrahlröhre ausgesandten leuchtenden Strahlen nicht aus geladenen Gasmolekülen bestanden, sondern aus Elementarteilchen, die Teil aller Materie sein müßten. Dieses erste wirkliche Elementarteilchen – einmal abgesehen von Demokrits unteilbarem Atom – nannte Thomson nach Stoney «Elektron». Damit begann die Wissenschaft der Teilchenphysik.

Inzwischen näherten sich Leadbeater und Besant der Angelegenheit von ihrem Blickwinkel aus. Indem sie ihre Siddhi-Kraft benutzten, um in das Innere der chemischen Atome zu schauen, hatten sie eine rätselhafte Welt betreten, die den «echten» Physikern vollkommen verschlossen blieb. Ihre Methode war schon im 2. Jahrhundert v. Chr. von dem indischen Weisen

Pantañjali in seinen Yoga-Sutren beschrieben worden. Dort erklärte er, wie man «Kenntnis erlangt vom Kleinen, Versteckten oder Entfernten, indem man das Licht einer übernatürlichen Fähigkeit darauf richtet».

Seit damals haben die Yogis des Ostens von dieser Siddhi-Form der Wahrnehmung Gebrauch gemacht. Sie nennt sich «vergrößerndes Hellsehen», besteht jedoch nicht eigentlich im Vergrößern eines kleinen Gegenstandes, sondern umgekehrt darin, «sich selbst (oder seinen Standpunkt) durch Willensanstrengung unendlich zu verkleinern».

Als Phillips die Behauptungen der Theosophen untersuchte, stellte er fest, daß diese tatsächlich die Größe von Bildern willentlich verändern konnten und daß es offenbar keine Grenze der Vergrößerung gab. Die einzige Limitierung war praktischer Art und bestand in der Fähigkeit des Sehenden und in der Anstrengung, die das Sehen stark vergrößerter Gegenstände erfordert. Im Gegensatz zu anderen Formen außersinnlicher Wahrnehmung konnte dieser besondere Zustand absichtlich begonnen und beendet werden, wie Phillips bemerkte.

Zu den ersten von den beiden Parapsychologen untersuchten Elementen gehörte der Wasserstoff – als der leichteste und einfachste Grundstoff. Leadbeater brachte seinen eigenen Standpunkt auf ein subatomares Niveau und war dann in der Lage, der mit einem Zeichenblock auf dem Boden hockenden Annie Besant zu beschreiben, was er sah: einen eiförmigen Körper, in dem zwei miteinander verbundene Dreiecke erschienen. An deren Spitzen entdeckte er kleine, kugelförmige Objekte, sechs Stück insgesamt. Jede dieser Kugeln enthielt wiederum drei Lichtpunkte, die als dreidimensionale Teilchen erschienen. Die ganze Struktur rotierte mit großer Geschwindigkeit um ihre Achse. Gleichzeitig entstanden Schwingungen, ausgelöst durch ähnliche Drehungen der inwendigen Körper.

Diese 1895 gemachte Beobachtung bezeichnete Phillips als ziemlich bemerkenswert, denn die Eigendrehung der Elementarteilchen, der Spin, war den Wissenschaftlern bis dahin noch nicht bekannt. Um das Objekt genauer untersuchen zu können, mußte Leadbeater die Dreh- und Schwingbewegung ihres «chemischen Atoms» – denn daß es das war, davon waren die Theosophen überzeugt –, verlangsamen und fast anhalten. Leadbeater gelang dies mittels einer speziellen Art von Willenskraft. Beide, Leadbeater und Besant, unterstellten aus ihrer theosophischen Sicht, daß in der stofflichen Ebene unserer normalen Realität die Materie in sieben verschiedenen Zuständen vorkommt: fest, flüssig und gasförmig sowie zusätzlich in vier feinstofflichen «ätherischen» Zuständen, die nur von hellseherisch begabten Menschen gesehen werden können. Deshalb glaubten sie, daß das, was sie bei ihrer fortschreitenden Analyse chemischer Atome entdeckten, den verschiedenen «ätherischen» Ebenen 4, 3, 2 und 1 entspreche – bis hin zu einem Teilchen, das sich ihrem Gesichtsfeld entzog, sobald sie es näher untersuchen wollten. Dieses allerletzte Teilchen nannten sie «letztes physikalisches Atom» (oder UPA, nach der englischen Bezeichnung *ultimate physical atom*). Da die Atome aller von ihnen untersuchten Elemente – vom Wasserstoff bis zum Uran – gleichermaßen aus UPAs in verschiedener Anzahl und unterschiedlicher Anordnung bestanden, unterstellten sie, daß diese die kleinsten, wirklich unteilbaren Grundbausteine wären, und zogen daraus den Schluß, sie würden die Grenze zwischen der ätherischen und der feineren Astralebene markieren.

Achtzehn solcher UPA-Teilchen kamen in ihrem «chemischen Atom» des Wasserstoffs vor und 290 in ihrem Sauerstoffatom.

Leadbeater hielt fest, daß diese winzigen UPAs aus zehn klar ausgeprägten, zusammengerollten und verschlossenen Spiralen oder «Ringen» bestanden, von denen drei breiter und dicker waren als die anderen sieben. Diese veränderten unaufhörlich ihre Farbe, und das ganze herzförmige UPA pulsierte und drehte sich um seine Mittelachse.

Immer wieder zählte Leadbeater die einzelnen gewundenen Stränge von zehn Spiralen und kam folgerichtig auf 1680 Windungen pro Spirale. Insgesamt sind das pro UPA 16 800, eine Zahl, der Leadbeater große Bedeutung beimaß – was durchaus richtig war, wie sich sehr viel später herausstellen sollte.

Leadbeater ebenso wie Besant bemerkten zwei verschiedene Arten der UPAs. Eines war das Spiegelbild des anderen, und sie erhielten die Bezeichnung «männlich» und «weiblich» beziehungsweise «positiv» und «negativ». Die beiden UPAs unterschieden sich ausschließlich durch die Richtung, in der die zehn Spiralen – zum Mittelpunkt hin immer enger werdend – hinunter- und wieder hinaufwandern. Die männlichen bewegten sich im Uhrzeigersinn, die weiblichen in der Gegenrichtung.

Das männliche Atom schien anzuschwellen, als bekäme es Kraft aus einer anderen Dimension – «von der Astralebene», wie die Parapsychologen es nannten. Eine gleichgeartete Kraft schien vom weiblichen Atom weg in die Astralebene hineinzuströmen.*

Ein anderes überraschendes Merkmal – das ebenfalls in *Okkulte Chemie* behandelt wird – hatten offenbar alle von den Parapsychologen aufgespaltenen UPAs sämtlicher chemischer Elemente gemeinsam: Sie erschienen wie in einer «Wand» oder in einem «Loch» innerhalb des Raums eingeschlossen. Zogen die Parapsychologen sie mittels ihrer okkulten Kräfte aus diesem «Loch» heraus, flogen die UPAs ohne Ausnahme davon, «wie von einem großen Druck getrieben». Daraufhin «ordnete sich der Inhalt völlig neu in Astralmaterie». Dies war den Wissenschaftlern rational nicht erklärlich, bis in den achtziger Jahren unseres Jahrhunderts neue Teilchenbeschleuniger entwickelt wurden und man zu der Erkenntnis kam, daß der Raum nicht leer ist, sondern eher als «Plenum» anzusehen ist.

Für die weitere Analyse der chemischen Elemente benötigten die Theosophen das Zielelement nicht im ungebundenen Zustand. Denn mit ihrer Willenskraft konnten sie die Bindungen der chemischen Verbindungen durchtrennen und deren Atome freisetzen. Das normale Kochsalz (NaCl) lieferte ihnen eigen-

---

* In der Sprache der heutigen Physik wird dieses Ein- und Ausströmen von Energie als «Quellen und Senken des magnetischen Flusses» bezeichnet. Doch diese Sprache gab es damals noch nicht.

ständige Proben von Natrium (Na) und Chlor (Cl). Um an schwieriger zu besorgende Proben heranzukommen, vertrauten sie auf ihren engen Freund Sir William Crookes. Dieser wohl bekannteste Chemiker Englands versorgte sie mit Proben von großer Reinheit.

Während der Sommerferien, die sie im Jahre 1907 in Deutschland verbrachten, gelang es ihrem Hindu-Freund Charles Janarajadasa, Magister der Cambridge University, im Dresdener Museum seltene Mineralien aufzutreiben. Doch Leadbeater hatte Schwierigkeiten, sich in dem lauten Museum auf seine visionären Untersuchungen zu konzentrieren, und er fand eine andere Möglichkeit. Er entdeckte, daß er nachts das Museum «in einem seiner feinstofflichen Körper» besuchen konnte. Er diktierte Janarajadasa seine Beobachtungen. Dieser befand sich in seinem grobstofflichen Körper und machte Notizen und Zeichnungen.

Es entstand ein Wettrennen zwischen den Theosophen und den Physikern. Beide wollten die wahre Natur der Materie entschlüsseln; die ersten durch vorsichtige Anwendung ihrer Yoga-Sichtweise, die anderen durch grausames Bombardieren der Atome mit Teilen von Atomen.

Im Jahre 1909 entdeckte der Physiker Ernest Rutherford – ein großer, bärbeißiger, schnauzbärtiger Neuseeländer – in seinem Laboratorium in Manchester, daß das Element Radon von selbst und spontan Teilchen emittierte. Er nannte sie «alpha»-Teilchen. Erst später entdeckte man, daß sie aus dem Kern eines Heliumatoms bestanden, den man seines Elektronenmantels beraubt hatte. Rutherford brachte eine Quelle von Alpha-Teilchen in ein mit einem engen Loch versehenes Bleikästchen und beschoß mit den Teilchen eine sehr dünne Goldfolie. Diese lenkte sie auf eine Wand aus Zinksulfid ab. Jedesmal, wenn eines dieser Alpha-Teilchen auf das Zinksulfid traf, leuchtete ein heller Lichtblitz auf.

Von diesem Experiment leitete Rutherford ab, daß das einzige, was ein Alpha-Teilchen von seinem Weg ableiten könnte, ein bedeutend massiveres, positiv geladenes Teilchen sein müßte. Dieses Teilchen müßte der Kern in jedem Goldatom sein, das nur sehr wenig Raum – weniger als ein Prozent – im Zentrum des relativ großen Atoms einnimmt. Für diese Entdeckung des Atomkerns erhielt Rutherford 1909 den Nobelpreis für Physik. Gleichzeitig verlieh ihm König Edward VII. den Titel eines Barons.

Doch Rutherfords Kern war nichts anderes als das, was die Theosophen bereits einige Zeit zuvor mit ihren Siddhi-Kräften gesehen und in allen Einzelheiten in verschiedenen Publikationen beschrieben hatten. Allerdings stellte sich später heraus, daß sie jeweils Kernpaare gesehen hatten, da sich die Kerne beim Hellsehen verdoppelten. Erst durch die Entdeckung der Neutronen durch James Chadwick kamen die Wissenschaftler zu dem Schluß, daß Atomkerne Neutronen und Protonen enthalten müßten. Vierundzwanzig Jahre vor dieser Entdeckung und kurz vor Rutherfords Kern-These hatten die beiden Theosophen bereits die genaue Anzahl der Protonen und Neutronen in den Kernen von Arsen und Aluminium genannt. Doch weder sie selbst noch ihre wissenschaftlichen Zeitgenossen wußten, daß Atomkerne sich durch die Anzahl der in ihnen enthaltenen Protonen und Neutronen unterscheiden.

Zur selben Zeit untersuchten und beschrieben die beiden Theosophen weitere sechsundfünfzig Elemente. Fünf davon waren bis dahin wissenschaftlich noch nicht bekannt: Promethium, Astat, Francium, Protactinium und Technetium. Außerdem entdeckten sie sechs Isotope, wobei man damals noch nicht wußte, daß sich ein Element aus Atomen zusammensetzen kann: den Isotopen. Isotope bestehen aus Kernen mit der gleichen Anzahl von Protonen, aber einer unterschiedlichen Anzahl von Neutronen, und ein Element kann zehn oder mehr Isotope haben. Auch Neon (Atommasse 20) und die Variation Meta-Neon (Atommasse 22) waren bereits seit der Veröffentlichung in *The Theosophist* 1908 bekannt. Das war sechs Jahre, bevor der britische Physiker Frederick Soddy sein Isotopenkonzept vorlegte und dafür den Nobelpreis erhielt.

Die von den Theosophen mit einer Genauigkeit von zwei Stellen hinter dem Komma geschätzten Atomgewichte der Elemente stimmten erstaunlich gut mit den von der Wissenschaft akzeptierten Werten überein. Die Theosophen hatten nur beschrieben, was sie aufgrund ihrer Siddhi-Kräfte gesehen hatten. Später gaben die Physiker zu, es habe keinerlei wissenschaftliche Veranlassung für die Annahme eines zweiten Isotops gegeben und auch die Theosophen hätten damit kein bestimmtes Ziel verfolgt.

Leadbeater und Besant versuchten nichts weiter, als das, was sie im Innern ihrer «Atome» sahen, in Übereinstimmung zu bringen mit dem Mitte des 19. Jahrhunderts von dem russischen Chemiker Dmitrij Iwanowitsch Mendelejew aufgestellten Periodensystem der Elemente. Die Tabelle teilt die Elemente nach ihren Atomgewichten ein, wobei sich verschiedene Gruppen mit ähnlichen chemischen Eigenschaften ergeben. Die Theosophen stießen auf die Isotope durch ihre Beobachtung, daß Elemente derselben Gruppe und mit den gleichen Eigenschaften auch die gleichen komplexen geometrischen Formen aufweisen. Diese hielten sie peinlich genau in ihren Diagrammen fest.

Mit wenigen Ausnahmen schienen alle inneren Strukturen ihrer «chemischen Atome» die sieben Grundformen zu zeigen: Dornen, Hanteln, Vierecke, Kuben, Achtecke, Balken und Sterne. Alle Edelgase schienen sternförmig zu sein. Die fünf Platonischen Körper, die die einzigen völlig gleichmäßigen geometrischen Formen in der Natur bilden, konnte man samt und sonders in den archetypischen Atomen und Molekülen der Theosophen wiederfinden. Doch eine Bestätigung durch die damaligen Physiker mußte ausbleiben, weil die Röntgenstrahlen, das Elektronenmikroskop und die Teilchenbeschleuniger erst noch erfunden werden mußten.

Das Ergebnis der von den Theosophen geleisteten Arbeit veröffentlichte Annie Besant 1908 in einer Fortsetzungsreihe in *The Theosophist* sowie in der ersten Auflage von *Okkulte Chemie*. Weitere zwanzig Elemente untersuchten Besant und Leadbeater im Hauptquartier der Theosophischen Gesellschaft im indischen Adyar bei Madras, und es folgte eine zweite Ausgabe dieses Buches im Jahre 1919. Sie wurde von Janarajadasa ediert, der amüsant schildert, wie die Theosophen jeden Nachmittag, mit Teppichen und Kissen ausgestattet, in den Wald gingen, sofern das Wetter mitspielte. Dann nämlich konnten Leadbeater und Besant ihre Siddhi-Untersuchungen abhalten und den anderen, die aufmerksam horchend um sie herumsaßen, ihre Beobachtungen mitteilen. Bis zum Jahre 1933, dem Todesjahr Leadbeaters, waren alle damals bekannten Elemente – vom Wasserstoff bis zum Uran – sowie mehrere unbekannte Isotope und sogar einige chemische Verbindungen untersucht und beschrieben worden. Die in einem eigenen Buch gesammelten Zeichnungen von Annie Besant befinden sich ebenso wie die von Leadbeater und die zugehörige Korrespondenz noch immer in Adyar. Janarajadasa stellte das ganze Material zusammen und veröffentlichte 1951 eine weitere Ausgabe von *Okkulte Chemie*.

Doch das Buch wurde von der Wissenschaft überhaupt nicht beachtet. Darin wurden Teilchen postuliert, die viel kleiner sein sollten als Protonen. Da sich dies mit den Anschauungen der orthodoxen Wissenschaft nicht in Einklang bringen ließ, konnte man ruhig das ganze Buch als reine Phantasie abtun. Viele Physiker kannten noch nicht einmal den Titel. Die von Theosophen verfaßten Bücher wurden vorrangig von Theosophen gelesen, und unter ihnen verstanden nur wenige so viel von Physik, daß sie ihre Freunde hätten unterstützen können.

Als man Janarajadasa fragte, was man tun könnte, um die Situation zu retten, sagte er: «Nichts. Nur abwarten, bis die Wissenschaft aufholt.»*

---

* In einem Brief an Professor F. N. Aston, den Erfinder des Massenspektrographen, mit dem man Isotope entdeckt, schrieb Janarajadasa, daß Besant und Leadbeater das Neon-22-Isotop vier Jahre vor der wissenschaftlichen Erkenntnis, Neon habe ein Isotop, entdeckt hatten. Ebenso war das von Aston 1942 entdeckte Helium-3-Isotop bereits 1908 in *The Theosophist* beschrieben worden. Diesen Brief ließ Aston folgendermaßen beantworten: «Dr. Aston dankt Mr. Janarajadasa für die Übersendung seiner Nachricht vom 8. Januar und darf diese ohne weiteren Kommentar hiermit zurückschicken, da er nicht an Theosophie interessiert ist.»

Die nicht mit der Gabe des Siddhi-Sehens ausgestatteten wissenschaftlichen Physiker konnten sich nur an Rutherfords Methode halten und Atomkerne mit Elementarteilchen bombardieren, um zu sehen, was der Kern enthielt. Als beste Geschosse erwiesen sich Elektronen und Protonen. Erstere erhielt man, indem man einen Draht zur Weißglut erhitzte, letztere, indem man ein Elektron von einem Atom des ganz normal im Handel erhältlichen Wasserstoffgases entfernte.

Jedes Teilchen erhielt dann in einem Beschleuniger eine hohe Geschwindigkeit und wurde auf einen Kern geschleudert. Diese Beschleuniger jagen die Teilchen auf einer Umlaufbahn und erhöhen dadurch deren Energie und Masse. Im Prinzip braucht man dazu nichts weiter als eine ganz normale Autobatterie, die man an zwei dicht nebeneinanderliegende Kupferplatten in einem Vakuum anschließt. Während das Elektron die Lücke von der negativ geladenen Elektrode zur positiv geladenen überspringt, nimmt es Energie auf. Besteht die positive Elektrode aus Drahtgeflecht, so schlüpfen die meisten Elektronen hindurch, und es entsteht ein Elektronenstrahl. Wiederholt man diesen Vorgang auf einer kilometerlangen Umlaufbahn und nimmt eine Millionen-Volt-Batterie (plus Magnet, um den Elektronenstrahl in seiner Richtung zu halten), kann man die Elektronen bis zu einer Energie von mehreren Millionen Volt beschleunigen. Auf diese Weise gelingt es, einen Atomkern zu zertrümmern.

Die Bruchstücke wurden von den Physikern untersucht, natürlich nicht auf direktem Wege, wie es die Theosophen taten, sondern mit Hilfe einer Black Box, in der die Teile mit elektronischen Verfahren analysiert wurden. In den fünfziger und sechziger Jahren wurden immer teurere Beschleuniger gebaut, etwa vom SLAC (Stanford's Linear Accelerator Center), beim Europäischen Kernforschungszentrum (CERN) oder am in der Nähe von Chicago stehenden Fermilab, das seinen Namen dem italienischstämmigen Physiker Enrico Fermi verdankt, dem Vater der Atombombe. Durch diese viele Millionen Dollar teuren Beschleunigern entstanden Tausende von Teilchen, die meisten unter ihnen extrem kurzlebig, weil sie nach Mikrosekunden – etwa einer milliardstel beziehungsweise billionstel Sekunde – zerfallen. Einige hundert schwerere Partikel bleiben jedoch relativ lange bestehen. Sie erhielten die Bezeichnung «Hadronen» (nach dem griechischen Wort für «schwer») und werden mit griechischen Buchstaben wie Sigma oder Lambda gekennzeichnet. Viele dieser künstlich hergestellten Elementarteilchen sind synthetische Varietäten von Protonen und Neutronen; sie brachten keinen großen Nutzen bei der Erforschung der Urmatrie. Wo ein natürliches Proton im Grunde genommen für alle Zeiten existiert, sind die künstlich durch Atomzertrümmerung entstandenen Hadronen äußerst kurzlebig. Und in keinem Fall stimmten sie mit den von den Theosophen entdeckten UPAs überein, von denen jeweils neun in einem Proton enthalten sind.

Erste Anzeichen für einen möglichen Kompromiß zwischen den Auffassungen der Theosophen und denen der Physiker waren Mitte der sechziger Jahre zu erkennen, als theoretische Physiker ein Teilchen, das kleiner war als ein Proton, auf mathematischer Grundlage postulierten. Im Jahre 1964 schlugen unabhängig voneinander Murray Gell-Mann vom California Institute of Technology und George Zweig vom CERN die Existenz sogenannter «mathematischer Strukturen» vor: dies waren drei kleinere Bestandteile eines Protons. Obwohl diese angenommenen Teilchen – von Gell-Mann mit der witzigen Bezeichnung «Quarks» bedacht – mathematisch «logische Konstruktionen» waren und auf dem möglichen Aufbau von Hadronen oder Protonen und Neutronen basierten, waren sie doch zu exotisch, um von den restlichen Naturwissenschaftlern ernstgenommen zu werden.

Um an die Quarks glauben zu können, so drückte es der bekannte Physikprofessor Harald Fritzsch aus, müsse man zu viele Ungereimtheiten akzeptieren, nicht zuletzt etwa ihre unkonventionelle Ladung: Nach der neuen mathematischen Theorie hätten Quarks keine ganzzahlige Ladung, sondern eine bis dahin nie dagewesene Ladung in Bruchteilen von z. B. $\frac{2}{3}$. Bislang hatten alle Elementarteilchen ganzzahlige Ladungen, die ein Vielfaches der Ladung eines Elektrons darstellten.

Diese Situation, später von der Wissenschaft als großer theoretischer Durchbruch gefeiert, wurde bei einer Kabarettveranstaltung in Aspen, Colorado, als Sketch dargestellt. Barry Taubes beschrieb das in *Discover* so: Auf ein Zeichen hin sprang Murray Gell-Mann aus dem Publikum auf und stammelte wild Unsinniges: wie er sich eine universelle Theorie des Universums, über Quarks, über die Schwerkraft und über alles mögliche andere ausgedacht habe. «Da er immer mehr umhertobte, stiegen zwei Männer in weißen Kitteln auf die Bühne und schleppten ihn weg. Das Publikum lachte.»

Auch die Bezeichnung der neuen Teilchen war dazu geeignet, belächelt zu werden: Quark, also nicht nur Käse, sondern auch Unsinn. Gell-Mann behauptete, es sei die Zahl drei gewesen, die ihn zu dieser Wortschöpfung, inspiriert habe, ausgelöst von einem Satz aus James Joyces *Finnegans Wake*:

Three quarks for Muster Mark!
Sure he hasn't got much of a bark
And sure any he has it's all beside the mark.

Drei Quarks für Muster Mark!
Natürlich ist er im Kläffen nicht stark
Und was immer er hat, ist hier natürlich nicht gefragt.

Die Reaktionen der Physiker auf das Quark-Modell waren alles andere als wohlwollend. «Es war nicht einfach», schrieb der spätere Nobelpreisträger Gell-Mann, «den CERN-Bericht so zu veröffentlichen, wie ich es wollte. Daher gab ich es schließlich auf. Als das Physik-Institut einer führenden Universität mir einen Lehrstuhl anbieten wollte, wandte sich der älteste der theoretischen Physiker – ein höchst angesehener Vertreter des gesamten Faches – während einer Fachschaftssitzung leidenschaftlich dagegen mit dem Argument, es handle sich um einen ‹Scharlatan›.» Und Gell-Mann fügte hinzu: «Die Vorstellung, die

Hadronen (Protonen und Neutronen) – sozusagen die Bürger einer Kerndemokratie – bestünden aus Elementarteilchen mit gebrochenen Quantenzahlen, war einfach zuviel. Aber genau diese Vorstellung ist offensichtlich korrekt.»

Und sie stimmte wirklich. Beim SLAC, wo Protonen routinemäßig mit sehr energiereichen Elektronen beschossen werden, bemerkte ein aufmerksamer Techniker in einem Proton drei sich rasch bewegende punktförmige Bestandteile. Waren das die Quarks? Als man das Experiment im Fermilab und CERN wiederholte und Myonen als Geschosse verwendete, kam man zu keinem anderen Schluß, als daß ein Proton aus drei Quarks bestehen müsse. (Myonen sind Elektronen, allerdings zweihundertmal so schwer und von zehnfacher Energie.)

Was die Theosophen bereits sechzig Jahre zuvor mit ihrer Siddhi-Sehweise so klar erkannt hatten, enthüllten die Physiker also erst jetzt. Wie gewaltig der dazu nötige Aufwand war, kann man an der Tatsache ermessen, daß die Physiker zur Analyse eines Atoms ein Elektronenvolt Energie brauchten, zur Entdeckung eines Quarks – dessen Radius sie auf 0,000000000000000000001 (21 Nullen!) eines Zentimeters oder sogar noch eine Million Mal kleiner schätzten – jedoch zehn Milliarden Elektronenvolt. Was das UPA der Theosophen oder ihr «Subquark» betrifft, so war es noch um ein Vielfaches kleiner.

Gegen Ende der siebziger Jahre hatten die Physiker ein Modell mit sechs verschiedenen Arten von Quarks entwickelt. Fünf davon waren identifiziert und hatten die Alice-im-Wunderland-Bezeichnung *up, down, charm, strange* und *bottom* bekommen. Das letzte – und schwerste – konnte erst Mitte 1994 von Physikern des Fermilab als *top*-Quark nachgewiesen werden. Dies veranlaßte den führenden Wissenschaftler und früheren Vorsitzenden der Indischen Atomenergiekommission, Dr. P. K. Iyengar, dazu, den Theosophen einige Zugeständnisse zu machen. Er meinte: «Das kürzlich entdeckte *top*-Quark bestätigt, daß okkulte Chemie ein reales Phänomen ist, das als solches akzeptiert werden sollte.»

Zur Unterscheidung versahen die Physiker die neuentdeckten Quarks mit drei verschiedenen Farbbezeichnungen – Rot, Blau und Grün. Eine Auswahl, die jedoch nichts mit der normalen Farbwahrnehmung zu tun habe, wie sie rasch hinzufügten. Es sei nur ein ganz konventionelles Verfahren, unterschiedliche mathematische Qualitäten, die den Theoretikern aufgefallen seien, zu etikettieren.

So wurden die Quarks als Tatsache anerkannt und die Diagramme der Theosophen, die drei solcher Teilchen für jedes Proton zeigten, für gültig erklärt – lieber spät als nie.

Da das Proton offensichtlich aus zwei *up*-Quarks und einem *down*-Quark, das Neutron aus einem *up* und zwei *downs* besteht, hat das Proton folgerichtig eine positive Ladung von 1,0. Das Neutron ist neutral mit einer Ladung von 0,0. Gibt man zu den drei vorhandenen Quarks eines Protons ein Elektron hinzu, erhält man ein Wasserstoffatom. Wie alle anderen Elemente scheint auch dieses aus nichts anderem als aus Quarks und Elektronen zu bestehen. Folgerichtig muß das gesamte Universum aus zwei Quarks – einem *up* und einem *down* – sowie einem Elektron zusammengesetzt sein.

Und die Quarks? Woraus bestehen sie?

Diese Frage führte Phillips zu ziemlich abstrusen mathematischen Berechnungen. Er kam unausweichlich zu dem Schluß, daß Quarks aus Subquarks bestehen mußten. Und deren Anzahl mußte ebenfalls drei sein – so wie es die Theosophen mit ihren UPAs vorhergesagt hatten. Diese vermuteten Teilchen nannte Phillips «Omegons».

Lester Smith konnte diese Omegon-Theorie «als wirkliche Wissenschaft» sanktionieren, die «auf der kürzlich aufgestellten Theorie einer Quantenchromodynamik basiert. Darüber erschien bereits eine wissenschaftliche Arbeit in einer Fachzeitschrift.» Dies geschah unter der verwirrenden Überschrift «Zusammengesetzte Quarks und Hadron-Lepton-Vereinigung».

Als Phillips mit seinen Berechnungen so weit gediehen war, stieß er in Kalifornien auf dieses theosophische Buch. Für das Wasserstoffatom waren darin sechs Quarks angegeben, von denen jedes aus drei weiteren «physikalischen Atomen» bestand. Es handelte sich also um insgesamt achtzehn Teilchen, die als die Grundbausteine der Natur bezeichnet wurden. Aber warum achtzehn und nicht neun Omegons, wie sie in Phillips' Rechenmodell auftauchten? Wie kam es zu dieser Verdoppelung bei einer ansonsten verblüffenden Übereinstimmung?

Viele Stunden verbrachte Phillips damit, das Rätsel dieser Diskrepanz zu lösen. Er kam zu dem Schluß, daß die Theosophen vermutlich ein Diproton gesehen hatten, eine normalerweise instabile, kurzlebige Verbindung zweier Wasserstoffkerne. Doch um herauszubekommen, wie die Theosophen auf diese Anomalie gestoßen waren, mußte er weitere Untersuchungen anstellen. Schließlich kam Phillips zu einer auf der modernen Theorie der Quantenphysik basierenden Erklärung, die um die Jahrhundertwende – und damit den Theosophen – noch nicht bekannt war. Gemeint ist das dynamische Wechselspiel zwischen Beobachter und beobachtetem Gegenstand. Das für die Beobachtung nötige Einfangen der Atome und das Verlangsamen ihrer «wilden Umdrehungen» muß diese gestört haben. Und Phillips dachte weiter: Dadurch müssen die fest gebundenen Quarks und Omegons sich von den Kernen zweier Atome gelöst haben. Sie verschmolzen zu einer einzigen chaotischen Wolke, ähnlich dem extrem heißen Plasma. Auf diese Weise seien die beobachteten Doppelkerne entstanden. Weiter erklärte Smith, daß dies normalerweise nur unter extrem hohen Temperaturen stattfinden könne, wie sie in den ersten 10^{-6} Sekunden nach dem Urknall herrschten. Aber auch «kaltes Plasma» könne existieren, behauptete er: Darin kämen die zwischen den Omegons herrschenden starken Kräfte wieder ins Spiel und veranlaßten diese, sich neuerlich miteinander zu verbinden und zu einer stabilen Gruppierung zu kondensieren – zu den von den Theosophen gesehenen Doppelatomen.

Nachdem man nun diese Verdoppelung erklären und berücksichtigen konnte, fand jedes von den Theosophen in *Okkulte Chemie* beschriebene und gezeichnete Element, ebenso die Verbindungen und Kristalle, seinen ihm zustehenden Platz im Periodensystem. Mit ihrer Siddhi-Kraft hatten die Theosophen jedes Element genau beschrieben, und zwar Jahre, bevor dies die Physiker taten, und in einigen Fällen sogar vor der wissenschaftlichen Entdeckung dieser Elemente.

Nicht nur die Theosophen hatten recht, sondern auch Phillips. Mit Genugtuung und ohne Angst vor Gegenbeweisen konnte er kategorisch behaupten: «Die neuen, aus der Anwendung der Gesetze der theoretischen Physik entstandenen Modelle stimmen genau mit den in *Okkulte Chemie* gezeichneten Diagrammen überein.»

Leadbeater und Besant öffneten damit für die Physiker ein kleines Fenster zur Welt der Materie und gleichzeitig ein großes Tor zur Welt der Erdgeister und Elfen, der Luft- und Wassergeister.

8 Der Kosmos – wie wir ihn sehen

Die Gabe des Hellsehens, Hellhörens und Hellfühlens haben Leadbeater und Besant angeblich von ihren indischen und tibetischen Meistern gelernt, um zu einem ständigen «Astralbewußtsein – bei schlafendem, aber auch wachem Körper» zu gelangen. Damit war es ihnen möglich, «die Zusammensetzung der übernatürlichen Materie in der Struktur des Menschen und des Universums sowie die Natur der okkulten Chemie» zu erforschen.

Diese beiden Forscher sahen in dem Grundbaustein der Materie, dem letzten physikalischen Atom – oder UPA –, «eine kleine Miniatursonne». Dieses Teilchen, das kleiner ist als ein Proton und sogar viel kleiner als ein Quark, war für sie von doppelter Natur: positiv, aber mit einem negativen Spiegelbild. Jedes hatte eine Eiform und bestand aus zehn geschlossenen fadenförmigen Spiralen, die sich wiederum aus immer enger werdenden «Spirillen» zusammensetzten. In diesen Spirillen wirbelten Millionen von Energiepunkten, die von einer Astralebene der vierten Dimension zu kommen schienen, wie die beiden Forscher sagten. Drangen sie in das männliche UPA ein, wurde das weibliche angeregt. Diese UPAs verbanden «hellleuchtende Linien» oder «Lichtbänder» – in der Sprache der Theosophen –, «Kraftlinien».

Leadbeater konzentrierte sein Interesse auf den geometrischen Aufbau dieser UPAs, indem er deren Anzahl pro Element bestimmte. Annie Besant dagegen sah sich die «Kraftlinien» genauer an, die Gruppen von jeweils drei Teilchen miteinander verbanden. Eine Kraft, sagte Leadbeater, «ergießt sich in die herzförmige Vertiefung am oberen Ende des UPA und geht von

dort aus weiter. Auf ihrer Wanderung durch jede Windung und jede Spirille veränderte sie ihre Gestalt und die Farben, die aus dem sich rasch drehenden und vibrierenden UPA blitzen.»
Diese Farbveränderungen schienen Leadbeater von der unterschiedlichen Tätigkeit der zehn, aus 1680 Spirillen bestehenden Windungen abzuhängen, von denen die eine oder andere immer mal wieder mehr Energie erhielt. Um die Zahl 1680 bestätigen zu können, zählte Leadbeater peinlich genau die Windungen in jeder Spirale von 135 verschiedenen, aus zahlreichen Substanzen ausgewählten UPAs. Er entdeckte, daß jede Windung der ersten Spirille eine Helix darstellte, die aus sieben noch engeren, kreisförmigen Windungen von Spirillen zweiter Ordnung bestand. Dies ging so weiter, bis zu einer siebenten Ordnung, wobei jede feiner war als die vorangegangene.

Mit seiner Willenskraft «drückte» Leadbeater «die Materie des Raums zurück und schloß sie ein» und konnte auf diese Weise die siebente und letzte Ordnung der Spirillen erkennen. Sie bestand aus sieben, gleichmäßig auf einem Kreis angeordneten «Blasen», die im unsichtbaren Plenum des Raums existierten. Leadbeater nannte sie «Koilon», nach dem griechischen Wort für «Loch», und errechnete, daß jede größere Windung aus etwa sechsundfünfzig Millionen solcher Blasen bestand. Insgesamt ergaben sich also ca. vierzehn Milliarden Blasen pro UPA. Daraus zog der Theosoph den Schluß, daß alle Materie letztlich aus Blasen oder Löchern im Raum bestehen müsse, «wie Perlen an einem unsichtbaren Faden». Genau diese Beschreibung sollte zwei Generationen später zum modernsten Konzept der Physik passen: zur Superstringtheorie und zur Feldtheorie von Higgs. Leadbeater und Besant hatten diese ein Jahrhundert zuvor vorweggenommen.

Die Feldtheorie von Higgs war nichts anderes als die Wiederbelebung früherer Gedanken. Schon Mitte des 19. Jahrhunderts – zur Zeit des schottischen Physikers James Clerk Maxwell – ahnten die Physiker die Notwendigkeit der Existenz eines Mediums, das den Raum durchdringt und mit dessen Hilfe Licht- und andere elektromagnetische Wellen wandern können. Zur

Lösung dieses Problems dachten sie an einen Äther, der ein alles durchdringendes, unendlich elastisches und masseloses Medium darstellen sollte. Poetisch verklärt war der Äther die Personifikation der reinsten obersten Luft, die von den Göttern des Olymps eingeatmet wird.

Was aber geschah mit diesem Elixier oder dieser Quintessenz? In seiner Speziellen Relativitätstheorie leugnete Einstein die Existenz des Äthers, und dieser verschwand genauso wie das Phlogiston in der Versenkung. Doch wie ein Gespenst tauchte der Gedanke an den Äther immer wieder auf. Die theoretischen Physiker ersetzten ihn durch ein umstrittenes «Feld», das sie nach einem jungen Gelehrten der Universität Edinburgh, Peter Higgs, benannten. Einige Physiker glauben, es bestehe aus Elementarteilchen, etwa Elektronen; andere wieder nehmen eine Zusammensetzung aus quarkähnlichen Teilchen an; und eine dritte Gruppe meint, die Higgs-Teilchen seien eine Art Verbindung zwischen einem «top»- und einem «antitop»-Quark.

Aber warum, fragt Leon Lederman – ein hervorragender Teilchenphysiker und Autor des Buches *Schöpferische Teilchen* –, wurde das Higgs-Teilchen nicht auf der ganzen Welt anerkannt? Und er gibt, ziemlich bissig, selbst die Antwort: «Weil Veltman, der zu den ‹Architekten› des Higgs-Teilchens gehörte, von einem Teppich sprach, unter den wir unser Nichtwissen kehren. Und Glashow (Professor der Teilchenphysik in Harvard) spricht sogar von einer Toilette, in die wir die Widersprüche unserer augenblicklichen Theorien hinunterspülen.»

Doch die Physik funktioniert nicht ohne ein Äquivalent des Higgs-Feldes. Denn es ist ganz einfach: Der gesamte Raum beinhaltet ein Feld, das Higgs-Feld. Es durchdringt das Vakuum und ist überall gleich. Das Wort «Vakuum», meint Smith, läßt den Leser vielleicht stutzen. Normalerweise wird es benutzt zur Bezeichnung eines Raums, aus dem die Luft und jedes andere Gas entfernt wurde. Für die Physiker aber hat «Vakuum» die gleiche nichtwörtliche Bedeutung wie «Farbe» oder «Geschmack». Mit diesen Worten beschreiben sie mathematische Eigenschaften, die sie in der Umgangssprache nicht ausdrücken können. Dies gilt etwa für die den Quarks oder Omegons eigenen Qualitäten.

Die Suche nach dem Higgs-Feld «im Vakuum des Raumes» schlug fehl und damit auch die Suche nach dem Schlüssel für den Ursprung der Masse. Die Physiker definieren Masse als «Widerstand gegen die Änderung des Bewegungszustandes». In England verwendete man früher dafür die witzige Einheit *«slug»* (= Schnecke).*

Nach Lederman besteht die Funktion des Higgs-Teilchens darin, den masselosen Teilchen Masse zu verleihen; denn Masse sei keine den Teilchen innewohnende Eigenschaft, sondern entstehe erst durch die Wechselwirkung der Teilchen mit ihrer Umgebung. Das den gesamten Raum durchdringende Higgs-Feld «stopft die Leere voll, zerrt an der Materie und macht sie schwer». Weiter sagt Lederman – ebenso hellseherisch wie versponnen – zu dem Problem: «Wir glauben daran, daß uns eine Art Gespenst, das durch das ganze Universum geistert, davon abhält, die wahre Natur der Materie zu erkennen. ... Die unsichtbare Barriere, die uns nicht die Wahrheit erkennen läßt, heißt Higgs-Feld. Dessen eisige Fühler reichen bis in jede Ecke des Universums. ... Es ist in einer Art Schwarzer Magie durch ein Teilchen wirksam, das sogenannte Higgs-Boson oder auch ‹göttliche Teilchen›.»

Um dieses hinterhältige Teilchen zu finden, fällt Lederman und seinen Physikerkollegen bis heute nichts Besseres ein, als in neuen Supercollidern die Atome mit immer stärkerer Artillerie zu beschießen in der Hoffnung, noch mehr Teilchen zu entdecken – Sleptonen, Squarks, Gluinos, Photinos, Zonos und Winos –, deren Masse, Spin, Ladung und Gruppenzugehörigkeit sie dann zusammen mit der Lebensdauer des Teilchens und seiner Zerfallsprodukte katalogisieren können.

Das alles kostet Milliarden von Steuergeldern. Allein eine halbe Milliarde Dollar kostete ein Beschleuniger beim Fermilab.

---

* Ein Slug entspricht jener Masse, der eine Kraft von einem Pfund (1 lb) eine Beschleunigung von einem Fuß pro Sekundenquadrat erteilt.

Der Teilchendetektor des Fermilab mit der Bezeichnung CDF ist großzügig in einem blau-orange gestrichenen Hangar untergebracht und beherbergt ein fünftausend Tonnen schweres Instrument. Zweihundert Physiker und genausoviele Ingenieure waren mehr als acht Jahre lang damit beschäftigt, das zusammenzubauen, was Leon Lederman, einer der Direktoren, als «Schweizer Zehn-Millionen-Pfund-Uhr» bezeichnet. Allein die Stromrechnung für diesen Detektor beläuft sich auf mehr als zehn Millionen Dollar pro Jahr.

Um 1990 beschäftigte der CDF 360 Wissenschaftler und Studenten aus einem Dutzend Universitäten und nationalen wie internationalen Forschungslabors. Die Anlage war mit 100 000 Sensoren ausgestattet, darunter Szintillationszähler, Organizer und Filter. Ein Spezialcomputer hat die Aufgabe, sich durch den Datenwust hindurchzuarbeiten und zu entscheiden, welche von den Hunderttausenden von Kollisionen pro Sekunde «interessant» oder wichtig genug sind, um analysiert und auf Magnetband aufgezeichnet zu werden. In einer millionstel Sekunde muß dies der Computer erkennen und aufzeichnen oder die Daten in einen Pufferspeicher weiterleiten, um Platz für die nächsten Daten zu machen. In den Jahren 1990 und 1991 konnte man die digitalen Daten von 100 000 Kollisionen pro Sekunde auf Magnetband aufzeichnen. Gegen Ende der neunziger Jahre erwartete man eine Steigerung auf eine Million Kollisionen pro Sekunde.

Jetzt schon speichert das System eine Milliarde Informationseinheiten pro Ereignis; bei voller Auslastung entspricht die auf Magnetband gespeicherte Informationsmenge der von fünftausend Exemplaren der kompletten *Encyclopaedia Britannica*, sagt Direktor Lederman. Und weiter berichtet er: Um die gesammelten Daten eines einzigen Versuchslaufes auswerten zu können, ist ein ganzes Heer hochqualifizierter, hochmotivierter Leute mit der besten Ausrüstung und mit den besten Analysemethoden zwei bis drei Jahre beschäftigt.

Hauptaufgabe dieser Spieler auf dem Higgs-Feld ist es, erst einmal den Ball zu lokalisieren, mit dem sie zu spielen glauben.

Zur Bewältigung dieses Zauberlehrlingsstücks ist natürlich an einen noch viel leistungsfähigeren Beschleuniger gedacht – mit einer viel längeren Umlaufbahn, einer stärkeren Energiequelle und einer höheren Produktion von noch kleineren Teilchen. Ein solcher superleitender Supercollider mit einem Umfang von vierundfünfzig Meilen war bereits geplant, wurde jedoch 1994 vom Kongreß abgelehnt. Er sollte in der Wasahachie-Wüste in Texas gebaut werden und hätte mehrere Milliarden Dollar Steuergelder verschlungen. Sein Generator sollte nicht Milliarden, sondern Billionen von Elektronenvolt produzieren.

Mit diesem Leviathan hoffte Lederman im Jahre 2005 das «göttliche Teilchen» an das Scheunentor des wissenschaftlichen Establishments nageln zu können. Doch die Theosophen scheinen dies längst in ihrem «Koilon, dem wahren Raumäther» gefunden zu haben. Die in diesem Medium enthaltenen Blasen der UPAs sind nichts anderes als Löcher. Der orthodoxen Physik gelang gegen Ende der siebziger Jahre der letzte große Durchbruch. Es ging um ein neues Modell: Quarks und Antiquarks – die Gegenstücke der Quarks im Bereich der Antimaterie – stellte man sich als punktähnliche Magnetladungen vor. Sie sollten durch «Strings» oder fest miteinander verknüpfte magnetische «Flüsse» verbunden sein; dies seien Kraftlinien analog den Linien eines Magnetfeldes, das sich rund um einen Magneten bildet, der sich in einem das ganze All durchdringenden Higgs-Feld befindet. Das Higgs-Medium soll die magnetischen Feldlinien in Röhren von Magnetflüssen zusammenpressen.

Doch aus dieser Vorstellung wurde nichts. So ging es also zurück ans Zeichenbrett. 1984 stellte man die «Superstringtheorie» auf, um Unregelmäßigkeiten zu eliminieren. Die Grundidee bestand darin, die punktförmigen kleinsten Teilchen durch winzige fadenförmige zu ersetzen. Alle Elementarteilchen (inklusive Quarks) betrachtete man als unterschiedliche Quantenzustände von Strings. Strings ohne Enden wurden «geschlossene» Superstrings genannt. Alle diese Strings stehen miteinander in Wechselwirkung und bilden ähnlich den Matrioschka-Puppen noch mehr geschlossene Superstrings.

Eine ganze Zeitlang, sagt Phillips, erschien dieses zweite Modell als physikalisch unrealistisch. Doch 1985 entdeckte man eine neue Art geschlossener Superstrings, das heterotische Superstring. Es besetzt neun mathematische Dimensionen des Raums und wurde zum meiststudierten Modell der Physiker. Dabei weist es auffällige Ähnlichkeiten mit Leadbeaters allerletztem physikalischem Atom auf, wie Phillips demonstrieren konnte. Omegons sind nichts anderes als die von den Theosophen 1895 so genau beschriebenen UPAs, die «helleuchtende Linien» oder «Lichtbänder» ausstrahlen und empfangen. Annie Besant war verantwortlich für den Bericht über die Verbindungen zwischen den einzelnen UPAs und zeichnete Hunderte von stringähnlichen Konfigurationen oder «Kraftlinien» auf. Diese Diagramme, darauf weist Phillips hin, sind im wesentlichen identisch mit den Abbildungen subatomarer Teilchen, wie sie heute in Fachzeitschriften der Physiker zu finden sind.

Nachdem Phillips in seinem Buch festgestellt hatte, daß UPAs die bislang unentdeckten Bestandteile der «up»- und «down»-Quarks in den Protonen und Neutronen von Atomkernen sind, kam er 1984 zum Schluß, daß es Ähnlichkeiten gibt zwischen den UPAs und den Superstrings und daß erstere praktisch Subquarkzustände der letzteren sind.

Im Sommer 1984 machten die beiden Physiker John Schwarz vom California Institute of Technology und Michael Green vom Londoner Queen Mary College eine – wie Phillips es nannte – «aufregende Entdeckung». Indem sie subatomare Elementarteilchen als in die Länge gezogene Objekte behandelten, die wie Fäden und nicht wie einzelne Punkte im Raum aussahen, konnten sie ein lange bestehendes Problem der Quantenfeldtheorie eliminieren. Dazu mußte allerdings die Raumzeit zehn Dimensionen haben und nicht nur die von Einstein genannten vier. Die Theorie, die aus diesem wissenschaftlichen Durchbruch hervorging, beschreibt laut Phillips die Elementarteilchen der Materie als eine Art Schwingung, die entlang geschlossener Kurven in einem zehndimensionalen Raumzeitkontinuum stattfindet. Man stellt sich dabei alle bekannten Teilchen – etwa Elektronen,

Neutrinos, Quarks und Photonen – als vibrierende und rotierende Größen dieser stringähnlichen Kurven oder Superstrings vor.

Dieser neuen Theorie zufolge hängen die physikalischen Eigenschaften der Teilchen von der Natur des aufgerollten oder «verdichteten» sechsdimensionalen Raumes ab, der an jedem Punkt des ormalen dreidimensionalen Raumes existiert. Zu den einfachsten Modellen eines solchen sechsdimensionalen Raums gehört ein «sechsdimensionaler Torus», oder eine Art Kringel oder Doughnut, bei dem es an jedem Punkt des dreidimensionalen Euklidischen Raums sechs senkrecht aufeinander stehende eindimensionale Kreise gibt, um die herum sich die Superstrings bei ihrer Reise durch den Raum winden.

Zu dieser sensationellen Theorie sagt Phillips folgendes:

1. So wie jede der zehn Spiralen eines UPA eine geschlossene Windung darstellt, so ist das bevorzugte Modell eines Superstring das eines geschlossenen Fadens oder einer geschlossenen Kurve.

2. Jede der 16 800 Schleifen in einer UPA-Spirale ist eine um einen Torus gewundene Helix, und jede der sieben Windungen dieser Helix ist eine weitere Helix, die sich siebenmal um einen kleineren Torus windet, und so weiter und so weiter. Es gibt sechs Stufen immer kleiner werdender Helices, von denen sich jede siebenmal um einen Kreis dreht, und zwar im rechten Winkel zu den Kreisumdrehungen der anschließenden Stufe. Das stimmt genau mit einem der Modelle des von den Physikern angenommenen verborgenen «verdichteten» sechsdimensionalen Raums von Superstrings, nämlich mit dem sechsdimensionalen Torus, überein.

Als Entgegnung auf eventuelle Einwände der Stringtheoretiker führt Phillips an, daß ein Superstring nicht *ein* String ist (wie die Theoretiker ständig behaupten), sondern ein Bündel von *zehn* einzelnen, einander nicht berührenden Strings. Diese sind identisch mit den sogenannten Bosonenstrings, die manche Physiker als noch grundlegender einstufen als die Superstrings und für die von der Quantenmechanik alle sechsundzwanzig

Dimensionen vorhergesagt werden. Phillips zufolge ist das UPA ein Subquarkzustand eines Superstrings, bei dem jede seiner zehn Spiralen einen geschlossenen sechsundzwanzigdimensionalen Bosonenstring darstellt. Dessen unterste sechs toroidal verdichtete Dimensionen erschienen Leadbeater als die sechs höheren Ordnungen von Helices, die jede der 1680 Umdrehungen einer Spirale bilden.

All das läßt Phillips zu dem unwiderlegbaren Schluß gelangen: «Die Gründe, die gegen die Behauptungen der Parypsychologen ins Feld geführt werden, sind irrelevant angesichts der äußerst präzisen Beschreibungen von subatomaren Teilchen. Diese wurden 1908 veröffentlicht, zwei Jahre, bevor Rutherfords Experimente das Kernmodell des Atoms bestätigten, fünf Jahre vor der Bohrschen Theorie des Wasserstoffatoms, 24 Jahre vor Chadwicks Entdeckung des Neutrons und Heisenbergs Annahme, daß es ein Bestandteil des Atomkerns sei, und 56 Jahre vor der von Gell-Mann und Zweig aufgestellten Theorie über Quarks. Die Beobachtungen der Parapsychologen werden immer noch, viele Jahre später, durch wissenschaftliche Entdeckungen bestätigt.»

Und wieder einmal hatten die Theosophen die Materie verständlicher beschrieben als die Akademiker mit ihren verwirrenden mathematischen Symbolen und Formeln, ganz zu schweigen von ihrer Alice-im-Wunderland-Sprache. Offensichtlich hatten die Theosophen es geschafft, den Physikern zuvorzukommen und ihnen den Rang abzulaufen.

9 Im Innern eines Elektrons

Zu diesem Zeitpunkt trat ein anderer (Para-)Psychologe mit einem noch ausgefeilteren Vorschlag bezüglich der Higgs-Theorie und der damit eng verbundenen Vorstellung von den Superstrings auf den Plan. Im Jahr 1991 wandte sich Ron Cowen, ein Psychotherapeut aus Toronto/Kanada an Phillips. Er hatte in dessen Buch Abbildungen entdeckt, die ihn an die geistigen Bilder erinnerten, die er während seiner seit zwanzig Jahren praktizierten buddhistischen Meditationen immer wieder vor sich sah. Ron Cowen behauptete, daß seine Siddhi- oder Mikropsi-Fähigkeiten sich zum ersten Mal 1985 während einer Meditation manifestierten, als er die *Theravada Abhidharma*, einen alten buddhistischen Text, studierte. Phillips wurde neugierig. Ob dieser Psychologe wohl Einblick in die Quarks und ihre Mechanismen hatte?

Einige Jahre vorher hatten die Atomzertrümmerer bei SLAC das Teilchen identifiziert, das mit ungeheurer Kraft die Quarks während des Umherwirbelns in ihrem Protonengefängnis verklebt: Es wurde von den SLAC-Leuten «Gluon» genannt. Gluonen gehören – wie Photonen und Pionen – zu den Bosonen, die nach dem indischen Physiker S. N. Bose benannt sind. Man unterscheidet sie von den mit einer Masse versehenen Protonen, Quarks und Omegonen, die zu Ehren von Enrico Fermi Fermionen genannt werden. Das Nullmassen-Gluon wird in einem kontinuierlichen Fluß von den Quarks absorbiert und wieder abgegeben. Die dadurch entstehende Bindungskraft wird mit zunehmender Entfernung stärker und hält die Quarks beständig im Inneren von Protonen und Neutronen gefangen.

Im Phillips-Modell erfahren die Omegonen oder Subquarks

(pro Quark drei) die gleiche Anziehung und Abstoßung durch sogenannte «Hypergluonen», den Gluonen analoge Teilchen. Wie die Physiker Protonen als Drillingsform von Quarks darstellen, die von Y-förmigen Gluonenstrings zusammengehalten werden, stellte Phillips die Quarks als Drillingsformen von Omegonen dar, die von Y-förmigen Hypergluonen zusammengehalten werden. Tat er dies nur, um seine Theorie zu bestätigen?

Gefesselt von der Aussicht auf eine weitere Bestätigung des von Leadbeater und Besant entdeckten UPA – oder Subquarks –, reiste Phillips nach Toronto, wo er das Dharma Center, ein buddhistisches Meditationszentrum, aufsuchte. In mehreren stundenlangen Sitzungen nahm er auf Tonband auf, was Ron Cowen ihm erzählte, während dieser versuchte, noch tiefer in die mikroskopische Welt der Superstrings und Gluonen einzutauchen.

In einem ausführlichen Bericht, aus dem nachfolgend nur das Wichtigste wiedergegeben wird, beschreibt Phillips, wie Cowen seine Fähigkeit der außersinnlichen Wahrnehmung nutzte, um in eine Glaskapsel einzudringen. Sie enthielt Wasserstoff, was Cowen aber nicht wußte. Er sah einen Gegenstand, der zwei einander überlappende Dreiecke mit kugelförmigen Gebilden an jeder Spitze zu enthalten schien. Damit hatte er, wie Phillips meinte, eindeutig zwei Wasserstoffkerne beschrieben – fast mit den gleichen Worten wie die Theosophen.

Cowen konnte die Beobachtungen der Theosophen bestätigen und bemerkte, daß das von ihm ausgewählte, aus zwei Atomen bestehende Gasmolekül in ein «Chaos» kollabierte, bevor es sich in eine Kopie des «Atoms» verwandelte, wie es Leadbeater und Besant beschrieben hatten. Was diese beobachtet hatten – das erkannte Phillips nun klar –, waren nicht die eigentlichen Atome, sondern die erneut stabilisierte Form von je zwei Atomkernen, die durch die psychokinetische Beobachtung zuvor destabilisiert worden waren.

Indem Cowen die Dreiecke – offensichtlich Quarks im Wasserstoffkern – auseinanderzog, konnte er seine Vergrößerungskräfte auf eine dieser Kugeln an den Spitzen konzentrieren. Was er da sah, erinnerte ihn an drei durch Fadenschleifen zu einem fächerförmigen Kleeblatt zusammengefügte Walnüsse. Dies war exakt die Drillingsform der UPAs, das «Wasserstofftriplett» der Theosophen beziehungsweise die Quarks.

Cowen berichtete, zwei dieser Walnüsse würden zu ihm schauen, während sich die dritte von ihm abwandte. Für einen kurzen Augenblick sah er, wie eine Walnuß ihr Achse kippte, und hatte das Gefühl, auch die anderen hätten dies zur gleichen Zeit getan. Danach wechselten sich die drei Walnüsse bei diesem Spielchen ähnlich der «Straße nach Jerusalem» ab und kippten regelmäßig mitsamt ihren Fäden in einem bestimmten Rhythmus. Dieses synchronisierte Zufallskippen von drei UPAs in einem Wasserstofftriplett – oder Quark – sei eine bemerkenswerte Bestätigung des Überlagerungsprinzips der Quantenmechanik, meinte Phillips. Alle bekannten Elementarteilchen im Universum kann man in zwei Gruppen einteilen: Teilchen mit einer Spinquantenzahl von $\frac{1}{2}$, aus denen Materie entsteht – Protonen, Quarks, Elektronen –, und Teilchen mit einem ganzzahligen Spin von 0,1 oder 2, aus denen Kräfte entstehen – Gluonen, Photonen, Pionen. Der unbestimmte Spinzustand äußerte sich darin, daß ein oder zwei zu unterschiedlichen Zeiten in entgegengesetzte Richtungen zeigten. Doch erfolgte dies trotzdem so koordiniert, daß ein quarkgebundener Zustand mit einem Gesamtspin von $\frac{1}{2}$ entstand. Dies bedeutete nach Phillips Meinung, daß Cowen die Quantennatur des Spins beobachtet hatte.

Als Cowen eine Walnuß genauer unter die Lupe nahm, sah er zwei Fäden herauskommen, einen deutlichen und einen weniger deutlichen. Der deutlichere Faden erschien verdreht und durcheinander, man konnte ihn aber ohne weiteres geradeziehen. Ließ man ihn los, verdrehte er sich gleich wieder.

In der Hoffnung, in einem dieser Strings eine Spirale zu entdecken, vergrößerte ihn Cowen. Doch statt einer Spirale entdeckte er einen Blasenstrom, der so schnell hin- und herfloß, daß er den Augenblick ihrer Umkehr nicht beobachten konnte.

Sobald die Blasen im Gänsemarsch aus der Walnuß austraten und in so etwas wie einer Röhre entlangwanderten, schien eine Art Energie sie in einem Bereich von zehn Blasendurchmessern auf ihr Maximum auszudehnen. Dann kehrte der Strom um.

Daß Cowen eine solche Blase so genau erkennen und beschreiben konnte, war schon sehr erstaunlich. Schließlich beträgt der Durchmesser eines Walnuß-Subquarks ungefähr 0,00000000000000000000000000000000001 Zentimeter (35 Nullen!!).

Cowen konzentrierte sich auf eine dieser Blasen. Er sah, daß sie sich auf ihrer Wanderung durch die Röhre drehte, einmal in eine Richtung, dann in die entgegengesetzte: im Uhrzeigersinn, wenn die Blasen sich wegbewegten, im Gegenuhrzeigersinn, wenn die Blasen zu ihm hinwanderten. Doch auch diesmal konnte er den genauen Zeitpunkt ihrer Umkehr nicht beobachten. Die Entfernung zwischen den einzelnen Blasen schätzte Cowen auf etwa das Sechsfache ihres Durchmessers. Weiter berichtete er, daß bei jedem Durchlauf einer Blase die Röhre ein wenig in sich zusammenfiel. Ihre Ränder waren kaum deutlicher als die Grenzfläche zwischen zwei Flüssigkeiten.

Cowen gelang es, mit einer solchen Blase mitzuwandern – natürlich nicht mit seinem Materiekörper, sondern mit seinem Standpunkt. Dabei entdeckte er, daß sie groß und dick wie ein Kringel oder Doughnut war und eine Art gezackte Kappe trug. Von ihr schien die Bewegung der Blase auszugehen. Außerdem schleppte sie einen Schwanz mit sich. Cowen wollte noch näher an diese Walnuß herangehen, um zu sehen, was dann passieren würde. So näherte er sich einem Faden, der anscheinend zwei dieser Walnüsse miteinander verband. In diesem Faden, der sich dicht an der äußersten Walnußhaut befand, entdeckte Cowen sich selbst: Er bewegte sich dort in einer hübschen Spirale. Wie Alice im Wunderland wanderte er nun durch die Schleifen des UPAs, etwa dreimal im Gegenuhrzeigersinn, dann in einer anderen Spirale im Uhrzeigersinn. Er fühlte sich hin- und herbewegt und konnte die Kehren nicht mehr mitzählen. Cowen beschloß, der Drehung des Fadens zu folgen, so, wie er es von außen gesehen hatte, statt die Bewegung mitzumachen. Deshalb ging er zurück auf die Spitze des UPA und verließ den Wirbel. Nun konnte er die Fäden genau beschreiben: Es war nur ein einziger Faden!

Cowen verfolgte von oben einige weitere Umdrehungen im Uhrzeigersinn und sah, daß die Bahn hinunter in einen engen Wirbel führte, dann eine sehr enge Schleife zog, sich in einer 180-Grad-Wendung um sich selbst drehte, wieder nach oben kam, sich wieder halb um sich selbst drehte, dann eine heftige Schraubenbewegung machte und durch die Wand des Walnuß-UPA hindurchwanderte, als gäbe es einen zweiten mäandrierenden Faden. Das bestätigte, daß die beiden außerhalb des UPA beobachteten Einzelfäden in Wirklichkeit Teile eines einzigen durchgehenden Fadens waren. Zu keiner Zeit war der Durchlauf unterbrochen. Wo also entstanden die Blasen, und wohin wanderten sie? Cowen ging wieder ganz dicht an einen Faden heran. Er sah, daß eine Blase im Faden größer wurde und schließlich in Dampf zerstob, sobald sie die Walnuß berührte. Dabei entstand eine leichte Schockwelle, die im Innern der Walnuß wieder verebbte, während sich die Blase auflöste, bevor sie das sanft geschwungene Innere ihres Gastgebers überhaupt erreichen konnte. Auf der anderen Seite der Walnuß strömten kleinere Blasen aus dem anderen Ende des Fadens, als kämen sie aus dem Nichts.

Bei näherer Betrachtung schien es Cowen, als entstünden die Blasen in der Korkenzieherspirale in der Nähe des Ausgangs, denn am Anfang der Spirale konnte er keine Blasen entdecken. Sobald die Blasen in die Walnuß zurückwanderten, schrumpften sie, bis nichts mehr von ihnen übrigblieb, statt – wie diejenigen, die vom anderen Faden kamen – in einer Wolke zu zerstieben.

Änderten die Blasen ihre Richtung, verschwand der Schwanz, erschien aber auf der entgegengesetzten Seite wieder. Auf der Blase bildeten sich kleine konzentrische Ringe wie Schockwellen, die sich auf der Oberfläche fortpflanzten. Das sah aus, als trügen die Blasen kleine Kappen. Die Blasen selbst schienen aus nichts als ihrer eigenen Oberfläche zu bestehen, jedenfalls waren im Innern keine Strukturen zu erkennen. Die Blasen in dem zweiten von Cowen beobachteten Faden begannen als reine Energielinien mit zwei zugespitzten Enden. Allmählich wurden diese Linien dicker und sahen zum Schluß wie Kaulquappen aus.

Für Phillips war diese Blase eindeutig ein Gluon: null Masse, nur Energie. Es stellte eine andere Form des Teilchens dar, von dem die Physiker sich vorstellten, daß es die Quarks im Kern zusammenhalte. Die aus einer Walnuß austretenden Fäden waren offensichtlich Röhren eines Magnetflusses, das heißt Wirbel im umgebenden supraleitenden Higgs-Vakuum, an dem entlang Linien eines Magnetflusses kanalisiert wurden, die von den magnetischen einpoligen UPAs ode Subquarks ausgestoßen wurden.

Für Phillips war besonders wichtig, daß man die Blasen umeinanderwirbeln sah, denn von den Gluonen und ihren vermuteten Gegenstücken (den Hypercolor-Gluonen) behaupteten die Physiker, daß sie eine Drehimpuls-Quantenzahl von eins hätten. Ihr Hin- und Herfließen entlang eines Fadens – oder einer Röhre – erklärte Phillips als Ergebnis ihrer kontinuierlichen Emission und Absorption durch die UPAs an jedem Ende der Röhre.

Nach dem, was Cowen gesehen hatte, konnte man behaupten, daß die von den Theosophen wahrgenommenen Lichtpunkte in den Kraftlinien eigentlich rotierende kringelähnliche Teilchen waren (Spin-1-Gluonen), die nicht in das UPA eindrangen, sondern an der Grenzfläche von der wie eine Walnuß geformten, sie einschließenden Haut geschaffen und zerstört wurden. Das bedeutet, sagt Phillips, daß Energieteilchen wie Gluonen Einzelfäden, Materieteilchen mit halbzahligem Spin wie Subquarks und Elektronen oder Bündel aus zehn Strings sind. Dieser Unterschied freilich muß von den Physikern erst noch entdeckt werden, behauptet Philipps.

Die Zeit wird es lehren. Inzwischen fragte sich Phillips, ob Cowen mehr Licht auf ein Teilchen werfen konnte, das noch grundlegender ist als das UPA der Theosophen: das Elektron. Den Grund dafür, daß Leadbeater und Besant sich nicht mit dem Elektron beschäftigt haben, sieht Phillips darin, daß diese zu sehr von der Beobachtung der Doppelkerne ihrer riesigen «Atome» in Beschlag genommen waren. Die unendlich kleineren Elektronen seien in der großen Leere des Atoms einfach unbemerkt vorbeigeflogen. Die Größe eines Elektrons im Verhältnis zum Kern ist zu vergleichen mit der berühmten Stecknadel im Heuhaufen. Werden die Atome der Physiker in milliardstel Millimeter gemessen – bei einem Gewicht von einem tausendtrillionstel Gramm –, so nimmt der Atomkern, der 100 000mal kleiner ist und fünf Billionen Mal dichter als ein Uranatom, nicht mehr als ein Billionstel des Raumes ein. Dieser ist somit buchstäblich leer. Die Elektronen sind 1 800mal leichter als der leichteste Kern und schießen mit 99,99995 Prozent der Lichtgeschwindigkeit dahin.

Von allen bekannten Elementarteilchen mit einer endlichen Masse ist das Elektron das kleinste und leichteste. Seine Größe von einem Millionstel eines billionstel Meters kommt einem Punktpartikelchen am nächsten – ein geometrischer Punkt ohne Ausmaße, aber mit Masse. Elektronen sind absolut stabil, und es ist nichts darüber bekannt, daß sie irgendwelchen Veränderungen unterliegen und sich unter besonderen Umständen in andere Teilchen mit Masse verwandeln. Als leichteste Teilchen unter den Nicht-Nullmasse-Teilchen sind sie vielleicht auch die ältesten. Jedenfalls vermuten die Physiker, daß sie schon vor dem Universum existierten. Ihr eigentlicher Feind ist das Positron. Ein Zusammenprall ist beider Tod. Bei der Explosion entstehen zwei masselose Photonen und ein masseloses Neutrino.

Im Vergleich zu den Bestandteilen eines Atomkerns – Protonen, Neutronen, Quarks und eventuell Supquarks – war für die genaue Untersuchung von Elektronen eine bedeutend bessere Vergrößerungstechnik nötig als diejenige, die Besant und Leadbeater zur Beobachtung ihrer kleinsten physikalischen Atome entwickelt hatten. Diese hatten etwa die Größe von Subquarks im Kern eines chemischen Atoms.

Cowen konzentrierte sich auf das Material in seinem Hemdsärmel und suchte in dem Gewebe nach Elektronen. Wie man den Tonbändern entnehmen kann, zoomte er sich direkt in eine Elektronenwolke hinein und sah die kreisförmigen Umlaufbahnen, auf denen sich die Teilchen bewegten. Er fing ein Elektron ein und hielt seine Brezelform fest: ein Fadenbündel mit einem Loch oder Wirbel am oberen Ende, ähnlich wie bei den UPAs, die er analysiert hatte, nur viel kleiner. Und jedes lag in einer eiförmigen, transparenten, glasähnlichen Schale.

Er ging visuell in eine dieser Schalen hinein und sah etwas, das ihn an eine Perlenkette erinnerte. Irgend etwas ließ ihn erzittern. Er erklärte sich das mit der Kundalini, die ihre Energie vom untersten Punkt der Wirbelsäule hinaufsandte. Und er entdeckte, daß die vermeintlichen Perlen in Wahrheit Spiralwindungen waren. Er fing ein Bündel dieser Fäden ein und sah am oberen Ende ein Loch beziehungsweise einen Wirbel. Als er an der Fadenspirale entlangglitt, konnte er zwei oder drei Umdrehungen erkennen, wobei die dritte nicht ganz vollständig war. Aber er konnte nicht erkennen, wie die äußeren Spiralen unten wieder in die inneren Spiralen zurückkehrten.

Er untersuchte die Fäden genauer und gewann den Eindruck, daß es zwei, vielleicht sogar drei dickere Quirle gab und einen dünneren. Deren Wellenbewegung machte eine nähere Betrachtung notwendig. Die Fäden waren durch eine mit Dunst ausgefüllte «Rinne» voneinander getrennt. Sie erstreckte sich über das ganze Elektron bis nach oben, wo sie schmaler wurde und dann wieder im inneren Wirbel verschwand. Hier drehte sich diese Rinne auf eine Weise, die er nicht richtig erkennen konnte.

Die Ausdehnung der weitesten Spirale im Inneren des Fadens betrug etwa ein Zehntel des Spiraldurchmessers, vielleicht auch etwas weniger. Zwischen jeder Windung gab es eine kleine Lücke, doch es waren zu viele Kehren, um sie schnell zählen zu können. Als Cowen einen der dünneren Fäden oder kleineren Ringe untersuchte, sah er eine noch viel feinere Spirale im Innern. Sie war röhrenförmig, und Cowen bemerkte im Innern der Spirale einen Wind, der ihn hinunterfegte. Er konnte ihn nicht sehen, aber fühlen, denn er befand sich innerhalb des zentralen Drittels der Spirale.

Als Cowen sich näher heranzoomte, sah er eine noch kleinere, noch engere Spirale, deren Windungen fast aneinanderlagen. Auch durch diese schmalen Windungen blies der Wind. Von der ersten Spirale angefangen, wanderte Cowen insgesamt durch sechs oder sieben Reihen hindurch. Er zählte sie, und seine Stimme wurde dabei immer schwächer.

Zum Schluß sahen die Blasen genauso aus, wie sie Leadbeater in den UPAs gesehen hatte: fast wie Kugeln. Sie hatten alle den gleichen Spin: Sie drehten sich, von oben her gesehen, im Uhrzeigersinn. Der obere Teil der Blasen erschien ziemlich dicht und dunkel, mit einer kleinen Vertiefung; der untere Teil war durchsichtig. Cowen schwamm durch die Vertiefung hindurch tief in die Blase hinein und spürte «eine Art von Intelligenz... eine Art Bewußtsein». Er hatte das Gefühl, er sei in einen anderen – sehr großen, eintönigen Raum geraten. In der Blase fiel Cowen eine kreisförmig wirbelnde Bewegung auf, die jedoch im Gegensatz zu einem Strudel an keinem Punkt ein Ende zu finden schien. Dann befand er sich in einem undurchsichtigen oder nebligtrüben Raum, in dem er nichts erkennen konnte. Er ließ sich durch diesen Raum hindurchfallen und kam am trompetenförmigen Ende der Blase heraus. Als er aber wieder an den oberen Rand zurückkehren wollte, ging dies nicht. Er schien auf einer Bahn eingeschlossen zu sein, die ihn dorthin brachte, wo er eben gewesen war. Er spürte, wie er auf dieser Kreisbahn geführt und geleitet wurde, und konnte nichts dagegen tun. Da es ihm unmöglich war, seiner mißlichen Lage in dieser engen Kreisbahn zu entfliehen, beschloß Cowen, seine Meditation zu beenden.

Als er später noch einmal über dieses Erlebnis nachdachte, stellte er fest, daß es trotz der ähnlichen Wirbelspirale einen Unterschied zwischen Elektronen und UPAs gab: Das Elektron gab keine Strings von sich; außerdem schien es weniger energetisch und aktiv zu sein. Doch bei den Elektronen wie bei den UPAs bestanden die Wirbel aus höheren Ordnungen von Spirillen, die wie Schleifen in Schleifen angeordnet waren. Der größte Unterschied war jedoch die Art der Windung bei den Elektronenstrings. Diese nahm progressiv ab, ebenso wie die Steighöhe und Dicke der Helices.

Daß ein Elektron Spirillen höherer Ordnung aufwies, die – wie beim UPA – zu Helices angeordnet waren, hatte Phillips erwartet; denn beide Teilchen waren unterschiedliche Zustände eines Superstrings. Das UPA ist mit seinen zehn Wirbeln ein Bündel von zehn nahe beieinanderliegenden 26-dimensionalen Strings; die Elektronen sind Superstrings ohne Flußröhren, und die Gluonen sind einzelne Bosonenstrings.

Diese von Ron Cowen gemachten Beobachtungen besagen nichts anderes, als daß der Raum mehr als die sechs von der Superstringheorie postulierten höheren Dimension hat. Dies stimmt auch überein mit den letzten Versuchen einiger Stringtheoretiker, Superstrings aus den fundamentaleren 26-dimensionalen Bosonenstrings abzuleiten, von denen sechzehn Dimensionen verdichtet sind.

Schließlich bestehen die UPAs, wie Cowen sie visualisiert hat, genauso wie die Elektronen aus Blasen in Form von Tori. Diese «Blasen» hatte Leadbeater schon achtzig Jahre vorher als «Löcher im Koilon, dem wahren Raumäther» beschrieben. Den Unterschied zwischen den von Leadbeater beobachteten Kugelblasen und den von Cowen gesehenen «Kringelblasen» beschrieb Phillips wie folgt: «Rons Doughnut drehte sich sehr schnell, und seine Ringfläche war nur erkennbar, wenn sich diese Drehung verlangsamte. Leadbeater hatte diese Rotation nicht bemerkt und deshalb keinen Grund, sie zu stoppen. Er hatte nur ein verschwommenes Abbild einer aus einem dicken Wulst sich bildenden Kugel mit einem kleinen Loch gesehen, die sich in allen Richtungen drehte und taumelte.» Doch Phillips sagt, daß gerade dieser topologische Unterschied zwischen Kugel und Toren ausschlaggebend sei. Cowens Torus (den Leadbeater als Blase gesehen hatte) ist in Wirklichkeit der zweidimensionale Querschnitt eines Strings, der sich in weitere vierzehn Raumdimensionen erstreckt. Das wiederum würde dem 16-dimensionalen

Torus entsprechen und damit einem der Raummodelle der Stringtheoretiker.

Dieser Raum wird erzeugt von sechzehn jeweils senkrecht aufeinanderstehenden eindimensionalen Kreisen. Er hat die topologische Eigenschaft, daß eine Wanderung entlang jeder Dimension zum Anfangspunkt zurückführt. Das ist genau die Drehbwegung, in der sich Cowen eingeschlossen fühlte.

Als sich Cowen in dieser – wie er sagte – anderen Art von Raum verirrte, in einer Blase tief im Innern eines Elektrons, «in einem Raum mit einer Art von Intelligenz ... mit einer Art von Bewußtsein», dachte er versuchsweise auch darüber nach, daß dieses Bewußtsein «eine Tür geöffnet hat zu ... einer weit höheren Intelligenz, einer universellen Intelligenz».

Für Okkultisten ist, wie wir wissen, alles Bewußtsein. Es existiert in unzähligen Abstufungen. Für Phillips besteht die Kraft, die das UPA sowie das Atom zusammenhält, aus den zwischen den Subquarks des gleichen Quarks ausgetauschten Bosonen sowie aus den Gluonen, die zwischen den Subquarks unterschiedlicher Quarks ausgetauscht werden. Cowen bestätigte, daß die Leadbeaterschen «Kraftlinien» in Wirklichkeit sich drehende, röhrenförmige Oberflächen waren (die Wirbel im supraleitenden Higgs-Feld), durch die Teilchen mit ganzzahligem Spin hindurchströmten. Diese drangen nicht in das UPA ein, sondern entstanden direkt an der Oberfläche dieser Walnußform, wo sie auch wieder zerstoben.

Zu Leadbeater sagte er: «Die Kraft dringt nicht von außen in das UPA ein. Sie quillt darin hervor, und das heißt, daß sie aus einer höheren Dimension kommt.» Seiner Meinung nach sind Raumdimensionen nichts anderes als Grenzen des Bewußtseins, und ein gutentwickeltes Bewußtsein ist völlig frei von solchen Begrenzungen. Es hat die Macht, sich in jeder Dimension auszudrücken. «Jeder Abstieg in dichtere Masse versperrt dem Empfindungsvermögen den Zugang zu einer dieser Dimensionen. Auf der Astralebene ist es auf vier Ebenen beschränkt; jeder weitere Abstieg in die stoffliche Welt limitiert es auf drei.»

Dreht man den Prozeß um und entfernt man die Begrenzungen, wird das Universum groß, weit, tief, reich, schön und voller Harmonie. Und: Es ist bereits in all dieser Schönheit, Größe, Göttlichkeit vorhanden, für immer. Wir sind es, die sich verändern, wenn wir die Grenzen verstärken oder entfernen. Glücklicherweise sind diese Grenzen anscheinend willkürlich. Wenn man, wie es die Physiker tun, die Größe eines Superstring auf 0,0000000000000000000000000000000001 Zentimeter (34 Nullen!) schätzt und die Entfernung der äußeren Begrenzung des sichtbaren Universums auf weniger als 1,0000000000000000000000000000 Zentimeter (28 Nullen), so steht der Mensch nach der großen Entdeckung der Theosophen und Ron Cowens in der Mitte zwischen diesen beiden Extremen. Und er, der Mensch, hat die Fähigkeit – wenn er sie denn durch Siddhi entwickelt –, mit seinem Bewußtsein von einem Extrem zum anderen zu gelangen und damit den Raum aufzuheben.

Lange Zeit schien dies illusorisch. Ein von einer weit entfernten Galaxie vor Milliarden von Jahren ausgestoßenes Photon weiß schon bei seiner Annäherung an die Erde, ob es sich für das menschliche Auge wie eine Welle oder wie ein Teilchen verhalten soll. Und in der Quantenmechanik wird, sobald ein Elektron in wechselseitiger Beziehung zu einem anderen steht, die Verbindung zwischen ihren Quantenzuständen aufrechterhalten, unabhängig davon, wie weit entfernt voneinander sie durch das Universum wandern. Das bedeutet – und das war Einstein nicht recht! – nichts anderes als: Beobachtet man ein Elektron und erkennt die Richtung seines Spins, wird die Drehrichtung des anderen Elektrons, sozusagen durch magische Kräfte, zur gleichen Zeit umgekehrt – egal, wo es sich gerade befindet.

10 Kosmologie des Ostens

Das Wissen des Fernen Ostens ist in den Veden und in den Upanischaden nachzulesen. Um die Wende zum 20. Jahrhundert haben es die Theosophen wiederaufleben lassen und in Übersetzungen dem Westen zugänglich gemacht. Es basiert auf einem Urgeheimnis, das «vom Intellekt nicht zu verstehen und durch Worte nicht auszudrücken ist». Es ist das «Absolute», die absolute Einheit oder die «Letzte Wirklichkeit». Es geistert als Geheimnis durch die Welt der Physiker wie die der Mathematiker, und es ist wohl kein Fehler, der okkulten Tradition zu folgen; denn in ihr ist das Universum wunderbarerweise aus eben diesem Absoluten entsprungen, wie der Kosmos der Ägypter aus der Hand des masturbierenden und sich selbst erschaffenden Atum oder wie der Rabelaissche Riese Pantagruel aus dem Ohr des anderen Riesen der französischen Volksmärchen, Gargantua. Dieser Hintergrund hilft mit, die wirklich erstaunliche geistige Welt von Rudolf Steiner verständlicher zu machen. Eine zusammenfassende Darstellung ist keine leichte Aufgabe, und es besteht die Gefahr, daß alles noch schwerer zu begreifen ist. Als erster unternahm I. K. Taimni, Professor für Fernöstliche Philosophie im indischen Madras, diesen Versuch.

Die Letzte Wirklichkeit ist in der östlichen Tradition das reine, nicht manifeste Bewußtsein. Sie besteht – wie das Higgs-Vakuum – gleichzeitig aus einer Leere und einem ausgefüllten Raum oder Plenum; es ist die Quelle von allem und steht doch außerhalb der Reichweite und des Verständnisses sogar ihrer höchsten Adepten. Die Letzte Wirklichkeit wird poetisch umschrieben als «größtmögliche Ausgeglichenheit, immer vollkommen integriert (in keiner Weise differenziert), in heiterer Harmonie».

Man sieht in ihr die Synthese aller möglichen Gegensätze, die Quelle alles Sichtbaren und Nichtsichtbaren, auf ewig gleich, wenn auch erstaunlich zyklisch in ihren Manifestationen, immer wieder auftauchend und verschwindend in weiten Zyklen der Schöpfung und Auflösung. Sie erinnert an die Welt, die der große Mystiker des Mittelalters, Meister Eckhart, mit Hilfe einer eigenschaftslosen Gottheit hinter Gott aus dem Sternennebel hervorgehen ließ, von der weder die Menschen etwas wissen noch jene selbst. Sie war absolutes Sein und Möglichkeit aller Dinge.

Die Vorstellung eines Absoluten, das gleichzeitig grenzenlos unendlicher Raum ist und ein idealer Punkt ohne jede Dimension, ist mit einer mathematischen Analogie leichter zu begreifen: Komprimiert man eine Kugel immer mehr, bleibt zum Schluß nur noch ein Punkt übrig, das heißt eine ideale Einheit ohne Dimension, also ohne Höhe, Länge, Breite, Dicke. Für den rational denkenden Menschen ist ein solcher idealer Punkt selbstverständlich der Schlußpunkt des unendlich Kleinen, während der grenzenlose Raum die Richtung des unendlich Großen bestimmt. Die Letzte Wirklichkeit, sagen die Hindu-Weisen, existiert im Punkt genauso wie im Raum, doch in keinem ausschließlich. Ihr «Bewußtsein» bewegt sich zwischen beiden Extremen, expandiert und zieht sich wieder zusammen. Dabei wandert es durch alle Zwischenstadien und taucht als eine Welle der Expansion und Kontraktion in eine negative Welt ein. Der ultimative Raum muß deshalb das entgegengesetzte ewige Gewand der Letzten Wirklichkeit sein; denn Naturwissenschaftler wie Okkultisten stimmen darin überein, daß nichts ohne einen ausgleichenden negativen Zustand existiert. Dazu gehören auch negativer Raum, negative Zeit und negative Materie.

Ein idealer Punkt ist die Grundlage der hinduistischen Vorstellung von Manifestationszyklen. Denn durch ihn finden alle Veränderungen statt, und durch ihn kann jedes neu manifestierte Universum projiziert werden, wie durch eine Tür, die man sich zwischen der Leere des Absoluten und allen Stadien des Nichtmanifesten und des Manifesten vorstellen kann. Die ungewöhnlichen Eigenschaften eines Punktes können am besten erfaßt werden, wenn man sich in die feinere Welt hineinwagt, die aus mehr als den drei Standarddimensionen der physikalischen Welt besteht. Den Okkultisten dient ein idealer Punkt als Treffpunkt einer jeden Menge unterschiedlicher Ebenen. Und da jede Anzahl von Punkten mit jeder anderen koexistieren kann, kann ein Punkt eine unendliche Anzahl anderer Punkte und damit unbegrenzte Ebenen und Dimensionen beinhalten.

Eine andere mathematische Analogie: Wenn die Null den grenzenlosen, unendlichen und leeren Raum darstellt, den die Hindus Mahakasha nennen, dann ist die Eins gleich dem ewigen dimensionslosen Raum oder Mahabindu (*akasha* = Raum; *bindu* = Punkt; *maha* = groß). Diese Vorstellung liefert uns eine Erklärung für die grundlegende Energiequelle, die von den weitentfernten Galaxien bis ins Innerste eines jeden Atoms reicht.

Der ewige Punkt, Mahabindu oder die Eins wird zur Zwei, wenn man sie von ihrer statischen Mitte auf wundersame, aber eindeutig energetische Weise auseinanderzieht. Diese beiden Pole sind die Brennpunkte der primären Differenzierung der Letzten Wirklichkeit. Sie liefern nach hinduistischer Lehre die eigentliche Unterscheidung von Bewußtsein und Macht; symbolisch stehen dafür der Gott Shiva und die Göttin Shakti. Shiva wird mit dem statischen Prinzip gleichgesetzt, mit dem Möglichen, Unveränderlichen, Gleichbleibenden. Shakti hingegen stellt das Dynamische dar, die kinetische Quelle jeder Bewegung und jeder Veränderung. Diese beiden Gegensätze sind nicht voneinander zu trennen: Die logische Erklärung der weisen Hindus besagt, daß es keine Macht ohne Willen gibt, keine Aktivität ohne latente Kraft, keine Veränderung ohne unveränderliche Grundlage, keine Aktion ohne den Wunsch nach Veränderung. Wie der Wille mit dem Ziel in Verbindung gebracht wird, so wird die Macht mit dem Mittel in Zusammenhang gebracht, um dieses Ziel zu erreichen. Hat der Wille nicht die Macht, dieses Mittel zu verschaffen, versagt er. Hat die Macht nicht den Willen, das Ziel zu erreichen, und konzentriert sie sich nicht immer wieder auf dieses Ziel, erreicht sie es nicht.

Nach hinduistischer Auffassung bilden diese beiden Götter den Ursprung aller Polaritäten im manifesten Universum: positiv – negativ, Vater – Mutter, Raum – Zeit, Energie – Materie, Anziehung – Abstoßung, Elektron – Proton. Aus nichts anderem besteht das Universum als aus ihrer gegenseitigen Aktion und Reaktion und dem Ausgleich der Gegensätze. Doch in diesem okkulten Breitwandkino kann ein manifestes System – Universen, Galaxien oder Sonnensysteme – nur dann entstehen, wenn ein «geistiger Raum» – oder Akasha – existiert. Der Geist wird nur als «Störung des Bewußtseins» gesehen. Zur Manifestierung eines Universums ist somit noch eine duale Polarität vonnöten: das Selbst und das Nicht-Selbst. Zur Erlangung dieser weiteren Spaltung muß das Bewußtsein aus sich selbst zwei Strömungen erschaffen: eine als Basis subjektiver Phänomene, die andere als Basis für objektive Phänomene. Erstere bezieht sich auf den Beobachter, letztere auf das Beobachtete; denn es muß immer ein Seher existieren, der das Gesehene bezeugt. Shiva erzeugt den Seher, Shakti das Rohmaterial des Gesehenen. Und daraus entwickelt sich die nächste Polarität: Geist – Materie. Oder wie die Okkultisten sagen: «Die Materie schwimmt und arbeitet in einem Meer von Geist. Der Geist funktioniert in einem Meer von Bewußtsein; das Bewußtsein existiert in der Leere wie in der Fülle der Letzten Wirklichkeit.»

Damit kommen wir zu der Welt, wie wir sie kennen – oder wie wir meinen, sie zu kennen. Wenn integriertes Bewußtsein aufgrund eines beliebigen von Shiva-Shakti geschaffenen sehenden Vehikels mit Materie reagiert, die ebenfalls von Shiva-Shakti erschaffen wurde, so entsteht aus dieser Wechselwirkung Geist, die Grundlage aller Erfahrung. Sieht man das Bewußtsein als die höchste Wirklichkeit an und die Materie als die unterste, dann befindet sich der Geist genau dazwischen. Die Verbindung zwischen Geist und Materie liegt in der Natur der bewußten Wahrnehmung einer Welt, die außerhalb davon liegt.

Damit das Bewußtsein alle ihm innewohnenden Kräfte auf seinem Abstieg vom Nichtmanifesten zum Manifesten entfalten kann, müssen die Götter Shiva und Shakti zuvor ein in verschiedenen Abstufungen von Geist und Materie manifestiertes System geschaffen haben. Daraus entsteht, theosophisch ausgedrückt, das Reich des höchsten Schöpfers, der Kosmische Logos, eine durch kosmische Ideation geschaffene Sphäre. Diese Ideation – oder Projektion eines Bewußtseinszustands von etwas, das sich außerhalb seiner selbst befindet – wird mit einem Künstler verglichen, der im Geist ein Bild entwirft. Solange das Bild nur in seinem Kopf ist, bleibt es bloß eine Möglichkeit. Doch sobald der Maler es wirklich malt oder zeichnet, wandert es vom geistigen Bereich in den gegenständlichen.

In dieser Theologie bringt im entstehenden Kosmos das Zweierprinzip, symbolisiert durch «Vater–Mutter», den «Sohn» hervor. In Meister Eckharts Vision von der eigenschaftslosen Gottheit fungieren die drei Gestalten der Trinität als Stadien eines äußeren, sich selbst offenbarenden Prozesses. Und die ewige Erzeugung des Sohns ist für Eckhart gleichbedeutend mit der ewigen Erschaffung der Welt. In Blavatskys *Geheimlehre* kommt der Sohn des Verborgenen Vaters als Kosmischer Logos vor. Mit seiner dualen – manifesten und nichtmanifesten – Form wird der Kosmische Logos zum Schöpfer des gesamten Universums, mit seinen Galaxien und Sonnensystemen und mit allen möglichen Feinheitsgraden, geschaffen durch die kosmische Ideation.

Das Bewußtsein, das diese manifeste Welt in allen Unterschiedlichkeiten und unendlichen Variationen plant und entwirft, ist als Grundsubstanz in jedem Teil einer jeden Form dieser manifesten Welt vorhanden und bildet die Grundlage für die unterschiedlich entwickelten Formen. Dementsprechend gilt: In einer Welt vielfältiger Gegenstände aus Gold kann sich deren Form zwar verändern, aber das Gold selbst bleibt erhalten. «Manifest» und «nichtmanifest» bleiben wesentliche Aspekte der Letzten Wirklichkeit.

«Logos» bedeutet Wort; und das Wort erhält seine Form durch den «Ton». Die im wesentlichen im Wechselspiel von Shiva und Shakti bewirkte Manifestation von Bewußtsein und Macht entsteht durch den Ton als Instrument des statisch-positiven Prinzips von Shivas Bewußtsein und durch das Licht des dynamischnegativen Prinzips von Shaktis Kraft. Shaktis Aufgabe ist es, das Rohmaterial der Welt in Form von «Licht» zu liefern. Die Naturwissenschaftler nennen dies Strahlung. Die Durchschnittsfrequenz dieses sichtbaren Lichts beträgt etwa fünfhundert Billionen Schwingungen pro Sekunde! Für die Okkultisten sind dies nur Wellenlängen im Geist, der als Medium fungiert und seinerseits aus dem Bewußtsein entstanden ist.

Shiva als das Bewußtsein hat die Aufgabe, Shaktis Licht eine materielle Form zu geben und es in Atome und Moleküle einzuschließen, um so die Schaffung und Erhaltung der Form zu kontrollieren und zu koordinieren. Shiva gelingt dies mit Hilfe des «Schalls». Damit ist nicht der Schall gemeint, den wir als Ton mit unseren Ohren hören können, sondern eine kosmische Form von Schwingung, die einen mit physikalischen Apparaten nicht nachzuweisenden Einflußbereich schafft. Dieser Schall – in Sanskrit *nada* – wird als Schwingung im Akasha, im Raum beschrieben. Dieser Raum ist nicht leer, sondern «geistig». In ihm existiert eine unendliche Menge an potentieller Energie. Sie kann sich ausdrücken in allen möglichen Formen von Schwingungen, die in einem manifesten System nötig sind. Dieses unendliche Potential zur Erzeugung von Schwingungen unterschiedlichster Frequenzen und in jeder denkbaren Intensität und Menge basiert auf der Tatsache, daß im Akasha ein allgegenwärtiges Bewußtsein verborgen ist. Dieses «selbstbestimmte, integrierte und freie» Bewußtsein kann aus sich selbst mit Hilfe des Geistes eine unbegrenzte Energiemenge produzieren – eine von den Physikern nicht zu tolerierende Meinung, weil sie behaupten, Energie könne weder geschaffen noch vernichtet werden.

Die Physiker weisen hingegen immer wieder auf die merkwürdige Tatsache hin, daß bei der Entstehung von Materie durch Materialisation aus Energie zur selben Zeit eine gleichgroße Menge an Materie wie an Antimaterie produziert wird. Umgekehrt löschen sich Materie und Antimaterie bei einem Aufprall gegenseitig aus. Bei dieser Explosion entsteht Licht. Die dabei frei werdende Energie kann man mit Hilfe des Tatbestandes berechnen, daß bei einem Zusammenprall eines Protons mit einem Antiproton die kaum vorstellbare Energie von 1,8 Milliarden Elektronenvolt entsteht.

Nach Meinung der Okkultisten entstehen alle Kräfte – Schwerkraft, Magnetismus und so weiter – durch den Schall. Außerdem haben diese Kräfte trotz ihres vorwiegend statischen Zustands einen dynamischen Charakter. Dadurch entstehen Wellen. Und da Wellen nicht ohne irgendein Medium existieren können, müssen sie – so sagen die Okkultisten – im Geist existieren. Gemäß diesem Lehrsatz existiert Bewegung nur in drei Formen: rhythmisch, nichtrhythmisch sowie Stillstand oder Stabilität. Aus der Wechselwirkung dieser drei Formen entwickelten sich alle anderen Formen, genauso wie alle denkbaren Farben aus den drei Primärfarben Rot, Gelb und Blau entstehen.

Im vedischen Hinduismus ist das Atom nichts anderes als gefangenes Licht, das bei der Atomspaltung als Licht oder als andere Energieform wieder frei wird. Während Shaktis Licht von Shivas Schall gefesselt wird, entsteht die Grundlage für alle Atome der Elemente im Akasha in Form von Quarks (oder Subquarks) und Elektronen. Steiner erklärt es so: Das physikalische Atom hat genauso eine Beziehung zur Elektrizität wie ein Stück Eis zum Wasser, aus dem es gefroren ist. So ist – nach Steiner – das Atom der Physiker nichts anderes als gefrorene Elektrizität. Und was ist Elektrizität? «Es ist genau das gleiche wie der Gedanke eines Menschen, nur von innen und von außen gesehen» – wie es mit dem Astralsehen möglich ist. Noch erstaunlicher ist Steiners Meinung, daß jedes Atom dieses Universums en miniature die Pläne für die nächste Welt enthält, die der jetzigen folgen wird. «Der Logos», sagt Steiner, «schlüpft ständig in das Atom, und so wird das Atom das Abbild des zukünftigen Plans.»

Wandert man die Schöpfungsleiter hinunter, so folgt auf den Kosmischen Logos der Offenbarungslogos und mit ihm – im Unterschied zur kosmischen Ideation – die logoistische Ideation. In ihr entfaltet sich ein manifestes System in Zeit und Raum. Der Raum wird als grundlegender angesehen als die

Zeit, weil man über geistigen Raum verfügen muß, in dem geistige Bilder existieren. Indem diese sich verändern und wechseln, entsteht Zeit. Raum und Zeit müssen also vom Geist und den geistigen Bildern abhängen. Ein Geist ohne Bilder hat keinen Raum und keine Zeit, nur die Eine Wirklichkeit. Bewußtsein, Geist und Materie sind nur Aspekte oder Projektionen dieser Einen Wirklichkeit.

In der hinduistischen Philosophie erscheint der Offenbarungslogos zwar als *ein* Wesen, aber in drei verschiedenen Aspekten: als Brahma, der Schöpfer, als Vishnu, der Bewahrer, und als Shiva, der Erneuerer. Bei der Schaffung dieser drei Manifestationen benutzt der dreifaltige Offenbarungslogos drei verschiedene Energieformen: Fohat, Prana und Kundalini. Sie stammen alle von Shakti und sind deshalb alle auf mysteriöse Weise miteinander verbunden. Wenn Brahma, der Dritte Logos oder dritte Aspekt des Offenbarungslogos, erscheint, besteht seine erste Aktivität im Hinblick auf die Formgebung der Natur in der Schaffung der fünf unteren Existenzebenen – Atman (= reines Bewußtsein), Buddhi (= höhergeistiges Bewußtsein), Geist, Astralleib, physischer Leib. Als Basis für diese «stofflichen» Aspekte verwendet Brahma das Wort «Fohat». Helena Blavatsky spricht von kosmischer Elektrizität. Diese Energie verbindet sie mit dem Magnetismus und der Schwerkraft und bezeichnet sie als die okkulte Potenz des von Gedanken durchdrungenen Schalls. Diese klingende, kreative und vorwärtstreibende Kraft wird als Logos oder Wort definiert. Alle Veränderungen in der materiellen Welt, ja sogar im menschlichen Körper, hängen von dieser kosmischen Elektrizität – oder Fohat – und ihren verwandten Kräften ab und werden von ihr hervorgebracht.

Der Zweite Logos, Vishnu, der Bewahrer, steht für «Leben» und die Entwicklung von «Gefährten», «Wagen» oder «Vehikeln», das heißt die Anwendung von Prana. Diese von der Sonne stammende, teils übernatürliche, teils natürliche Lebenskraft ist verantwortlich für alle Lebensprozesse und liegt ihnen zugrunde. Sie hat demnach Ähnlichkeit mit dem Steinerschen Weltäther. Auf der physikalischen Ebene baut Prana alle Mineralien auf und kontrolliert die chemo-physiologischen Veränderungen im Protoplasma. Dadurch kommt es zur Differenzierung und zum Aufbau der unterschiedlichsten Körpergewebe bei Pflanzen, Tieren und Menschen. Prana macht aus dem physischen Körper einen lebendigen Organismus, im Gegensatz zur empfindungslosen Ansammlung von Materie und Kraft. Ohne Prana wäre ein Körper nur eine Anhäufung unabhängiger Zellen. Durch die Vermischung von Astralprana mit Körperprana entstehen die Nerven, die das Gefühl für Freude und Schmerz vermitteln. Pranazentren im physischen Körper sind die Drüsen und Nervenzentren, in den Äther- und Astralleibern sind es die Chakren. Fließendes Prana stellt eine Verbindung zwischen Körper und Seele her. Und indem Yogis ihr Prana mit Hilfe ihrer Gedanken beeinflussen, können sie auch eine Kontrolle über ihren Körper ausüben.

Als stofflichem Instrument des Zweiten Logos – Vishnu – ist es dem Prana möglich, aus dem Rohmaterial der vom Dritten Logos – Brahma – geschaffenen Kundalini ein «lebendiges» Vehikel zu machen. In diesem steckt die Fähigkeit, Wachstum zu verleihen und als Instrument für den Geist auf den verschiedenen Entwicklungsstufen zu dienen. Während Brahma, der Schöpfer, immer komplexere Atome und Moleküle für die verschiedenen Stufen entwickelt, versieht Vishnu, der Bewahrer, Lebewesen mit diesen Atomen und Molekülen, so daß deren Körper als Vehikel für Geist und Bewußtsein dienen können.

Währenddessen weckt der Erste Logos – Mahesha/Shiva oder die Entwicklung des Bewußtseins – die Kundalini. Diese stellt nicht nur das aktive Prinzip in allen Fortpflanzungsprozessen dar, wie Hodson erklärt, sondern steht auch für das Erwachen von abstraktem Denken, Intuition und Wille sowie deren Ausdruck im Gehirn. Auch die Fähigkeit des Hellsehens und Hellhörens gehört dazu. Die sieben Schichten der Kundalini, sagt Hodson, entsprechen den sieben Ebenen und Stufen des Bewußtseins. Mit dem Erwachen einer jeden Schicht öffnet sich die entsprechende Ebene und Stufe, ja, sie werden überhaupt erst wahrgenommen.

Für Gopi Krishna, einen indischen Weisen und Autor mehrerer Bücher über das Bewußtsein und die Kundalini, ist der Kundalini-Mechanismus «die wahre Ursache für alle sogenannten spirituellen und (para-)psychologischen Phänomene, die biologische Basis der Evolution und der Entwicklung der Persönlichkeit, der geheime Ursprung aller esoterischen und okkulten Geheimlehren, der Universalschlüssel für das noch nicht enträtselte Mysterium der Schöpfung, die unerschöpfliche Quelle von Philosophie, Kunst und Naturwissenschaft, und Hauptquelle aller Religionen in Vergangenheit, Gegenwart und Zukunft».

So arbeiten der Erste, Zweite und Dritte Logos auf den verschiedenen Ebenen zusammen, denn sie werden als eine einzige Gottheit angesehen. Sie erschaffen dabei unterschiedlich dichte Materien, unterschiedlich feine Formen des Geistes und unterschiedliche Maßeinheiten von Zeit und Raum. Aus alledem setzt sich der Offenbarte Kosmische Logos zusammen. Gemeinsam mit dem Schall als Instrument des Willens kontrolliert, reguliert und dirigiert er alle Kräfte und Energien, auch solche von Myriaden abhängiger Sonnenlogoi, die es in dem riesigen Kosmos gibt. Doch jeder Sonnenlogos ist ein unabhängiger spiritueller Herrscher über sein Sonnensystem, das als Mikrokosmos das Bewußtsein des höchsten Kosmischen Logos reflektiert und ihm Ausdruck verleiht. Für den Okkultismus ist unsere Sonne physischer Wohnort und Instrument eines solchen göttlichen Sonnenlogos, dessen Bewußtsein unser Sonnensystem auf allen Ebenen durchdringt. Die Okkultisten sehen es so: Während das kosmische und dann logoistische Bewußtsein tiefer und tiefer hinabsteigt bis zu der manifestierten Form der progressiv niedriger werdenden Geisteszustände, folgt ihm der Schall in den verschiedenen Energieformen, um der Welt Gestalt zu geben. Dabei sind sie voneinander abhängig, doch die Wahrnehmung der Form oder Gestalt bleibt als mentales Phänomen erhalten, das allerdings auf dem Bewußtsein basiert.

Die für diesen durch die selbstgewollte Trennung Shaktis von Shiva hervorgerufenen Abstieg benötigte Kraft wird transformiert und auf untere Ebenen umgepolt. Wie man dies bei Hochspannungsstrom mit Hilfe von Transformatoren macht, so geschieht es hier durch das Eingreifen mehrerer spiritueller, mentaler und materieller Mechanismen. Unter dem Sonnenlogos befinden sich mehrere Hierarchien spiritueller Wesen, denen geistige Prinzipien und Kräfte unterschiedlicher Stärke und Kombinationen innewohnen.

Während sich das Bewußtsein in die Geisteszustände unterschiedlicher Feinheitsgrade und die Macht in spezifische Kraftzustände weiterentwickelt, treten die Devis, Devachas und Devas der Hindus auf den Plan. Man kann sie vergleichen mit den vielen Farben des Spektrums, das dem weißen Licht oder der Letzten Wirklichkeit entspringt. Trotz ihrer Verschiedenartigkeit hängen sie voneinander ab. Das zeigt sich in vielen Geisteszuständen und in Materieformen unterschiedlicher Dichte.

Auf der anderen Seite ist unser Sonnensystem bevölkert von Milliarden sich entwickelnder Einzelseelen, den von den Theosophen so genannten Monaden. Wie die okkulte Lehre behauptet, muß sich das Bewußtsein auf jeder Stufe durch einen «idealen» Punkt manifestieren. Und weil ein solcher idealer Punkt eine unzählige Menge weiterer Punkte enthalten kann, sind das Bewußtsein einer Monade, der Sonnenlogos und der Kosmischen Logos – obwohl sie auf verschiedenen Ebenen operieren – alle in dem einen großen Punkt zentriert, dem Mahabindu, der seit Ewigkeiten im Absoluten existiert. Dies ist vergleichbar mit den unzähligen Gesprächen, die durch die Lichtleitfasern eines Telefonkabels laufen. Jedes dieser Gespräche wird klar und deutlich und ohne Unterbrechungen übertragen und kann jederzeit über die kosmische Schalttafel angewählt werden.

Man kann sich vorstellen, wie durch diesen Großen Punkt seit Ewigkeiten und für Ewigkeiten unendlich viele Welten, Solarlogoi und Monaden auftauchen, angefangen bei den grundlegenden Elektronen und Protonen. Dann geht es in der Entwicklung weiter durch die Zeit, viele Äonen lang, bis zahllose Sonnenlogoi im Kosmos entstehen, aber auch zahllose Bewußtseinszentren. Beide stellen Reflektionen der Letzten Wirklichkeit dar. Diese gleiche Letzte Wirklichkeit teilt sich in zwei Linien auf und hat die Aufgabe, einerseits unendlich viele spirituelle Monaden zu schaffen und andererseits unendlich viele Materieebenen, um die Monaden darin einzuhüllen und für ihre weitere Entwicklung zu sorgen. Denn dies ist der Hauptzweck bei der Entwicklung der Formen: mehr brauchbare Vehikel für den sich entwickelnden Geist und das sich entfaltende Bewußtsein zur Verfügung zu stellen.

Individualisierung findet statt durch Ablösung eines Individuums von einer «Gruppenseele», denn ohne eine Spur von abgesondertem Bewußtsein kann auch keine Monade entstehen. Damit sich eine solche Bewußtseinseinheit ablöst, muß sie – nach Meinung der Okkultisten – von einer Stoffhülle umgeben sein. Diese kann sehr fein sein – vielleicht nur ein Atom dick. Das führt zur Entstehung des ursächlichen Körpers, das heißt zur Geburt einer menschlichen Seele. Die Monade – oder menschliche Einheit – wandert dann hinab zu unteren Stufen, um ihre göttlichen Entwicklungsmöglichkeiten zu entfalten. Danach arbeitet sie sich – vermutlich ziemlich verwirrt – wieder den gleichen Weg auf der Lebensleiter hinauf.

Glaubt man den Lehren der Okkultisten, so ist die Entfaltung der Monaden ein, wenn nicht *der* Grund für die Manifestation und Existenz des Universums. Denn jede einzelne Monade bildet einen eigenen Aspekt der einen Wirklichkeit. Alle zusammen sind sie «Fragmente des Göttlichen Lebens, Kinder der Allerhöchsten». Deswegen werden sie «Söhne» genannt; denn sie haben den gleichen Status und dieselbe Natur wie der Sohn oder der Kosmische Logos. Außerdem soll der Begriff «Söhne» ausdrücken, daß es «eine intime und wunderbare» persönliche Verbindung zwischen den Göttlichen Eltern und einer jeden Seele geben muß.

Ausgehend von einer ewigen Existenz, wird jeder Monade die Möglichkeit gewährt, als Ergebnis ihrer Entfaltung ein Logos zu werden. Das macht aus den Monaden mikrokosmische Abbilder eines Sonnensystem mit der gleichen Natur, den gleichen

Kräften und Entwicklungsmöglichkeiten wie der Makrokosmos oder der Kosmische Logos. Die letzte Bestimmung der Monade ist es deshalb, ein Sonnenlogos zu werden.

Alle in dieser okkulten Geheimlehre aufgedeckten Tatsachen weisen auf die ewige Fortdauer der monadischen Individualität mit ihrer Einzigartigkeit hin. Die ganze Wirklichkeit findet sich in den unendlichen Tiefen oder Schichten, die in der Vollständigkeit und der ganzen Großartigkeit einer jeden einzelnen Seele versteckt sind. Jede Monade wird beeinflußt vom göttlichen Geist, je nach der Entwicklung des entsprechenden Gefährts.

Grundlegend für die Geheimlehre ist die subtile, aber lebenswichtige Vorstellung, daß Monaden in Freiheit ihrer Entwicklung nachgehen müssen. Nur so lernen sie, mit dem göttlichen Willen zusammenzuwirken, und zwar nicht auf äußeren Zwang, sondern auf eigenen Wunsch hin, geboren aus Erfahrung und Erleuchtung. Leviton sagt es so: «Geistwesen müssen lieben; nur Menschen haben die Wahl, zu lieben oder nicht zu lieben.»

Und Steiner fügt in seiner herzquickenden Sprache hinzu: «Je mehr Menschenliebe es auf der Erde gibt, desto mehr Nahrung gibt es für die Götter im Himmel; je weniger Liebe vorhanden ist, desto mehr leiden die Götter Hunger.»

11 Elementarwesen

Viele Jahre vor der Konstituierung der Anthroposophie und auch einige Zeit vor Leadbeater und Hodson entwarf die Begründerin der Theosophischen Gesellschaft, Helena Petrowna Blavatsky, ihre Lehre von den «Elementalen». Ihrer Meinung nach sind sie die wahre Ursache für alles, was hinter dem Schleier der Phänomene auf der Erde stattfindet.

Was die Materie betrifft, so ist darüber eigentlich kaum etwas bekannt. Woher erhält sie die ihr innewohnende, ebenfalls kaum bekannte Qualität, sprich: Kraft oder Energie? Laut Blavatsky bereitet die Beantwortung dieser Frage «weit größere Probleme als die Akzeptanz, daß ‹Naturgeister› bei jedem Naturphänomen mit im Spiel sind».

Die Blavatsky bezeichnet die Naturgeister als «kosmische Vermittler», von denen jeder an sein Element gebunden ist: Erde, Wasser, Luft und Feuer. «Sie existieren im ätherischen Raum und können die ätherische Masse für die Produktion körperlicher Zustände handhaben und dirigieren, genau wie die Menschen mit Hilfe einer Luftpumpe zum gleichen Zweck Luft komprimieren können. Sie kondensieren die Äthermaterie, um für sich selbst fühlbare Körper zu erschaffen. Die Vorlagen dafür finden sie in den Porträts, die im Gedächtnis heute lebender Menschen eingeprägt sind.»

Dieser Glaube an Naturgeister blühte in allen Kulturen und in jedem Zeitalter. Die persischen, mongolischen, chinesischen, japanischen, indischen und ägyptischen Mythologien sowie diejenigen vieler kleinerer Volksstämme quellen über von Erzählungen über gutmütige, aber auch bösartige Geister.

Die Griechen hatten ihre Nymphen, Dryaden und Quellen-

sowie Waldkobolde. Die alten keltischen Druiden wußten von Baumgeistern, die in heiligen Eschen- und Eichenhainen, aber auch in anderen Bäumen hausten. Bei den Iren sind es die Leprachans; und die Germanen glaubten an die Existenz von Zwergen und Erdgeistern.

Die Christen versuchten alles, um den Heidenglauben auszurotten, und verwandelten den Großen Gott Pan in einen Teufel und seine Naturgeister in koboldartige böse Feinde. Eintausendfünfhundert Jahre lang durfte das wahre Wesen der Naturgeister nur von Hexen, Zigeunern und Alchimisten in ihren Geheimlabors erforscht werden.

Der erste, der die Geister aus der erzwungenen Dunkelheit ans Licht brachte, war der Schweizer Alchimist Philippus Aureolus Theophrastus Bombastus von Hohenheim, besser bekannt als Paracelsus. Der 1490 im Kanton Schwyz geborene Paracelsus war Zeitgenosse Martin Luthers und vielleicht ein größerer Reformator als dieser; denn er beschäftigte sich nicht nur mit der Religionswissenschaft, sondern auch mit Medizin und Physik. Ähnlich wie Luther durchbrach er Tabus seiner Zeit und schrieb eine Abhandlung über Naturgeister. Er tat dies nicht in dem akademischen Latein seiner Mitstreiter, sondern in seiner deutschen Muttersprache. Diese Schrift sollte die Hauptquelle zahlloser weiterer Werke späterer Autoren werden.

Den Konzepten der klassischen Kulturen folgend, teilte Paracelsus die Welt der Naturgeister in die vier Standardelemente Erde, Wasser, Luft und Feuer ein. Er nannte sie Elementale, denn jedes dieser Wesen bestand aus nur einem einzigen dieser klassischen Elemente. Die in Rassen und Abteilungen eingeteilten Elementale waren dazu da, viele nützliche Aufgaben im Reich der Natur zu übernehmen. «Sie repräsentieren», so sagte der Schweizer Arzt, «gewisse Kräfte, die in der Natur eine Rolle spielen. Sie wurden jedenfalls nicht ohne Sinn und Zweck erschaffen.»

Paracelsus beschäftigte sich nicht nur mit dem, was vor ihm geschrieben wurde, sondern vertiefte sich auch in die Natur selbst, um das Thema direkt vor Ort zu studieren. Anders als seine Mitstreiter, die in den damaligen Schulweisheiten der Scholastik steckenblieben, suchte Paracelsus Lösungen für die Geheimnisse der Natur, indem er allen Informationen nachging, wo immer er sie fand: bei Zigeunern, Hexen, Geistheilern, Kräuterkundigen oder jedem anderen, der vorgab, sich in der Kunst des Heilens auszukennen. Immer wieder suchte er Eremiten in ihren Hütten oder Höhlen auf; denn er war davon überzeugt, daß die alten Erzählungen religiöser Einzelgänger denjenigen von Nutzen sein würden, die genügend Verstand hatten, sie zu überprüfen. «Wer auch immer das Buch der Natur verstehen will», sagte Paracelsus, «muß dessen Seiten mit den eigenen Füßen durchwandern.»

Er hatte sich vorgenommen, den Weg für ein zeitgemäßes Verständnis der Vorgänge in der Natur freizumachen. Er schokkierte seine akademischen Kollegen an der Universität Basel und verbrannte im Beisein von Studenten die Bücher von Avicenna und Galen. Dann erzählte er ihnen, daß jeder Mensch in sich selbst die Kraft und latente Fähigkeit besitze, um ein vieldimensionales Universum erkennen zu können. Rudolf Steiner sollte einige Jahrhunderte später ähnlich reden.

Hiervon ausgehend, schrieb Manly P. Hall, ein Philosoph und Kenner der Materie, in einer dem Denken von Paracelsus gewidmeten Monographie, daß es «den letzten Sieg des Raums bedeuten würde, wenn erkannt würde, daß es nichts Raumähnliches gibt, sondern nur eine unendliche Weite noch nicht entdeckter Bereiche sichtbaren und unsichtbaren, bekannten und unbekannten Lebens, von Energie und Substanz». Und Hall fügte hinzu: «Es gibt kein Vakuum im Universum. Was einem Vakuum am nächsten kommt, war – laut Paracelsus – das Gehirn eines seiner Professorenkollegen an der Baseler Universität.»

Vierhundert Jahre später sprach Rudolf Steiner im Heimatkanton des Paracelsus in seinen Vorlesungen über die Rolle der Naturgeister. Das war fast zur gleichen Zeit, zu der Hodson die Feenwelt Englands erforschte. Steiners Meinung nach waren die Geister am Wachstum und Gedeihen von Mineralien, Pflanzen, Tieren und Menschen beteiligt.

Steiner stammte aus einer österreichischen Familie und wurde 1861 in einem einsamen Dorf in Kroatien geboren. Von Kindesbeinen an zeigte er hellseherische Fähigkeiten, konnte aber seine Angehörigen nicht davon überzeugen, daß hinter der materiellen noch eine andere Welt, die der Geister, lag. Um in beiden Welten zurechtzukommen, studierte er an der Technischen Universität Wien ausgiebig und gründlich die Fächer Physik, Mathematik, Biologie und Chemie. In seiner Freizeit widmete er sich zusätzlich der Optik, der Botanik und der Anatomie. Er erkannte bald, daß an den Universitäten eine Naturwissenschaft gelehrt wird, die den Geist verneint und nur die tote Materie zu begreifen versucht, nicht aber die Lebensvorgänge. Er beschloß, die orthodoxen Gelehrten auf ihrem eigenen Feld zu schlagen, und erwarb den Doktorgrad in Philosophie. Sein Grundsatz war einfach: Man mußte zu einer ganz neuen, genauen und wissenschaftlichen Form des Hellsehens gelangen. Sonst würden die Halbwahrheiten des Materialismus die Welt in ein materialistisches und mechanistisches Unheil stürzen.

Steiner erforschte die Welt der Naturgeister und eröffnete damit eine neue Dimension. Seine Erkenntnisse über die Art und Weise, in der Erd- und Wassergeister, Luft- und Feuergeister in der Sinfonie des Lebens mitspielen, waren faszinierend. Hodsons Schilderungen basierten auf Augenzeugenberichten, was ihnen Lebendigkeit verlieh, Leadbeaters Schriften lassen die eklektische Selbstsicherheit des Weltreisenden erkennen. Steiner aber konnte aufgrund seiner hellseherisch weiterentwickelten «spiritistischen Wissenschaft» die Dinge analysieren. Er konnte die Maxime der Blavatsky begründen, daß die Rolle, die die Naturgeister spielen, die Essenz eines jeden Naturphänomens darstellt. Damit malte Steiner ein zwar unheimliches, aber noch viel fantastischeres Gemälde als alle seine Vorgänger. Hodson und Leadbeater berichten von den Naturgeistern so, wie sie sie an ihren verschiedenen Orten gesehen haben. Steiner aber geht tiefer, viel tiefer, und erklärt ihre allumfassende Rolle im Leben der Menschen und des Planeten. Er behauptet, daß ohne diese «Workaholics» unser Planet kahl und steril wäre. Steiners Argumente sind einfach, aber zwingend. Alles, was uns umgibt, haben die Naturgeister geschaffen. Und sie sind es auch, die es erhalten. Alles – das heißt nicht nur Mineralien, Pflanzen und Tiere, sondern auch wir selbst mit unseren Leibern und Organen. Ohne die Hilfe dieser freundlichen und arbeitsamen Elementalen, sagt Steiner, könnten wir noch nicht einmal denken. In dieser okkulten Sicht vom Leben auf der Erde sind die elementaren Geister in allem verborgen, was die stoffliche, sinnlich wahrnehmbare Welt ausmacht, und erwecken diese überhaupt erst zum Leben. Steiner weiter: Im gleichen Maß, wie wir die Existenz dieser Wesen leugnen, die zwischen den Steinen, Pflanzen und Tieren umeinanderwirbeln und deren Welten miteinander verweben, werden wir verlernen, die Welt zu verstehen. Dabei brauchen wir dieses Verständnis unbedingt für unser Leben, unser Wohlergehen und vor allem für die Heilkunst. Gerade letztere ist der Menschheit von heute größtenteils verlorengegangen.

Die Grundlage von Steiners Naturgeistern bilden die Substanzen und Kräfte, aus denen sie zusammengesetzt sind. Sie entstammen alle seinem «Welt-Äther», dessen Wärme-Äther an erster Stelle steht. Vor langer Zeit teilte sich der Wärme-Äther in zwei Stränge auf: Ein Teil stieg auf und bildete die drei anderen Äther – Licht-Äther, Chemie-Äther und Lebens-Äther; der andere Teil stieg hinab und bildete die vier Elemente, die Aristoteles und Anaxagoras als Feuer, Luft, Wasser und Erde bezeichneten. Auch Steiners vier Geistergruppen werden herkömmlich als Feuer-, Luft-, Wasser- und Erdgeister klassifiziert, werden aber eigentlich gebildet aus Wärme-Äther, Licht-Äther, Chemie-Äther und Lebensäther. Wie auch bei Aristoteles sind die Elemente keine festen Substanzen, sondern Kräfte, die für die Erhaltung der Zustände – fest, flüssig, gasförmig und feurig – verantwortlich sind. Erde steht für alles, was fest ist, von der Kartoffel bis zum Goldbarren; Wasser steht für alles Flüssige, von der Muttermilch über Benzin bis hin zum geschmolzenen Blei; die Luft ist für alles Gasförmige zuständig, wozu auch alle chemischen Elemente gehören, sofern sie sich in diesem Zustand befinden; das Feuer ist das alles durchdringende Element, das den Wechsel von einer Zustandsform zur anderen verursacht. Für die Spiritisten ist Feuer nicht wie für die Physiker ein Zustand der Bewegung, sondern etwas Eigenständiges. Das Feuer ist noch feiner als Luft und so stark geläutert, daß es alle anderen Elemente durchdringt und diese wärmt oder kühlt, je nachdem, ob es vorhanden ist oder nicht. Alles Existente hat seinen Ursprung im kondensierten Feuer.

Für die Spiritisten arbeiten Elemente und Äther paarweise zusammen: das Feuer mit dem Wärme-Äther, die Luft mit dem Licht-Äther, das Wasser mit dem Chemie-Äther und die Erde mit dem Lebensäther; aber jeweils von entgegengesetzten Polen aus: Die Elemente arbeiten sich vom Zentrum der Erde hinauf, die Äther steigen von den himmlischen Sphären hinunter, wo sie ihren Ursprung haben. Das feinste aller Elemente, das Feuer, breitet sich himmelwärts aus, wie wir es bei einer Kerze oder einer brennenden Ölquelle sehen können. Der Wärme-Äther aber strahlt als Begleiter des Feuers von der Sonne und den Sternen aus und stimuliert das Wachstum. Die Luft hat genau die entgegengesetzten Eigenschaften und Aufgaben wie ihr ätherischer Begleiter, der Licht-Äther. Sie füllt den Raum zwischen den Dingen aus und verbindet sie dadurch miteinander. Der Licht-Äther hingegen ist auf den Dingen selbst zu spüren, nicht dazwischen. Der Licht-Äther trennt die Gegenstände voneinander und macht sie dadurch unterscheidbar, er schafft Distanz und Raum. So sind Licht und Raum nicht voneinander zu trennen. Wo Licht ist, muß Raum sein. Die Luft ist ganz anders als das Licht: chaotisch, ziellos. Ihre Haupteigenschaft ist die Elastizität; sie kann sich fast bis ins Unendliche verdünnen und behält doch ihre bindende Kraft. Licht aber ist das Gegenteil von elastisch; es ist spröde und teilbar und hat ausgehend von seiner Quelle eine bestimmte Richtung. Schlägt man mit einem Stock in die Luft, so sagt Ernst Marti, ein Steiner-Schüler, macht die Luft Platz für den Stock und vereint sich hinter ihm wieder. Das Licht aber wird vom Stock zerteilt, ohne daß sich seine Strahlen wieder vereinen. Sie streben in geraden Linien auseinander. Luft drückt von allen Seiten, zentripetal, auf die Erde, ist aber über einen gewissen Punkt hinaus nicht weiter komprimierbar. Mit Luft meint Steiner alles, was die Konsistenz von Gas hat.

Auch das Element Wasser, das alles Flüssige repräsentiert, funktioniert wie die anderen Elemente in Opposition zu seinem ätherischen Partner, dem Chemie-Äther. Wasser ist dicht und kontinuierlich, tendiert zur Kugelform und ist durch und durch konsistent. Der Chemie-Äther (oder Klang-Äther, wie Steiner manchmal sagt) dagegen ist locker und teilend, diskret, ziellos und vereinzelnd. Fallen Regentropfen ins Meer, so wird jeder Tropfen Teil des Ganzen, des Kugelförmigen. Das gleiche geschieht mit Honig, Quecksilber, Magma. Der Chemie-Äther tendiert dazu, auseinanderzufallen, Zwischenräume zu schaffen, (Schwingungs-)Knoten zu bilden und zu schwimmen, statt zusammenzukleben. Musik, Chemie und Zahlen gehören zu den Produkten des Steinerschen Chemie-Äthers, einer Kraft, die ihre Einzelteile auseinanderhält, aber die Verbindung zwischen diesen Teilen aufrechterhält. Durch die Zahlengesetze werden die Substanzen chemisch miteinander verbunden. Unter dem Einfluß des Chemie-Äthers teilt sich ein Baum in Äste, Zweige und Blätter auf, die sich gegenseitig nicht berühren und jeweils ein Ganzes von einzelnen Teilen bilden. Im Gegensatz dazu fließt Wasser vom Teich über den See ins Meer, verliert sich darin und behält doch seine Kugelform vom Tautropfen bis zum Pazifischen Ozean bei.

Auch die Erde als letztes Element nimmt – nach Steiner – ihre Aufgabe in Opposition zu ihrem Begleiter, dem Lebensäther, wahr. Zeigt sich die Erde als fester, harter und zäher Körper, der seinen eigenen Raum braucht, so schafft der Lebensäther seine innere Beweglichkeit; er ist die Kraft des Selbst und bildet die Form aus seinem Innern. Er ergießt sich aus dem Kosmos nach unten, belebt und individualisiert die feste und starre Erde, schafft unabhängige Organismen und versorgt die Individuen mit einer Haut oder einer Art Futteral. Und während das Erdelement leblose Körper hervorbringt, erschafft der Lebensäther lebendige Körper. Erde und Lebensäther bilden zusammen die Basis für unsere dreidimensionale Welt.

Gemeinsam und in den unterschiedlichsten subtilen Mischungen gestalten die vier Äther und die vier Elemente alle Geister der Natur. Nach Steiner existieren die Erdgeister genauso wie Elektrizität und Magnetismus. Diese Wesen aus erdigen Feststoffen entziehen sich unseren äußeren Sinnen, sind aber genau wie wir Menschen auf der ganzen Welt anzutreffen. Dabei sind sie intelligenter, ja gerissener und listiger als wir, manchmal sogar verschlagen. «Sie bestehen ganz und gar aus aktiver Schläue, aktivem Intellekt, aktiver Handwerklichkeit, aktiver Logik. ... Mit ihren stahlgrauen, im Vergleich zum Menschen kleinen Körperchen und den großen, vorgeneigten Köpfen ziehen sie die gesamte Schwerkraft an sich und bilden sich selbst ihre Körper aus dieser flüchtigen, unsichtbaren Kraft. Dabei laufen diese Körper ständig Gefahr, auseinanderzufallen oder Teile zu verlieren.»

Für die Steinerschen Erdgeister ist der gesamte Erdball wie ein einziger Hohlraum, den sie durchdringen und in dem sie sich aufhalten, wo immer sie wollen. Steine und Metalle können sie nicht davon abhalten, durch sie hindurchzugehen oder hindurchzuschwimmen. Nur bei Vollmond geht es ihnen nicht besonders gut. Dann müssen sie sich in eine Art Geisteshaut zurückziehen wie Ritter in ihre Rüstungen.

Wie Steiner behauptet, sind die Wurzelgeister – vorwiegend Erdgeister und Brownies – überall auf der Welt zu finden. Sie ziehen ein ganz bestimmtes Wohlgefühl aus den für sie mehr oder minder transparenten Steinen und Erzen und machen die unterschiedlichsten Erfahrungen, während sie von Erzadern zu Kalkschichten wandern. Auch wenn sie mitten durch Gold, Quecksilber, Zinn oder Kieselerde stapfen, sind ihre Empfindungen jeweils andere. «Am wohlsten fühlen sie sich, wenn sie erkennen, welches Mineral die Pflanzenwurzeln brauchen, damit die Pflanzen gedeihen können.»

Sie leben in allem, was zur Erde gehört, und sind nicht nur für Gesteine und Metalle verantwortlich, sondern dienen auch, laut

Steiner, «als Boten für die unterirdische Welt, die sie mit Nachrichten vom äußeren Kosmos versorgen. Diese haben die Wasser-, Luft- und Feuergeister für die Erdgeister auf Blätter, Blüten, Baumstämme und Wurzeln ‹geschrieben›.»

Steiner schildert es so: Zu einer bestimmten Zeit im Jahr tragen die Pflanzen alle Geheimnisse aus dem außerirdischen Universum zusammen und versenken sie in den Erdboden. Dann fließt ein Geiststrom von den Blüten durch die ganze Pflanze bis in ihre Wurzeln und darüber hinaus ins Erdreich. «Alles, was die Sonne den Blättern geschickt hat, was die Luft in den Blättern daraus gemacht hat, was die fernen Sterne in die Struktur der Pflanze eingesenkt haben, das alles sammelt die Pflanze und läßt es auf geistigem Wege in den Erdboden einsickern.»

Dann kümmern sich die Erdgeister um die Wurzeln der Pflanzen, durch die das Sonnenlicht in den Boden gelangt ist und die nun die Geheimnisse des Universums in sich tragen. «Ab Herbst und den ganzen Winter hindurch wandern die Erdgeister durch die Erze und Gesteine und übertragen dabei ganz bewußt die Vorstellungen des Universums von Metall zu Metall, von Fels zu Fels. Die Erdgeister arbeiten mitten in der Erde und sind dabei die lichterfüllten Bewahrer der Welt.»

Die Steinerschen Erdgeister lieben nichts mehr als ihre Unabhängigkeit und kümmern sich kaum umeinander. Ihre ganze Aufmerksamkeit gilt ihrer direkten Umgebung, «doch interessiert sie alles andere, was in der Welt geschieht, außerordentlich. Sie bestehen nur aus Sinn und Verstand, nehmen alles, was sie sehen und hören, in Windeseile auf und verstehen es.»

Durch ihr rasches Begreifen all dessen, was sie erblicken, ist ihr Wissen durchaus mit dem der Menschen zu vergleichen, behauptet Steiner. Doch für sie ist der menschliche Verstand nur unvollkommen, und für unsere Bemühungen zu denken haben sie nur ein Lächeln übrig. Denn sie brauchen das Denkvermögen nicht, da sie alles, was man in der Welt wissen muß, direkt wahrnehmen. Sie begreifen alles beim Sehen und müssen dabei nicht denken. Deshalb ist es für sie ausgesprochen unterhaltsam, einen «schlafenden» Menschen zu beobachten. Damit ist nicht das Schlafen im Bett gemeint, sondern das «Schlafen» im Astralleib und den anderen Ego-Körpern des Menschen. Die Erdgeister sehen dann jemanden, «der im Geiste denkt, aber dies nicht weiß. Auch weiß er nicht, daß seine Gedanken in der Geistwelt lebendig sind.»

Eigenartig an dieser anthroposophischen Sicht ist allerdings, daß die Erdgeister sich eigentlich gar nicht um die Erde zu kümmern scheinen, ja, sich am liebsten sogar von ihr losreißen und befreien würden. Aber die Erde, sagt Steiner, droht ihnen unaufhörlich damit, sie in eine bestimmte, bei den Erdgeistern unbeliebte Gestalt zu zwängen, etwa in die von Fröschen oder Kröten. Deswegen treibt es sie mit ihrer ganzen Kraft immer wieder fort von der Erde. Und genau dieses Stoßen und Schieben ist der Grund dafür, daß die Pflanzen nach oben wachsen. «Sobald eine Pflanze die Erde durchstoßen und damit das Reich der Erdgeister und das feuchte Erdelement verlassen hat, gerät sie in den Einflußbereich der feuchten Luft. Dann erst können sich die Blätter entwickeln.» Hier sind dann andere Wesen am Werk, angefangen bei Wasser- und Luftgeistern.

Als Bewohner des Chemie-Äthers sind die Wassergeister im ätherischen Element Wasser tätig, vor allem auf der Haut von Tropfen und anderen Flüssigkeiten. Ihr Bewußtsein lebt im Fließen des flüssigen Elements. «Sie sind die Chemiker der Welt. Ohne ihre Arbeit könnte keine Substanzumwandlung stattfinden. Sie bringen den Chemie-Äther in die Pflanzen und umgeben diese von allen Seiten, denn sonst würden sie welken und austrocknen. In den Bäumen fließen sie mit dem Strom des Saftes mit.»

Schaut man sich mit den Augen eines Hellsehers an, wie die Wassergeister durch das feuchte Element schwimmen und sich darin auf und nieder bewegen, so fällt auf, daß sie vor allem zurückschrecken, das sie an Fische erinnert. Denn für sie stellt die Fischgestalt, wie die Frösche für die Erdgeister, eine Bedrohung dar.

«Von Zeit zu Zeit nehmen sie diese Gestalt zwar an, geben sie

aber ganz schnell wieder auf, um sich erneut zu verwandeln.»
Wir Menschen können so lange Pflanzen nicht verstehen, sagt Steiner, als wir die Existenz von elementalen Naturgeistern verleugnen, die während der gesamten Wachstumsphase um die Pflanzen herumweben und -schwirren. Die Pflanzen würden eingehen, wären sie nicht von allen Seiten von Wassergeistern umgeben. Diese zeigen sich dann «in ihrer traumähnlichen Existenz» und vermischen auf rätselhafte Weise die von den Blattpflanzen ausgesonderten Substanzen miteinander oder trennen sie voneinander. Die Steinerschen Wassergeister haben vielerlei Gestalt und ändern diese jeden Augenblick. «Man kann sie nur für einen kurzen Augenblick sehen. Sie sind ständig am Träumen. Während sie von den Sternen und dem Sonnenlicht und der Wärme träumen, bringen sie die Pflanze in ihrer Entwicklung weiter und geleiten sie in das Reich der Luftgeister.»

Diese Luftgeister haben einen Geistkörper aus Licht-Äther und übertragen die Wirkung dieses Licht-Äthers auf die Pflanzen: «Sie haben die Aufgabe», sagt Steiner, «auf liebevollem Weg den Pflanzen das Licht zu bringen.» Und da die Luft überall von Licht erfüllt ist, sagt er weiter, drücken die Geister gegen das Licht und verbünden sich mit ihm. Durch dieses von ihnen erschaffene Licht geschieht etwas Sonderbares mit den Pflanzen. Steiner sagt es so: Mit all ihrer Kraft wirken die Luftgeister auf die chemischen Kräfte ein, die von den Wassergeistern an bestimmte Stellen der Pflanze eingebracht wurden. Dort entsteht dann, mit Unterstützung des Lichts der Luftgeister, eine Chemieküche der Wassergeister. «Mit Hilfe der nach oben strömenden, von den Wassergeistern vorbereiteten Substanzen stricken die Luftgeister aus dem Licht die ideale Pflanzengestalt. Was aus dem Licht der Luftgeister und der Chemiearbeit der Wassergeister herauskommt, ist nichts anderes als Goethes Urpflanze.»

Gemäß den Gesetzen der spiritistischen Wissenschaft entfalten und entwickeln die Luftgeister ihr Wesen inmitten dieser tönenden Musik und finden ihren Lebensraum im fließenden Strom modulierter Luft. «In diesem geistig-tönenden Element der Bewegung», sagt Steiner, «sind sie zu Hause. Sie nehmen das in sich auf, was das Licht in diese schwingende Luft sendet. Am wohlsten fühlen sie sich in ihrem Element, wenn Vögel hindurchflattern.» Wenn im Frühjahr oder Herbst ein Schwarm Schwalben die Luft in Schwingung versetzt und Luftströme produziert, kann diese Schwingung von den Luftgeistern ebenso wie von den Vögeln vernommen werden. «Für die Luftgeister ist dies kosmische Musik.»

Natürlich weiß derjenige, der die Pflanze nur als etwas Materielles sieht, nichts von ihrer idealen Geistform. Für die materialistisch eingestellte Naturwissenschaft entwickelt eine Pflanze Wurzeln im Erdboden und bildet überirdisch Blätter, später Blüten mit Staubgefäßen aus, aus denen sich Samenknospen entwickeln. Der darin liegende Blütenstaub wird auf den Keim einer anderen Pflanze übertragen, so daß diese befruchtet wird und eine neue Pflanze entstehen kann. Der Keim ist weiblich, das Staubgefäß männlich. «Aber solange der Mensch in seinem Materialismus verharrt», sagt Steiner, «kann sich keine andere Sicht durchsetzen. Für ihn ist dieser ganze Prozeß nichts anderes als ein Befruchtungsvorgang.»

Die spiritistische Wissenschaft aber sieht dies in einem ganz anderen Licht, dank der Salamander, oder Feuergeister, die eine ganz besondere Rolle im Leben einer Pflanze spielen. Ohne sie würde es keine sogenannte geschlechtliche Fortpflanzung bei den Pflanzen geben, also auch keine Blüten. Das erklärt Steiner wie folgt: Ist eine Pflanze durch den Luftbereich hindurchgewachsen, kommt sie in den Bereich der elementalen Feuergeister, auch Salamander genannt. Sie bewohnen das Wärme-Äther-Element. Sobald die Erde genügend aufgeheizt ist oder auf andere Weise Wärme erhält, sammeln die Feuergeister diese Wärme und übertragen sie auf die Pflanzenblüten. Wer sich den Blütenstaub auf hellseherische Weise anschaut, kann entdecken, wie dieser jetzt kleine Luftschiffchen produziert, mit denen die Feuergeister die Wärme bis in den Samen bringen können. Überall wird mit Hilfe der Staubgefäße die Wärme gespeichert, und der Blütenstaub transportiert sie aus den Staubgefäßen zum

Samen und zu den Fruchthüllen. Was hier in den Samenknospen entsteht, gehört dem männlichen Element an, das direkt aus dem Kosmos kommt. «Es geht nicht darum, daß die Fruchthülle weiblich und die Staubgefäße männlich sind. Die Befruchtung findet auf keinen Fall in der Blüte statt, sondern nur die Anlage des männlichen Samens.»

Die Feuergeister übertragen den Wärme-Äther auf die Pflanze auf die gleiche Weise wie die Luftgeister den Licht-Äther und die Wassergeister den Chemie-Äther. Ohne die Salamander würden die Pflanzen nicht blühen. Sie transformieren die leblose Wärme in eine lebendige oder besser: lebenspendende Wärme. Kein Wesen kann ohne Feuergeister leben und sich fortpflanzen. Wie Steiner sagt, haben die Feuergeister das größte Vergnügen daran, den Schmetterlingen zu folgen, so daß sie die Wärme verteilen können, die wieder zur Erde hinabsteigen muß, damit sie sich mit der idealen Pflanzengestalt vereinen kann. «Feuergeister folgen den Insekten liebend gern; denn sie geben den Wärme-Äther konzentriert an die Samenanlagen der Pflanzen weiter. Die Aura einer Biene ist in Wirklichkeit der sie begleitende Feuergeist.»

Die Energie zur Befruchtung der Blüten, sagt Steiner, nehmen die Feuergeister von der Erdwärme. Dabei bleibt der kosmische männliche Samen unten liegen, bis er mit dem weiblichen Element vereint wird. Bei den Anthroposophen ist die Erde die Mutter der Pflanzen, der Himmel aber der Vater. «Es ist ein sehr großer Irrtum», sagt Steiner, «zu glauben, daß das Mutterprinzip einer Pflanze in den Fruchtknoten liegt. Dies ist in Wirklichkeit das männliche Prinzip, das mit Hilfe der Feuergeister dem Universum entzogen wird. Die Mutter kommt aus dem Kambium, das von der Borke bis zum Holz vorhanden ist, und wird in der idealen Form von oben nach unten übertragen.» (Botaniker lokalisieren das Kambium zwischen dem inneren Holz und der Borke; es bildet die Wachstumsschicht, und aus ihr entsteht neues Gewebe.) Pflanzenbefruchtung im spiritistischen Sinne findet statt, wenn die Erdgeister von den Feuergeistern das übernehmen, was diese als konzentrierte kosmische Wärme auf die Samenknospen, «auf kleinen Luftschiffchen von Blütenstaub», übertragen haben. Auf der Erde findet diese Befruchtung im Winter statt, wenn die Samen in der Erde liegen und dort mit den Formen zusammentreffen, die die Erdgeister von den Luft- und Wassergeistern erhalten haben. Wo diese Kräfte mit dem zu befruchtenden Samen zusammentreffen, geschieht Befruchtung, das gemeinsame Werk arbeitsamer Erd- und Feuergeister. So sind die Erdgeister die geistigen Hebammen bei der Vervielfältigung von Pflanzen. «Mit dem, was den Feuergeistern entströmt, beleben die tief im Boden lebenden Erdgeister die Pflanze und drücken sie nach oben. Sie sind sozusagen die Pflegeeltern. Sie bringen den Lebensäther zu den Wurzeln – den gleichen Lebensäther, in dem sie selbst leben.»

Pflanzen können nur verstanden werden, fügt Steiner hinzu, wenn man sie im Zusammenhang mit diesen Aktivitäten um sie herum betrachtet. Genau aus diesem Grund stritt sich Goethe mit den Botanikern, nach deren Meinung die Befruchtung in der Blüte stattfindet.

Steiners Erklärung der Mechanik des Vogel- und Sylphenlebens erscheint dem Materialisten als an den Haaren herbeigezogen. Sie klingt jedoch nur deshalb so merkwürdig, weil eine emulgierende Grundsubstanz fehlt. Sie wurde aus dem akademischen Vokabular schon zu Platons Zeiten verbannt und ist nichts anderes als die für die Wissenschaft so peinliche Wirkung der Liebe auf die Natur. Liebe und Selbstaufopferung sind für die Spiritisten die wichtigste Voraussetzung für das Leben auf der Erde. Ohne die Selbstaufopferung der Naturgeister könnte es keine sogenannte geschlechtliche Vermehrung von Pflanzen geben.

Laut Steiner sind weder die vier Elemente noch die vier Äther kreativ. Sie bilden nur das Potential für die Schaffung einer körperlichen Substanz. Um wirklich Substanz zu werden, muß noch einiges mehr hinzukommen. Die beiden Anthroposophen und Kollegen Rudolf Steiners Günther Wachsmuth und Ernst Marti kämpften tapfer darum, die Mechanismen von «ätherisch bildenden Kräften» verständlich zu machen (Wachsmuth in seinem Buch *Äther. Bilderkräfte in Kosmos, Erde und Mensch*, Marti in *Vier Äther*). Dabei griffen sie zu kurz; vielleicht befürchteten sie auch, ihre akademischen Kollegen mit einem «Märchen» vor den Kopf zu stoßen. Jedenfalls gelang es ihnen nicht, dieses Verständnis zu wecken, und es gelang ihnen auch nicht, die Kräfte zu identifizieren, die sie dahinter sahen: die Naturgeister der Elementalwelt, die wiederum von noch höheren Geistern geleitet werden. Ein anderer hervorragender Anthroposoph, Ernst Hagemann, war mutiger. In seinem Buch *Weltenäther – Elementarwesen – Naturreiche* zitierte er alle Steinerschen Bemerkungen zu Naturgeistern, die dieser je in seinen zahlreichen, über viele Jahre gehaltenen Vorlesungen gemacht hatte. Hagemann identifiziert diese «Wesen» – Erdgeister, Wassergeister, Luft- und Feuergeister – eindeutig als die bildenden Kräfte, die auf der stofflichen Ebene wirken. Sie modellieren aus Element und Äther die Myriaden der in der Natur vorhandenen Formen. Dazu verwenden sie Blaupausen, die ihnen hierarchisch höherstehende Geister zur Verfügung stellen.

Sprach Steiner von ätherischen bildenden Kräften, so meinte er keine abstrakten physikalischen Kräfte oder deren Auswirkungen; er meinte elementale Wesen. Denn sie sind überall dort vorhanden, wo ätherische Kräfte oder bildende Kräfte im Spiel sind. Sie sind der lange Arm des Göttlichen. Sie stellen das her, was in Wirklichkeit aus dem Sternenstaub kommt – die Quarks, Subquarks und Elektronen der Physiker – und unaufhörlich von der anderen Hand Gottes in den Kosmos ausgegossen wird. Dieser duale Prozeß ist sehr treffend durch die Tarotkarte «Stern» (Etoile) dargestellt. Sie symbolisiert einen kosmischen Kanal, den die kosmische Energie – oder Shakti – zu ihrer Manifestation auf der Erde nutzt. Die Sternen-«Göttin» hält in jeder Hand ein Gefäß, aus dem sich zwei Ströme dieser unerklärbaren Energie ergießen und miteinander mischen. Geschaffen wurden sie vom Absoluten durch die Ur-Trennung von Wille und Macht.

Die Naturgeister erschaffen die Pflanzen aus der Blaupause einer höheren Dimension, und sie erschaffen den Ätherleib der

Pflanzen aus ihren eigenen ätherischen Körpern. Aber sie können nicht eigenverantwortlich handeln. Sie können nur den Weisungen von oben folgen, die sie von ihrem «direkten Vorgesetzten» innerhalb der großen Hierarchie von Geistwesen bekommen. Und diese fängt bei den Devas an.

12 Devas

Für die Menschen des Fernen Ostens beschwört das Wort «Deva» eine Heerschar von «Lichtwesen» herauf – Astralwesen in fast unendlicher Variabilität und mit ebenso vielen Aufgaben. Sie bilden die kreativen Kräfte der Welt. Für Theosophen und Anthroposophen gehören Devas zu einer niedrigeren Rangstufe von Engeln. Sie sind zuständig für das Reich der elementalen Naturgeister.

Nach den Schilderungen der Sensitiven Dorothy McLean aus Findhorn und Machaelle Small Wright aus Perelandra kümmern sich die Devas vor allem um Früchte, Gemüse und Blumen. Doch Hodson und Leadbeater berichten auch von Devas, die Wälder und Gebüsch, aber auch Berge und Täler beschützen. Einige kümmern sich mit ihren Elementalkräften großräumig um weite Landschaften. Und Erddevas nehmen sich der Leylinien an, der alten geraden Bahnen, die unter der Erde direkt an den Kontinentalplatten oder anderen Auffälligkeiten der Erdkruste entlang verlaufen. Sie erscheinen in den Volkssagen als Drachen und Lindwürmer.

Die höheren Devas kennen den Plan, behauptet Hodson: «Der Wille des Schöpfers findet in ihnen seinen Ausdruck. Sie sind seine Vermittler und Kanäle in der manifesten Natur.» Dieser Plan wird durch eine Art mentale Osmose an alle unter ihnen stehenden Ordnungen weitergegeben. Jede dieser niedrigeren Stufen hat ihren eigenen Führer, der sich der darüber stehenden Gemeinschaft gegenüber verantworten muß.

Devas sind eigentlich Astralwesen, sagt Hodson, sie können aber Ätherleiber annehmen und den Menschen in menschlicher Gestalt, häufig von gigantischer Größe, erscheinen. Ihr Aussehen ändert sich je nach Rangordnung, der sie angehören, nach dem von ihnen erreichten Entwicklungsstand.

Gardner berichtet, daß das Bewußtsein der Devas viel freier ist als das der Menschen. Aber er sagt auch, daß ihre Denkweise und ihr Verantwortungsgefühl vom jeweiligen Entwicklungsstand abhängen. Sie sind wie wir Menschen mit eigenen Gedankenformen ausgestattet, doch sind diese wohl nicht so konkret wie bei uns. Um sie besser nutzen zu können, kommunizieren sie miteinander mit Hilfe von leuchtenden Farbblitzen. Damit ist ihre Sprache nicht so präzis wie unsere, aber viel ausdrucksstärker.

Alles, was Devas wollen, fühlen, wünschen und begehren, zeigt sich laut Steiner in Lichteffekten, die wir Menschen aber nicht sehen: Strahlen und Blitze in unzähligen Farbschattierungen, ähnlich einem Regenbogen, der in allen Farben schillert. Die Farben erscheinen fast fließend und erinnern eher an eine Flamme als an eine Wolke. Und während die menschlichen Auren Steiner als zwar brillante, aber empfindliche Wolken glühenden Gases erscheinen, sieht er die Devas eher als Feuer. Er beschreibt den Körper seines Devas der Astralebene als «schillernd, veränderlich, mit Astralkräften pulsierend». Er ist nicht an eine klare Form gebunden, verliert auch häufig seine menschliche Form und wird dann zu einer «wirbelnden Masse von Kraft und Vitalenergie, an der plötzlich zierliche flügelähnliche Gebilde erscheinen, dann lange fließende Kurvenlinien, eine Andeutung winkender Arme und Haare, die im Wind fliegen». Laut Hodson können Devas nichts wahrnehmen, was mit Schmerz, Enttäuschung, Niedergeschlagenheit, Angst, Wut oder Begierde zu vergleichen wäre; auch war ihnen nie eine Anspannung anzusehen. In seiner puritanischen Sprache sagt Hodson weiter, daß die Devas deshalb nicht «den Einflüssen der niederen Natur widerstehen müssen, denen der um das Geistesleben bemühte Mensch ausgesetzt ist».

Doch wie die Engel in John Miltons Epos *Das verlorene Paradies* die sich aus Freude an der Erfüllung lieben und nicht aus dem Wunsch heraus, Kinder zu zeugen, identifizieren sich Hodsons Engel nicht zum Zwecke der Erhaltung ihrer Art, sondern um ihr Dasein und Bewußtsein mit anderen Lebensformen zu teilen. Dabei «erreichen sie einen so hohen Grad an Selbstidentifikation mit dem Dasein und dem Bewußtsein des Objekts ihrer Bemühungen, daß die Buddha- und Nirvana-Kraft auf der Stufe, auf der sie gerade wirken, in das Leben und die Gestalt fließen».

Leadbeater erläutert weiter, daß Engel und Devas die irdischen Dinge ihres höheren Bewußtseins wegen nicht beeinflussen können. Deshalb greifen sie auf die Dienste der Naturgeister zurück, um mit ihnen alle Dinge und Kreaturen der stofflichen Welt zu erschaffen. Bei den ersten Formen – den Mineralien, Pflanzen und Tieren – setzten die Devas Feen und Elementale ein, um die schönsten und empfänglichsten Exemplare zu erschaffen.

Wenn eines «dieser großen Wesen», wie Leadbeater sie nennt, eine neue Idee für die von ihm betreuten Grünpflanzen und Blumen hat, schafft es eine Gedankenform. Sie hat nur den Zweck, diese Idee auszuführen. Sie zeigt sich gewöhnlich als ein Äthermodell der Pflanze selbst oder als eine kleine Kreatur, die sich während der Zeit der Knospenbildung um die Pflanze schmiegt und ihr allmählich die von dem Deva gedachte Form und Farbe verleiht. «Sobald die Pflanze ausgewachsen oder die Blume verblüht ist, ist die Arbeit der Gedankenkreatur beendet und ihre Kraft erschöpft.» Sie löst sich dann auf, denn der Wille, diese Arbeit zu tun, war das einzige, was ihr innewohnte.

Um Devas sehen zu können, muß man nur im richtigen Augenblick über (ein bißchen) hellseherische Begabung verfügen, behauptet Leadbeater. Und Hodson sagt: Sobald die Devas einen Menschen sehen, vor allem einen, der sie erkennen und verstehen, ja sogar mit ihnen sprechen kann, zeigen sie sich alle sehr überrascht und erfreut. Glaubt man A. E. Powell, einem Schriftsteller, der viel über theosophische Themen geschrieben hat, so sind Devas oft sehr nahe und bereit, einem jeden Menschen, der in der Lage ist, ihre Dienste zu schätzen, die Dinge auf ihre eigene Art zu erläutern.

Die höherentwickelten Devas, die die Stufe des Selbstbewußtseins erreicht haben, passen auf bestimmte Menschengruppen oder gar ganze Nationen auf. Sie kümmern sich dann um so wichtige Dinge wie die Evolution, auf physischer wie auf anderer Ebene, und agieren als Botschafter, die den Willen der höheren Engelwesen ausführen.

Da die Devas höher entwickelt sind als die Menschen, können sie auch auf höheren Existenzstufen wirken. Fortgeschrittenen Hellsehern erscheinen sie auf drei verschiedenen, feineren Ebenen. Die Hindus nennen sie Kama, Rupa und Arupa. Die niedrigste Verkörperung der Kamadevas ist ihr Astralleib. Rupadevas wirken auf der unteren Mentalebene. Arupadevas leben in Körpern der höheren geistigen und ursächlichen Materie. Bei Rupadevas und Arupadevas tritt eine Manifestation auf der Astralebene genauso selten ein, sagt Powell, wie die Materialisierung auf der physischen Ebene bei einem Astralwesen.

Hodson schildert Begegnungen mit einer Vielzahl von Devas. Darunter waren nicht nur Baum- und Pflanzendevas, sondern auch Berg- und Landdevas sowie höherstehende Devas, die sich um die Menschen und ihre Behausungen kümmern. Im Westen von England kletterte er eines Tages durch eine tiefe Schlucht, die in ein offenes Hügelland überging. Angesichts eines riesigen Felsvorsprungs direkt gegenüber wurde er sich «mit erschreckender Plötzlichkeit» der Gegenwart eines großen Naturdevas bewußt, «der Teil des Hügelgeländes war und anscheinend die Verantwortung für diesen Landschaftsteil hatte».

Hodson sah zuerst nur irgend etwas Riesiges, Leuchtendes, Knallrotes. Es ähnelte einer übergroßen Fledermaus mit einem Menschengesicht; es fixierte ihn mit zwei brennenden Augen und breitete seine Flügel über die Berge. Als der Deva sich beobachtet fühlte, berichtet Hodson weiter, schrumpfte er zu seiner – wie er vermutete – normalen Größe von etwa drei bis dreieinhalb Metern. «Dabei sah man das wunderschöne Fließen der Aura. Sie wippte in flügelähnlichen Fächern vom Kopf bis zu den Füßen den ganzen Rücken hinunter und ging in schöne fließende Linien über.»

Aufgabe dieser herrlichen Kreatur war es wohl, die Entwicklung der Landschaft zu beobachten. «Ihre mächtigen Schwingungen hatten eine wachstumsfördernde Wirkung auf Tiere, Pflanzen und Mineralien und das ganze Naturgeisterleben innerhalb dieses Einflußbereichs.» Hodson selbst, das heißt sein physischer Körper, bebte noch Stunden nach der Begegnung mit dieser Kraft auf dem hügeligen Gelände.

Eine andere Art von Devas machte Hodson an den Ufern des Thirlmere-Sees aus, am Ort einer alten römischen Kolonie, der einfach nur «Die Stadt» heißt. Dort gingen drei «niedere Baumdevas» in die Bäume hinein und wieder hinaus und «gaben ständig ihre Schwingungen an ihre Behausungen weiter». So groß war die Kraft ihrer Bewegungen, sagt Hodson, daß dabei der psychische Effekt eines Tons erzeugt wurde. Es hörte sich an wie ein gut und rund laufender Motor. Die Augen dieser Devas leuchteten übernatürlich und waren eher Kraftzentren denn Sehorgane. Sie waren offensichtlich nicht in der Lage, irgend etwas zu erkennen. Das Bewußtsein der Devas war höher angesiedelt, ihre Wahrnehmung geschah durch einen inneren Sinn und nicht durch den Gesichtssinn.

Einige dieser Baumgeister schienen sich besonders eng an einen einzelnen Baum oder eine kleinere Baumgruppe angeschlossen zu haben und blieben in seiner beziehungsweise ihrer Nähe, um sich innerhalb ihrer Auren mit ihnen zu beschäftigen. Andere wieder bewegten sich zwischen den höchsten Zweigen. Hier hatten sie «einen Grundton für die Aurenschwingung der ganzen Baumgruppe angestimmt und machten damit ihre fortwährende Gegenwart für die Erhaltung der belebenden, energetischen Kraft notwendig». Diese Kraft zeigte sich – auf der physikalischen Ebene – für Hodson als ein mächtiger Magnetismus, den man sogar ohne hellseherisches Können hätte bemerken können.

Gardner erläutert, daß die Devas ihre Bewußtseinszentrum auf der Astralebene haben und in die stoffliche Ebene abtauchen, um vor allem die Lebenskraft von Bäumen und größeren Pflanzen anzuregen. Seiner Meinung nach existieren sie als die beseelende Lebenskraft eines Baumes oder einer Baumgruppe, ähnlich den Dryaden der griechischen Mythologie. Dabei stimulieren sie mit der Magnetkraft ihrer Leiber die Bäume und lassen den Lebenssaft fließen. Auch sollen sie gewisse Orte, die sogenannten «magnetischen Zentren», mit ihren Strahlen beeinflussen.

Leadbeater schrieb über den Geist eines großen indischen Feigenbaums, der sich gelegentlich in der Gestalt eines Riesen zeigte. Unterhalb des Baumes wieselten viele Erdgeister oder Gnome über den Boden. Sie waren dunkelgrau wie die Haut von Elefanten, etwa zwanzig bis dreißig Zentimeter groß, von nur geringer Intelligenz und freuten sich ihres Daseins. Außen um den Baum, vor allem um die Baumkrone herum entdeckte Leadbeater viele «Blatt»-Naturgeister. Sie erschienen ihm in ihrer kleinen, nur wenige bis höchstens neunzig Zentimeter messenden Gestalt ausgesprochen feminin. Sie gaben kreative, formbildende Impulse ab und stimulierten die Energie an den äußersten Zweigen und Blättern. Durch die Verbindung dieser Naturgeister mit dem Baum wurden die Umrisse des Baums auf ihre Auren übertragen. Dadurch konnte der verantwortliche Deva seine Tätigkeiten beobachten und gegebenenfalls korrigierend eingreifen.

Der Deva eines Baums hat – Leadbeater zufolge – seinen Sitz im Hauptstamm; sein Kopf befindet sich in den oberen Ästen, und seine Füße sind im Erdboden. Manchmal bewegt er sich auch hoch über seinem Wohnsitz. Da sein Bewußtsein vollständig mit dem des Baumes vereint ist, kann er ihn sich untertan machen, um ihn von innen heraus mit belebender Kraft zu stimulieren.

William Bloom von der Findhorn Community, wo es in den sechziger Jahren Mode wurde, mit Devas Umgang zu pflegen, behauptet von ihnen, daß sie eine genaue Vorstellung von einer vollkommenen Pflanze haben. Durch Wetter, andere Pflanzen, Bodenbedingungen, tierische oder menschliche Einflüsse hervorgerufene Veränderungen bedeuten für die Devas «Inputs», auf die sie sofort reagieren. Dabei haben sie immer die perfekte fertige Pflanze im Sinn. So wächst und entwickelt sich diePflanze weiterhin nach der von den Devas aufrechterhaltenen Idealmatrix, egal welchen äußeren Einflüssen sie ausgesetzt ist.

Bei der Beobachtung eines, wie er es nannte «weiblichen Devas eines anderen Baums» bemerkte Leadbeater, daß dieser jeweils den astralen Doppelleib aller stofflichen Dinge um sich herum im Auge behielt. So erschien ihm ein Baum als eine dunkle zentrale Gestalt, dessen stoffliche Form durchdrungen und umgeben war von einem fahlen, leuchtendgrauen Licht. Das Ätherdoppel war jedoch von einer violetten Astralaura umgeben, die sich bis zu fünfzehn Zentimeter über den physischen Körper hinaus erstreckte. Für diesen weiblichen Deva war jeder Baum wie eine Maschine, durchströmt von einem Kraftfluß, der aus der Astralebene kam und ihn belebte und anstrahlte und somit am Leben erhielt. «Knapp unter der Erdoberfläche sieht er an der Wurzel des Baumes einen goldenen Energiewirbel. Hier strömt die Kraft von der Astralebene ein und fließt durch den ganzen Baumkörper.»

Beim Durchstreifen der Cotswolds im August 1925 begegnete Hodson in einem etwa zwei Meilen langen und eine Meile breiten Tal einem noch majestätischeren Deva. Sein Dasein hatte für ihn den Grund, «dem ganzen Tal bei der Entwicklung zu helfen, vor allem den Elementalen und den Pflanzen. Aber auch an den Behausungen der in diesem Tal lebenden Menschen war er interessiert.» Am Abend des folgenden Tages wanderte Hodson über die Hügel, die sich vom Tal zu einem Punkt erstreckten, von dem aus er einen guten Überblick über alle Felder, Häuser und Waldgebiete hatte – eine wirklich schöne und friedliche Szene –, und entdeckte den Deva wieder. Er schwebte hoch über den Baumwipfeln und schien auf ihn zu warten, um ihn willkommen zu heißen.

Die nach allen Seiten über hundert Meter weit ausstrahlende Aura der etwa drei Meter hohen Gestalt konnte sich quer über das ganze Tal legen und alles, was darin lebte, berühren. Dabei übertrug sie «einen Teil ihrer eigenen großartigen Lebenskraft und ihrer leuchtenden, sich ständig verändernden Farben. Sie flossen aus ihrem Mittelpunkt in Wellen und Wirbeln heraus, angefangen beim tiefdunklen Königsblau mit roten, goldgelben und grünen Einsprengseln bis zu einem blassen Rosa mit einem weichen Himmelblau».

Der Deva war für Hodsons Begriffe wunderschön. Seine strahlenden, beinahe blendenden Augen erschienen ihm eher als Kraftzentren denn als Sehorgane. Sie dienten nicht in dem Ausmaß wie die Augen der Menschen dazu, Gedanken und Gefühle auszudrücken. Das Bewußtsein des Devas hatte seinen Sitz anscheinend in der Mitte des Kopfes, einem strahlenden Lichtzentrum. Von diesem Mittelpunkt aus wachte der Deva über eine Heerschar von Naturgeistern, die das ganze Tal bevölkerten. Hodson sagt, daß die Elfen und Kobolde in Verzückung gerieten, sobald sie der von dem Deva ausgeübten Kontrolle gewahr wurden. Die Ursache dieser Verzückung konnten sie zwar nicht voll verstehen, aber sie registrierten sie als ein ständiges Vorkommnis in ihrem Leben.

Hodson schätzte den dem Deva eigenen, an keine Grenzen stoßenden Freiheitssinn, verbunden mit einer beinahe menschlichen Zärtlichkeit, einer tiefen Besorgnis, ja sogar Liebe für andere Wesen. Er hatte unter anderem offenbar die Aufgabe, gerade gestorbene Menschen an einen friedlichen Platz zu führen.

Später beschrieb Hodson immer wieder Begegnungen mit großen Devas. Er traf sie während seines ganzen Lebens und an allen Orten, an denen er sich befand, und er konnte immer mit ihnen kommunizieren. Während einer Lesereise auf Java im Jahre 1933 besuchte er das bekannte buddhistische Heiligtum Borobudur. Dabei bemerkte er die Anwesenheit eines Devas, «eines deutlich männlichen und indisch-arischen Wesens. Es war umgeben vom goldenen Licht des Buddha-Glanzes, das nacheinander in weichen Farbtönen von Rosa und Grün leuchtete und dessen weiße Aura blendete.» Laut Hodson befand sich hier das Zentrum der Insel- und Meeresdevas. Dieser Deva-König gab Hodson den Rat, «ganz und gar in der Fülle des ewigen Jetzt zu leben», und erklärte ihm, daß für ein über Zeit und Raum stehendes Bewußtsein «alles zur gleichen Zeit in voll entwickeltem Zustand existiert».

Auch in Australien wurde Hodson gleich nach seiner Ankunft von den Ortsdevas herzlich willkommen geheißen, zum Beispiel in Perth. Dort konnte er von einer im King's Park befindlichen Anhöhe aus über den breiten Swan River und die ganze Stadt schauen, bis zum Darling Range und weit ins Landesinnere hinein, und wurde von vielen großen goldfarbenen Devas begrüßt.

Die Beziehung zwischen Devas und Menschen, sagt Gardner, ist für beide Seiten nützlich, denn auch der Deva lernt vom Menschenvolk. Deshalb sollte die Menschheit bemüht sein, diese Beziehung zu verstärken.

Um mit devischen Daseinsformen zusammenarbeiten zu können, meint William Bloom, sind weder Pünktlichkeit und Genauigkeit noch eine hundertprozentige Klarheit der Wahrnehmung erforderlich. Wichtig ist einzig und allein das richtige persönliche Verhalten. Mit der Zeit würden sich dann von selbst größere Sicherheit und Klarheit des Bewußtseins entwickeln.

Von den Devas zu den Engeln ist es nicht weit. In ihrem Buch *The Real World of Fairy* («Die Wirklichkeit der Feen») beschreibt Gelda van Doren den Stoff, aus dem ein Engelskörper besteht. Er ist viel feiner als der einer Fee, so daß man ihn nur mit einer ganz reinen Form des Hellsehens entdecken kann. Feen sind sogar mit dem physischen Auge zu sehen, vor allem aus den Augenwinkeln heraus. Dies ist bei Engeln jedoch nur selten möglich. Gelda van Doren erklärt dies damit, daß der zentrale Teil der Retina so stark für das ganz normale Sehen eingesetzt wird, daß er nicht mehr auf die viel feineren Lichtschwingungen reagiert, die von Feen, geschweige denn von Engeln ausgehen. Der Rand der Retina hingegen ist weniger «abgenutzt» und dadurch empfänglicher. Wer die Heerscharen der Engel sehen kann, erkennt, daß sie den ganzen Raum erfüllen. Sie sammeln sich in langen Reihen, wie ein riesiges Orchester oder wie ein Chor, und arrangieren sich in Gruppen, von denen jede ihre eigenen Farben und kosmischen Gesänge hat. Eine Art Jakobsleiter der Entwicklung: keine Stufe fehlt.

Hodson schreibt über sie: «Jedes Atom ihrer Auren glüht und glänzt in der jeweiligen Farbe ihres bestimmten Existenzakkords. Der ganze Raum um sie herum flimmert von der irisierenden Strahlung ihrer Auren und von der Wirkung ihres Gesangs über die umgebende Elementalessenz.»

Hodson sieht in den Engeln eine Art Stromumspanner oder Widerstandsregler, die Hochspannungsstrom in Strom niederer Spannung umwandeln. «Sie scheinen durch sich selbst die kreative Urenergie zu bekommen und reduzieren deren Spannung, als würden sie sich gegen ihr Fließen wehren.» In Hodsons romantisierender Sprache klingt das so: «Sie hören den göttlichen Gesang, lenken ihn und wiederholen ihn, Stufe für Stufe, bis zu einer Spannung, bei der er nicht mehr in seiner nackten Gewalt zerstörend, sondern aufbauend wirkt.» Durch die Selbstvereinigung mit dieser absteigenden «Wortkraft», vor allem aber mit solchen Kraftströmen wie den Schwingungen in Frequenzen, die mit denen ihrer eigenen Natur identisch sind, erweitern und verbessern die Engel ihre gestaltgebende Macht.

Hodson schreibt auch über die von ihm so genannte «Musik der göttlichen Idee», die zur Gestaltform oder zur Rupa-Ebene hin absteigt. Dort empfangen sie die zuständigen Engel und wiederholen sie, bis sie auf der Astralebene «gehört» wird. Von hier beeinflußt sie die Elementalessenz. Auch von dort hallt sie wider und wird langsamer, bis sie die ätherische Welt erreicht, wo sie zusammen mit ätherischen Stoffen Formen und wunderschöne Muster annimmt. Die dort befindlichen magnetischen Kraftfelder haben geometrische Muster, in deren Kraftlinien die Naturgeister spielen. Dabei nehmen sie weiter Gestalt an und helfen beim Aufbau natürlicher physikalischer Formen, Atom für Atom, Molekül für Molekül, Zelle für Zelle. Dies alles geschieht instinktiv, wie Hodson meint, einfach, indem die Geister entlang der Kraftlinien spielen und tanzen; denn sie wirken auf sie anregend, elektrifizierend, berauschend.

Gardner berichtet von winzigen ätherischen Wesen, die zwischen den Grashalmen ihrer Arbeit nachgehen und dabei ziellos hin und her flitzen, einfach «irgendwohin schwirren» wie Stechmücken in der Sonne. Und doch hat das geschäftige Umhergeflatter dieser stäubchengroßen Ätherwesen seinen Sinn. Gardner: Sie aktivieren dabei den Lebensstrom der Grashalme und erhalten ihn aufrecht. So regen sie selbst auf dieser niederen Stufe des Pflanzenlebens zum Wachstum an – obwohl diese winzigen Wesen nur ein Massenbewußtsein haben, was den Sinn ihrer Existenz betrifft. Er erzählt von Feenarbeitern – Heinzelmännchen, Elfen und Pixies –, die gemeinschaftlich ihren Arbeiten nachgehen wie ein Bienenschwarm oder ein Ameisenhaufen. Der einzelne trägt keine Verantwortung, steht aber instinktiv immer mit dem Naturplan in Verbindung.

Um Einblick in diese mit den Sinnen nicht wahrnehmbare Welt zu bekommen, sagt Steiner, muß man sich selbst auf die Ebene der Engelwesen versetzen und lernen, die Welt mit der den Engeln eigenen Wahrnehmung zu sehen. «Die Dinge, die sich uns in stofflicher Form zeigen, sind nichts anderes als äußere Hüllen von Geistwesen. Der strahlende Glanz der Dinge ist nicht weniger, sondern viel stärker real als die Dinge auf der körperlichen Ebene.»

Da die Engel weder einen Materialkörper noch physische Organe wie Augen, Ohren und so weiter haben, nehmen sie die physikalische Welt ganz anders wahr, sagt Steiner. Sie sehen nicht, wie wir sehen: Was für uns Wahrnehmung ist, ist für die Engel Manifestation. Wir sehen, weil eine äußerliche Welt vor unseren Sinnen erscheint; Engel erkennen nur, was sie selbst manifestieren. Sobald sie mit ihrer Umgebung in Verbindung treten, entwickeln sie eine andere Form von Bewußtsein. Diese ist dem Schlaf ähnlich. Dabei sind die Engel aber nicht ohne Bewußtsein, sie empfinden nur eine Art Selbstverlust. Laut Steiner können Engel vier Reiche bewußt wahrnehmen: das der Pflanzen, das der Tiere, das der Menschen und ihre eigene Engelwelt. Nicht wahrnehmen können sie hingegen das Reich der Mineralien. Ein Mineral ist für sie nichts anderes als ein Loch. In ihrem niedersten Dasein haben Engel einen Ätherleib, und ihr Bewußtsein kann so weit herabsteigen, daß sie Pflanzen wahrnehmen. So versteht sich ihre enge Beziehung zur Pflanzenwelt, vor allem bei den niederen Devas.

Glaubt man Steiner, so werden die Menschen in der Zukunft das Bewußtsein von Engeln entwickeln. Bis dahin sind die Engel die Geister, die dem Menschen helfen, seinen Astralleib bis zu dem Punkt zu transformieren, an dem er unter der Kontrolle «seines unsterblichen Selbst, seines wahren Ichs» steht.

In dem unaufhörlichen Kampf des Menschen, den Gnadenzustand vor dem Sündenfall wiederzugewinnen, hat er nichts nötiger als die beständige Hilfe eines persönlichen Engels, der für ihn sorgt, bei ihm ist und ihn behütet.* So drückt es Peter Lamborn Wilson aus.

Der persönliche Engel eines Menschen wacht über dessen Gedächtnis, «weckt Erinnerungen an frühere Erdenleben der Seele und sorgt damit für ein ständiges Streben dieser Seele von Leben zu Leben, so daß die einzelnen Leben keine Episoden sind, sondern Stationen eines Weges bis hin zum einzigen Ende».

Doch der Beistand der Engel besteht nicht darin, dem Menschen ihren Willen aufzuzwingen. Ein Schutzengel ist darauf programmiert, sich niemals in den freien Willen des Menschen einzumischen. «Er ist der Hellseher, der dem Nicht-Hellsehenden bei allen psychischen und physischen Versuchungen und Gefahren beisteht.»

Eine weitere Aufgabe des Schutzengels ist es, seinen Schützling vor dem Zorn des Himmels zu bewahren. Er wird dann zum Anwalt dieses Menschen, verteidigt ihn oder sie wie eine Mutter ihr Kind, ganz gleich, ob dieser Mensch gut oder schlecht ist. Deswegen, so behauptet Wilson, werden Schutzengel in der

---

* In der Bibel wird die Zeit vor Luzifer als die paradiesische Zeit beschrieben. Für Steiner war die Ursache für den Sündenfall und die damit verbundene Vertreibung aus dem Paradies der Abstieg der Menschen aus diesen außerirdischen Regionen hinunter in die Welt, wo sie bald durch die vielen Sinneseindrücke in Verwirrung gerieten.

Volkskunst immer als weibliche Flügelwesen dargestellt. Und dies ist auch der Grund für die Bezeichnung «Regina angelorum» für die Jungfrau Maria. «Stelle dir deinen Engel wie eine über dir schwebende, leuchtende Wolke mütterlicher Liebe vor; nur von dem einen Wunsch getrieben, dir zu dienen und dir nützlich zu sein.»

Während für Swedenborg, Blake und Goethe die Welt der Engel so real wie jede andere war, beschrieb um die Jahrhundertwende Rudolf Steiner diese geistige Welt von seinem eigenen hellseherischen Standpunkt aus. Für ihn waren diese Wesen so real wie Menschen. Er wollte damit zeigen, daß man die Schwelle vom Stofflichen zum Übersinnlichen überschreiten kann, um als erstes mit den Elementalen zu kommunizieren und dann mit den Geistwesen in ihren ansteigenden Rangordnungen und Funktionen innerhalb des gesamten Kosmos.

Laut Steiner kann jeder Zugang zu dieser Welt finden, und zwar im Stadium eines bewußten Schlafs: «Sobald wir unsere Astralkörper aus unseren stofflichen und ätherischen Körpern herausziehen, sind wir nicht mehr ohne Bewußtsein. Unsere Umgebung ist dann aber weder physisch geprägt noch die Welt von Naturgeistern, sondern eine andere, viel geistigere Welt, eine neue Ordnung von Geistwesen, die über die Natur und alle Geister befiehlt.»

Die von ihm geschilderte Welt besteht oberhalb der Engel aus acht weiteren Ebenen von Geistwesen. Sie erhalten nicht nur das Sonnensystem aufrecht, sondern sind für die ganze Schöpfung verantwortlich, je nach ihrem Rang. Auch haben die Aufgaben dieser Hierarchien durchaus etwas mit den Menschen der Zukunft zu tun. «Sobald die Menschen reif genug geworden sind und ihre inneren Fähigkeiten entwickelt haben, werden sie allmählich auch die Richtung der Aktivitäten der Natur selbst bestimmen können.»

13 Hierarchien

Die wichtigste westliche Quelle zu den Hierarchien der Engel und Erzengel wird einem begabten jungen Athener zugeschrieben: Dionysios Areopagita. Er hatte Platons Werke studiert und wurde zum Weggefährten des Paulus. Den Lehren Steiners zufolge befand sind Dionysios zur Zeit der Kreuzigung Jesu im ägyptischen Heliopolis. Später half er Paulus bei der Gründung einer esoterischen Schule in Athen, die jahrhundertelang das Christentum beeinflussen sollte. Steiner geht sogar so weit zu behaupten, daß Dionysios als Eingeweihter den Weg für die Rosenkreuzer bereitet hat. Das spätere westliche esoterische Wissen und seine Ausübung gingen genauso auf Dionysios zurück wie «viele der tiefsten Gedanken der führenden Gelehrten und Meister des Mittelalters».*

Dionysios war bis in seine neunziger Jahre hinein der Lehrer einer kleinen Gemeinde auserwählter Schüler. Laut Steiner lehrte er sie, daß der Raum nicht nur mit Materie angefüllt ist, sondern «auch aus mehreren Reichen von Geistwesen besteht, die alle viel weiter entwickelt sind als der Mensch». Diese Wesen unterteilte Dionysios in drei Hierarchien, denen er wiederum drei Ebenen zuschrieb. Seine unterste Hierarchie, die von ihm so genannte Dritte Hierarchie, bevölkerte er mit Engeln, Erz-

---

* Dabei ist es unerheblich, ob Steiner recht hat, wenn er – offensichtlich aufgrund seines Studiums der Akasha-Chronik – den bedeutendsten Text in der Geschichte der Engelskunde, *Über die Hierarchie der Engel und der Kirche,* einem Zeitgenossen des Apostels Paulus zuschreibt oder ob andere Gelehrte richtiger liegen, die darin das Werk des später lebenden Pseudo-Dionysius, eines Neuplatonikers, sehen. Wichtig ist allein der Text selbst.

engeln und Fürstentümern, Archai, («Urbeginne», Geister der Persönlichkeit); die nächsthöhere, die Zweite Hierarchie, mit Mächten, Kräften und Herrschaften, die er Exusiai («Gewalten», Geister der Form), Dynameis («Kräfte», Geister der Bewegung) und Kyriotetes («Herrschaften», Geister der Weisheit) nannte. In der höchsten – der Ersten – Hierarchie sah er Throne (Geister des Willens), Cherubim und Seraphim. Für Steiner stand fest, daß Dionysios sich auf die gleichen Geistwesen bezog, die Jahrtausende zuvor die Rishis – von den Veden inspirierte Weise oder Seher – beschrieben hatten. Diese neunfache Himmelshierarchie fand ihren bildlichen Ausdruck in den Skulpturen am Südportal der Kathedrale von Chartres und ihren poetischen Niederschlag in Dantes *Göttlicher Komödie*. Steiner machte sie zu Beginn des 20. Jahrhunderts rational verständlich, indem er die Rolle und die Aufgabe dieser Geistwesen beschrieb, wenn sie in immer feineren und immer mächtigeren Geistkörpern aufsteigen bis hin zum Ursprung, zum Göttlichen.

Engel und Erzengel, die Angehörigen der untersten, der Dritten Hierarchie des Dionysios, sind Botschafter, die ihrer Aufgabe nicht eigenmächtig nachgehen, sondern den Befehlen der höheren Hierarchien gehorchen. Und während Erzengel und Fürstentümer niemals Irrtümern unterliegen, da sie «vom Wesen her unfähig sind, von sich aus dem Übel zu verfallen», dürfen Engel aufgrund ihrer Verbindung zum Menschen Fehler machen. Dies gehört zum Prozeß des Menschen, einen freien Willen zu entwickeln.

Die Steinerschen Wesen der Dritten Hierarchie sind «erfüllt vom Geist der höheren Hierarchien, von denen sie beherrscht werden und Befehle erhalten». Die Engel der Dritten Hierarchie waren ursprünglich und in ihrem tiefsten Innern nicht so selbständig wie wir Menschen und konnten deshalb kein Unrecht tun. Sie waren Werkzeuge oder Automaten einer höheren Macht, deren Autorität sie in ihrem Innern spürten. Dadurch hatten sie den Wunsch, diesen höheren Willen zu erfüllen und sichtbar zu machen. Im Gegensatz zu den Menschen, die ihre Gedanken und Gefühle für sich behalten können, ist dies den

Mitgliedern der Dritten Hierarchie nicht möglich. «Jeder Gedanke zeigte sich sofort. Sie konnten nicht lügen oder gegen ihre Natur unehrlich sein: Die Gedanken und Gefühle mußten mit ihrer Umgebung in Harmonie sein.»

Dann geschah etwas ganz Außergewöhnliches. Steiner sagt es so: «Es gab Engel, Angehörige der niedrigsten Hierarchie, die ihr eigenes Wesen verneinen wollten. Sie wollten ein eigenes Innenleben entwickeln, unabhängig werden von den Wesen der höheren Hierarchien und in ihrer Seelennatur Erfahrungen machen, die sie nicht nach außen preisgeben mußten.» Das rief die luziferischen Wesen hervor, sagt Steiner, die mit ihrem eigenen Wesen erfüllt sein wollten. Doch sie taten damit der Menschheit einen Dienst; machten sie es doch dadurch den Menschen möglich, ebenfalls ein eigenes, unabhängiges Leben zu entwickeln. Von nun an konnten sie selbst wählen, ob sie sich in Versuchung führen ließen oder nicht, und sie konnten freiwillig lieben und nicht unter Zwang.

Bevor Luzifer seinen Einfluß ausübte, machte die menschliche Seele nur das, was von höheren Geistwesen beabsichtigt war. Gäbe es keine Versuchung – so wird immer wieder erklärt –, hätte der Mensch nicht die Möglichkeit, dem Übel auszuweichen. So spielt Luzifer also eine wichtige Rolle im Leben der Menschen. «Die Götter», sagt Steiner, «sahen voraus, daß es niemals freie, eigenverantwortliche Wesen geben würde, wenn sie weiterhin die Menschen in der bisherigen Form erschaffen würden. Zur Erschaffung solcher freier Wesen mußte es den Gegnern möglich gemacht werden, sich im kosmischen All gegen sie zu erheben.» Steiners Meinung nach sollte man den Ursprung des Bösen nicht in den sogenannten bösen, sondern in den sogenannten guten Wesen suchen.

Sobald die luziferischen Engel ihren Zweck erfüllt haben werden, erhalten sie wieder den Status guter, wohlmeinender Engel. Erstaunlicherweise kann Steiner sogar sagen, wann dies geschehen wird: im Jahre 14000 oder 15000 des christlichen Zeitalters. Dies ist ihm möglich, weil die Akasha-Chronik ihm die Sicht in die Zukunft wie in die Vergangenheit erlaubt. Die dem Ahriman – dem «Argen Geist», Zwillingsbruder des Heiligen Geistes – zugehörigen Wesen erfüllen die Aufgabe, den Menschen zu materialistischem Denken zu verführen. Haben sie diese Aufgabe, die dem Menschen bei seiner Entwicklung hin zur Freiheit dient, abgeschlossen, kehren auch sie zu den Hierarchien zurück, aus denen sie im Verlauf der Erdentwicklung vertrieben wurden.

So bleiben eines Tages nur noch die nicht-luziferischen, nicht-ahrimanischen Engel übrig. Zusammen mit den Erzengeln und den Fürstentümern werden sie – nach Ansicht der okkulten Philosophie – der Menschheit helfen, höhere Entwicklungsstadien zu erreichen. Denn ohne ihren Beistand ist dies den Menschen nicht möglich.

Was von den Mitgliedern dieser Dritten Hierarchie für die Menschheit getan wurde, betrachten die Anthroposophen vor allem als Arbeit an der menschlichen Seele und vergleichen diese mit der Tätigkeit eines Lehrers. Steward C. Easton schreibt in seinem lesenswerten Überblick *Man and the World in the Light of Anthroposophy* («Der Mensch und die Welt im Licht der Anthroposophie»), daß der Engel ganz genau die Entwicklung einer einzelnen Seele beobachtet: «In Wirklichkeit hat jeder von uns sein eigenes Selbst. Dies ist nicht im normalen Bewußtsein verankert, sondern liegt im Verborgenen. Es ist das Bemühen des Engels, dieses Selbst zu beschützen und es uns in gewissen Augenblicken zu enthüllen.»

Adam Bittleston ist ordinierter Priester der Christian Community, einer auf der ganzen Welt verbreiteten Religionsgemeinschaft, die sich an der Steinerschen Philosophie orientiert, sich aber von der Anthroposophischen Gesellschaft getrennt hat. Bittleston sagt von den Engeln, daß sie für jedes menschliche Individuum sorgen und die menschlichen Seelen in die verschiedenen Kulturstufen begleiten. Die Erzengel gestalten diese Kulturstufen so, daß jeder die nötige Erfahrung machen kann, wo immer sich seine Inkarnation auch vollziehen mag. Die Erzengel beschäftigen sich nicht mit dem einzelnen Menschen, behauptet Bittleston, sondern sorgen für Harmonie in größeren

Gemeinschaften – zwischen den Völkern, den Rassen und so weiter. Sie sind Teil der Entwicklung einer Nation und kümmern sich vor allem um Künstler, Denker und Reformer. «Doch weil der Mensch auf sein eigenes Denken so stolz ist, wird der Engel in seinem Wirken behindert. Nationalstolz blockiert die Arbeit des Erzengels völlig, und es entsteht nur noch eine Karikatur desselben.» Statt einen gesunden Nationalgeist zu fördern, «machten die Engel Luzifers aus dem ganz normalen Wunsch, sich mit seinen eigenen Landsleuten zu verbünden, den üblen Nationalismus», sagt Bittleston.

In einer Welt, in der ein Dreißigjähriger Krieg, ein Hundertjähriger Krieg, zwei Weltkriege und immer neue Völkermorde möglich sind, ist ein heftiger Kampf um die Erleuchtung des menschlichen Geistes zwischen Luzifer und den Erzengeln im Gange. Nach Steiners Meinung ist noch unentschieden, wie die Begegnung für die Menschen ausgeht, vor allem, wenn wir es weiterhin ablehnen, an das Eingreifen der Engel zu glauben. Zu seinen schrecklichsten Prophezeiungen gehört ein großer Krieg «aller gegen alle».

Dem gegenüber steht die positive Aussage Bittlestons: «Der Erzengel ist für den Engel wie ein Bruder. Seine Erinnerung reicht sehr viel weiter in die Vergangenheit, und er hat seinem jüngeren Bruder oft von dem damaligen Glanz und der damaligen Großartigkeit erzählt.» In einer anderen Analogie vergleicht Bittleston die Engel mit ruhig fließendem Wasser, die Erzengel mit den sanften Himmelslüftchen und die Fürstentümer mit den Feuergeistern, die Liebe entfachen und reinigen und deren Leiber nur in Flammen wahrzunehmen sind. Das griechische Wort «Archai» kann man mit «Fürsten» oder besser «Urbeginne» übersetzen. Steiner nennt sie «Geister der Persönlichkeit». Sie sind die am höchsten stehenden Angehörigen der Dritten Hierarchie und bilden die verschiedenen Kulturstufen. Sie erwecken im Menschen das «Selbstbewußtsein», damit der einzelne sich zu einer Persönlichkeit auf Erden entwickelt. Bittleston sagt es so: «Die Archai haben nur das eine glühende Verlangen, den Menschen zu freiem Verstehen und freiem

Handeln zu erwecken. Ganz zu Anfang empfindet sich der Mensch lediglich als Teil einer Stammesgemeinschaft, dann durchläuft er verschiedene Stadien, in denen er von außen einen Status aufoktroyiert bekommt, bis hin zum Freiheitserwachen. Dann erst kann er Sinn und Zweck seines Lebens selbst bestimmen.»

Und so wie die Erzengel darum wetteifern, daß alle Staaten sich ihnen anvertrauen, um miteinander einen großen Chor zu bilden, in dem jeder seine Stimme im Gleichklang mit den anderen hören läßt, so wollen die Archai, daß jedes Zeitalter eine eigene Rolle in der Gesamtentwicklung des Menschen spielt – von den allerersten Anfängen bis hin zur Erfüllung der Geschichte. «Das Ewige im Zeitlichen suchen», fügt Bittleston den Steinerschen Ausführungen hinzu. «Die Archai bereiten sich auf die Aufgabe vor, die vor ihnen liegt, wenn das Universum zu Ende sein wird. Sie steigen dann in den Rang von Weltenschöpfern auf und schaffen aus dem Unsichtbaren einen neuen Himmel und eine neue Erde – in Übereinstimmung mit den Zielen noch größerer Mächte.»

Wie Steiner in seinem Werk *Die Geheimwissenschaft. Ein Aufriß* zeigt, ist das Ziel der Weltenschöpfermächte mit ihrer extrem komplexen Hierarchie von Geistwesen nichts anderes als die Erschaffung der Menschheit und einer Umwelt, die dem einzelnen Menschen im Laufe der Evolution schließlich hilft, frei zu werden. «Die Vorbereitung auf diese Entwicklung bedeutet für die hierarchischen Wesen eine gewaltige aufopferungsvolle Anstrengung, in deren Verlauf sie sich selbst nach oben entwickeln.»

Für Steiner wird die eigentliche «geistige Substanz» des Weltalls, sein «Welt-Äther», von den verschiedenen Bewußtseinsstadien der hierarchischen Wesen aus der ursprünglichen geistigen «Wärme» erzeugt. Der von kosmischen Höhen auf die Erde strahlende Welt-Äther, sagt Steiner, ist in seiner Essenz eine gedankenbildende Kraft, eine Manifestation des Bewußtseins hierarchischer Wesen auf verschiedenen Ebenen; denn es gibt im Universum nichts anderes als Bewußtsein. Als die Hierarchien die Erschaffung der Erdenwesen planten, mußten sie sich erst einmal vor ihnen verbergen und sich selbst aufgeben, während sie die aus dem Welt-Äther stammende Materie schufen. Den aus den vier verschiedenen Äthern (Wärme, Licht, Chemie und Leben) bestehenden Welt-Äther und die vier Elemente (Feuer, Luft, Wasser und Erde) schickten sie dann «hinunter ins irdische Reich, so daß die Ätherleiber der vielgestaltigen Kreaturen der Naturreiche geschaffen werden konnten».

Das Feuer wird als Quelle aller anderen Elemente der kosmischen Hingabe der «Throne» oder Geister des Willens zugeschrieben. «Die Throne erreichten einen solch hohen Entwicklungsstand, daß sie die Wärme aus ihren eigenen Körpern strömen lassen konnten – wie Seidenraupen aus ihren Körpern einen Faden spinnen.» Ohne die Throne, sagt Steiner, würde es überhaupt keine physische Welt geben. Als ihre Nachkommen erzeugten sie die Geistwesen, aus denen wiederum die Devas der Mineralien wurden. Mit ihren ausdauernden und bewahrenden Kräften und aufgrund ihrer Herkunft haben sie einen hohen Bewußtseinszustand erreicht, wie Hodson rasch entdeckte. Und Steiner erklärt weiter: «Die Farben der Blüten und Blätter leuchten stark, vergehen aber auch; das Rot des Karneols und das Grün des Smaragds jedoch bleiben bestehen, solange es die Erde gibt.»

Aufgrund ihres hohen Bewußtseinszustandes können diese feinen Geistwesen nicht direkt auf der Materieebene wirken. Deshalb müssen Engel, Erzengel und Fürstentümer, die Archai, die Angehörigen der Dritten Hierarchie, sich an die Naturgeister wenden. Diese sind dafür gerüstet, direkt mit den vier Äthern auf der Erde umzugehen und so alle Kreaturen und Geschöpfe und durch diese die materielle Welt zu erschaffen. Während die Devas der Mineralien, Pflanzen und Tiere also von der Ersten und der Zweiten Hierarchie abgegrenzt wurden, wurden die Naturgeister von der Äthersubstanz der Dritten Hierarchie ausgeschieden. Aus dem Lebensäther der Archai entstand eine Unzahl von Erdgeistern; aus dem Chemie-Äther entsandten die Erzengel ganze Legionen von Wassergeistern;

dem von den Engeln geschaffenen Licht-Äther entströmten die Luftgeister in hellen Scharen. Die Feuergeister oder Salamander sollen dem von den Tierdevas ausgeschiedenen Wärme-Äther entstammen. Diese Devas wiederum haben sich von den Dynameis der Zweiten Hierarchie losgelöst.*

Doch alle diese von der Dritten Hierarchie stammenden Wesen sollten – Steiner zufolge – eigentlich nicht Naturgeister genannt werden; denn sie haben – jedenfalls noch – keinen Geist, sondern nur einen Körper und eine Seele. (Mit «Seele» meint er einen Astralleib und mit «Geist» ein gegenwärtiges, noch nicht entwickeltes Ego.) Er schlägt statt dessen die Bezeichnung «sehr nützliche Elementale oder Elementalwesen» vor. Und sehr nützlich scheinen sie wirklich gewesen zu sein – und sind es noch; denn sie helfen ihren hiearchischen Schöpfern immer noch und unverzüglich. Da sie jedoch über kein eigenes Ego verfügen, müssen diese Wesen von vermittelnden Unterengeln der Astralebene, den Devas, kontrolliert werden. Diese Aufsichtsgeister haben zu gewährleisten, daß die egolosen Elementalen den von den höheren Schöpferhierarchien aufgestellten Plan auch richtig erfüllen. Die Ätherleiber dieser Astraldevas (oder «Gruppenseelen») werden – in Steiners Vorstellung – direkt vom Welt-Äther genauso geformt wie die Körper der «sehr nützlichen Elementalen».

Doch noch war ein weiterer wichtiger Schritt nötig, um die Ätherleiber aller dieser lebenden Organismen zu erschaffen: eine ganz besondere Selbstaufopferung eines jeden dieser «sehr nützlichen Elementalen». In Übereinstimmung mit der von der hierarchischen Idealvorstellung geschaffenen und über die Devas weitergegebenen Blaupause müssen sich die «sehr nützlichen» Elementalen selbst (bzw. ihr Bewußtsein) in die zu erschaffende Materieform hineinhypnotisieren oder – «zaubern». So ist es

* Laut Steiner können manche Salamander auch von abgetrennten Teilen von Tiergruppenseelen stammen, die sich zu weit in die physische Welt hineinwagen und dann stark an einen Menschen gebunden sind. Als Beispiele nennt er Pferd und Reiter, Schaf und Schafhirt, aber auch Haus- und Schmusetiere jeder Art und ihre Besitzer.

ihnen möglich, jede beliebige irdische Form zu materialisieren und diese auch zu erhalten.

Steiner beschreibt den fraglichen Prozeß so, daß diese Elementale mit ihren Astralleibern auf der Astralebene bleiben, ihr Bewußtsein sich aber in ihre physischen Schöpfungen verzaubert. Statt «verzaubert» oder «verwandelt» benutzt Steiner oft auch die Worte «verhext», «verdammt», «gefangen» oder «angekettet». Damit drückt er die Opferhandlung aus, die von den vier Gruppen der elementaren Wesen freiwillig vollzogen wird, um eine irdische stoffliche Gestalt anzunehmen und zu behalten.

Solange das Elementale verzaubert bleibt, muß auch die physische Form erhalten bleiben. Die Wesen verharren so lange in dieser Verzauberung, bis sie ihre Aufgabe an dem bestimmten Organismus erfüllt haben. Dann übergeben sie die Arbeit an ein anderes Elementalwesen. Diese Ver- und Entzauberungen können täglich und in regelmäßigen Abständen auftreten. Doch im allgemeinen versuchen die vom Zauber erlösten Elementalwesen in die Materie zurückzukehren.

Elementale werden offenbar ständig in Luft verzaubert. Und wenn die Luft in einen flüssigen Zustand transformiert wird, werden sie in niedrigere Existenzformen verhext. Eine Verzauberung von Geistwesen ist immer verbunden mit Kondensation und Formung von Gasen und Feststoffen. Zum Aufbau der ätherischen Körper aller von den Schöpfermächten – den Hierarchien – geplanten Spezies waren neben einer großen Menge ätherischer Substanzen sehr viele Elementalwesen nötig, die bereit waren, sich zu opfern und sich auf die Erde schicken zu lassen – gefangen im Feuer, in der Luft, im Wasser, in der Erde.

So werden die Naturgeister – die «sehr nützlichen Elementalwesen», die Nachkommen der Dritten Engelshierarchie – unter der Kontrolle von Devas zu Baumeistern im Reich der Natur. Ihr ganzes Sein verwandelt sich in alle möglichen irdischen Formen und lebt verzaubert in Gegenständen und Kreaturen, bis der physiologische Prozeß in einem Organismus beendet ist und die Kreatur oder der Gegenstand entweder zugrunde geht oder sich auflöst und damit das Elementalwesen befreit.

Da die verschiedenen Naturreiche sich auf der Erde physisch manifestierten, wurden immer mehr elementale Wesen zum Aufbau der ätherischen Körper aller von den Schöpfermächten geplanten Arten benötigt, die ohne sie gar nicht existieren konnten.

Alle irdischen Kreaturen, aber auch die nicht belebten Wesen hängen vom Opfer der Elementalwesen ab, behauptet Steiner. Diese müssen sich ständig selbst verzaubern und wieder entzaubern, um die zahllosen Materialisationen und Dematerialisationen hervorzubringen. Ohne sie gäbe es kein irdisches Phänomen, ohne sie wäre kein Lebewesen in der Lage, zu existieren; es könnte sich selbst nicht erhalten und müßte sterben.

Außerdem, sagt Steiner, müssen endlos viele ätherische Körper mit «physisch und sinnlich wahrnehmbarer Wesenhaftigkeit» angefüllt werden. Dies geschieht durch zahllose, rasch aufeinanderfolgende Verzauberungen und Entzauberungen, wozu sehr, sehr viele hierzu bereite Elementalwesen nötig sind. Diese Bereitschaft der Elementalwesen, sich ständig in eine Verzauberung zu begeben und wieder aus ihr herauszukommen, erklärt Steiner damit, daß sie wie alle Geistwesen der Evolution unterliegen und in ihre geistige Heimat zurückkehren und von ihren Schöpferhierarchien wieder aufgenommen werden können. Um dies zu erreichen, versuchen sie den Hierarchien möglichst zu gefallen, indem sie «ihnen Kenntnisse von der Erde bringen».

Steiner sagt auch, daß Götter, und damit meint er die Mitglieder der Hierarchien, genauso von der Welt abhängen, wie die Welt von ihnen abhängt.

Aus spiritistischer Sicht erlangen Salamander durch zahllose Ver- und Entzauberungen eine höhere Entwicklung. Doch nicht nur die Feuergeister, sondern auch Luft- und Wassergeister scheinen Freude zu empfinden, wenn sie ihr Leben opfern, um von ihren ursprünglichen Hierarchien wieder aufgesogen zu werden, in denen sie unendlich lange existieren können. Steiner erklärt dies so: «Undinen und Sylphen – Wassergeister und Luftgeister – haben das Bedürfnis zu sterben. Sie spüren ihr Dasein nur, wenn sie sterben. Sterben ist für sie nichts anderes als der Beginn des Lebens, wenn sie aus der irdischen Materie ausströmen und sich selbst den höheren Wesen als Nahrung anbieten.»

Steiners Vision gestattet ihm eine poetische Beschreibung der letzten Stadien und der Selbstopferung seiner «sehr nützlichen elementalen Wesen». Wenn im Sommer die Meere – etwa die Ostsee – zu «blühen» anfangen, wie die Seeleute es nennen, und die Fische vor Hitze sterben und einen ganz besonderen Fäulnisgeruch abgeben, dann sind die Wassergeister in ihrem wahren Element.

«Dieser Zustand ist für die Undinen nicht unangenehm; denn das Meer bekommt für sie ein wunderschönes, phosphoreszierendes Farbenspiel in allen Schattierungen von Blau, Violett und Grün. Der totale Zerfall im Meer zeigt sich im Schimmern und Glühen dunklerer Farben, das im Grün endet.» Die Undinen nehmen diese Farbe in sich auf, phosphoreszieren selbst, haben das Verlangen, hochzuspringen, sich in die Luft zu erheben und sich als irdische Substanz den höheren Hierarchien, den Engeln, Erzengeln und so weiter anzubieten. In dieser Aufopferung erfahren sie Freude, heißt es, und leben weiter innerhalb der höheren Hierarchien.

Sogar der Gesang der Vögel steigt spirituell hinauf in die Weiten des Raums, «um den höchsten der Geisthierarchien, den Seraphim, Nahrung zu geben, die den Gesang auf die Erde zurückschicken und die Menschen damit segnen».

Zur gleichen Zeit füllen sterbende Vögel die Luft mit Astralsubstanz. Diese würden sie zwar gern den höheren Hierarchien zukommen lassen, um sie von der Erde zu befreien, doch dafür bräuchten sie einen Vermittler.

«So schweben die Luftgeister in dieser Astralsubstanz, nehmen sie auf, sobald sie von den sterbenden Vögeln abgegeben wird, und tragen sie hinauf in die höchsten Höhen, wo sie von den Wesen der hohen Hierarchien aufgesogen wird. Dabei flitzen die Sylphen wie Blitze durch die Luft und nehmen in diese blau leuchtenden, dann grün und rot werdenden Blitze die Astralsubstanz auf und fliegen wie Pfeile hinauf, wo sie von den hierarchischen Wesen inhaliert werden und die Unsterblichkeit erleben.»

Dies alles ist in der Tat ein Lebenskarussell, das sich zu Sphärenmusik dreht, ein Rundtanz von grandiosem Ausmaß.

14 Superhierarchien

In Steiners Himmelssinfonie haben sich die Hierarchien in einer absteigenden, verdichtenden Sequenz auseinander entwickelt. Die höchste Ordnung, die Erste Hierarchie – bestehend aus Seraphim, Cherubim und Thronen –, ist aus dem Urelement «Wärme» zusammengesetzt und bringt die Vertreter der Zweiten Hierarchie hervor. In dieser sind Kyriotetes, Dynameis und Exusiai versammelt. Sie verdichten die Wärme zu Licht und Schatten; beides wird durch die Luft verkörpert. Daraus entsteht die Dritte Hierarchie. Sie ist süchtig nach wirklicher Dunkelheit (nicht nur nach Schatten). Also läßt sie die Dunkelheit entstehen, die mit dem Licht spielt und den Farbenzauber hervorruft. Aus dessen Reflexion wiederum geht das Element Wasser oder der Chemie-Äther hervor. Mit der letzten Verdichtung entsteht Erde und daraus das Leben.

An diesem Punkt führt die Entwicklung, die die «sehr nützlichen elementalen Wesen» durch das «Ablösen» von Teilen der hierarchischen Wesen mit Hilfe der Devas durchmachen, zu einem ununterbrochenen Schöpfungsprozeß. Er breitet sich über die ganze Erde aus und erfüllt das Mineralien-, Pflanzen- und Tierreich.

Mit dieser Entwicklung des Planeten eng verbunden sind die von Steiner so genannten «Geister der Zeitzyklen». Wie die Devas der Mineralien sind sie direkt aus den Mitgliedern der höchsten Hierarchie, den Thronen oder Geistern des Willens, hervorgegangen. Sie sorgen dafür, daß die niederen Naturgeister das ganze Jahr über genügend Arbeit haben, und bringen den verschiedenen Erdregionen die unterschiedlichen Jahreszeiten. Diese Bewacher der Zeitzyklen sind angeblich auch dafür verantwortlich, daß unser Planet sich um seine Achse dreht und um die Sonne wandert. Dabei sorgen sie nicht nur für den Wechsel von Tag und Nacht, sondern auch für die Jahreszeiten und – zusammen mit weiteren rhythmisch verlaufenden Wiederholungen zeitlicher Ereignisse – für das Wachsen und Sterben von Pflanzen und Tieren.

Unter ihrer Kontrolle verbreiten sich unzählige Elementale über die ganze Erde. So können alle vier Gruppen die stoffliche Gestalt des Wetters erschaffen: Die Wassergeister machen den Regen, die Feuergeister lassen das Wasser verdunsten, die Erdgeister formen es zu Schneeflocken und Hagelkörnern.

Ähnlich den Architekten, die dem Vorarbeiter Anweisungen geben, der sie an die einzelnen Bauarbeiter weitergibt, müssen die Geister der Zeitzyklen ihre Befehle an die Pflanzendevas weitergeben. Sie brauchen genaue Anweisungen oder Blaupausen, um ihre Nachkommen – einzelne Pflanzen in ätherischen Körpern – hervorzubringen. Und so wie die Ätherleiber aller Naturgeister den Ätherleib der Erde formen – immer aus der Sicht der Hellseher –, so wimmelt der Astralleib der Erde von Geistern der Zeitzyklen. Es ist diese Welt, in die das eigene Ego und der eigene Astralleib fallen, während wir schlafen, und es sind diese Geister, auf die wir dann stoßen – wenn das Ego wach genug dafür ist. Ist unsere Entwicklung in ausreichendem Maße vorangeschritten, sagt Steiner, «spüren wir nicht nur, wie wir in die Welt der Geister der Zeitzyklen ausgegossen werden; wir fühlen uns eins mit dem ganzen Individualgeist des Planeten». Dessen Ego, so schreibt Steiner weiter, hat seinen Sitz im Mittelpunkt unseres Planeten und besteht aus den Egos aller Pflanzen der Erde.

Die eigentliche Äthergestalt des Planeten ist offenbar aus der Äthersubstanz der Exusiai, der Geister der Form, modelliert – so, wie Michelangelo eine Statue aus Ton geformt haben mag. In diesem okkulten Sonnensystem hat jeder Planet seinen eigenen Geist der Form. Er wird von der Sonne angetrieben. Aufgabe dieser Geister ist es, einzeln oder gemeinsam die Blaupausen der gesamten Äthersubstanz im Sonnensystem herzustellen.

Für den Okkultisten ist die Erde in ihrer physischen Gestalt niemals in Ruhe, sondern in einem Zustand ständiger Bewegung und Veränderung. Sie hat auch ein Bewußtsein, und ihr inneres Wesen wird von den Kyriotetes, den Geistern der Weisheit, bestimmt, ihre innere Unruhe jedoch von den Geistern der Bewegung, den Dynameis. Den Impuls, durch den Raum zu wandern, erhält sie von den Geistern des Willens, den Thronen, den niedersten Mitgliedern der Ersten Hierarchie. Sie sorgen auch für die Bewegung der Erde und lassen sie um unseren Fixstern, die Sonne, rotieren.

Wie sich hinter dem Ätherleib der Menschen seine Astral-, Mental-, Kausal- und Ego-Körper befinden – sagt Steiner –, so ist unser Planet eingehüllt in Schalen aus feineren Geistwesen, die seine feinstofflichen Körper bilden: den Ego-, den Buddhi- und den Atman-Körper. Diese Schalen stellen die weiter aufgestiegenen Geister der Bewegung, der Weisheit und des Willens, aber auch die noch feineren Cherubim und Seraphim der Erde zur Verfügung. Indem diese geistigen Hierarchien alle zusammenarbeiten, beherrschen und leiten sie die menschliche Entwicklung. Doch sie sind vermutlich so fein und so verschieden von allem, womit die Menschen sich normalerweise beschäftigen, «daß man – durch Vergleich und Analogie – nur eine leise Ahnung von ihnen bekommen kann».

Die Wesen der Zweiten Hierarchie – Exusiai, Dynameis und Kyriotetes – haben sich als Hauptwohnsitz die Sonnensphäre erkoren. Steiner sieht in ihnen die Schöpfergeister, die weiträumig und über lange Zeitläufe die Dinge beleben und Lebendes transformieren. Die Kyriotetes sind die großen Organisierer, die Dynameis führen ihre Befehle aus, und die Exusiai bewahren und erhalten das Geschaffene. Für Steiner sind die Exusiai oder Geister der Form das gleiche wie die hebräischen Elohim (Plural von Eloha) oder Gott, dessen Werk in der biblischen Genesis als die «sechs Tage der Schöpfung» beschrieben wird. Steiner meint damit «die Gesamtheit der geistigen Intelligenzen, durch deren Vermittlung alle Welten und alle Dinge geplant werden, die auf allen Ebenen ihre Manifestation finden. Dies geschieht, sobald die Idealvorstellung in die kosmische Substanz eingeprägt wird.»

Steiner behauptet, daß die Wesen der Zweiten Hierarchie nicht nur ihr Selbst schöpferisch manifestieren, wie dies die Wesen der Dritten Hierarchie tun, sondern daß sie noch weitergehen: «Sie lösen sich von dem, was sie erschaffen, so daß dieses als ein unabhängiges Wesen existiert.» Diese von den Wesen der Zweiten Hierarchie abgelösten Wesen sind die Gruppenseelen oder Devas. Sie beleben und durchdringen die Wesen des Pflanzen- und Tierreichs. Bei den Tieren hat jede Art einen physischen, ätherischen und astralen Körper, aber kein «Ich». Statt dessen verfügt jedes Tier über ein Gruppen-Ich oder eine Gruppenseele, über «ein wirkliches Sein, klüger als der Mensch». Dieses hat seinen Sitz auf der Astralebene, von wo es die einzelnen Tiere dieser Erde durch ihren Instinkt leitet. Andere Hellseher behaupten, daß Säugetiere und Vögel ein Ego entwickeln können. Dieser Meinung schließt sich Steiner in dem Maße an, daß eine solche Entwicklung etwa bei einem Pferd, einem Hund oder auch einem Papageien durch die enge Bindung an den Menschen möglich sei. Pflanzen verfügen weder über einen Astralleib noch über ein Ich. Sie haben ihre Gruppenseele auf der nächsthöheren Stufe, dem niederen Devachan. Mineralien, als die letzten, die sich im Laufe der Erdgeschichte verdichteten, haben ihr Gruppen-Ich auf einem höheren Devachan. Für Okkultisten ist der stoffliche Körper eines Minerals nichts anderes als ein von seinem Ätherleib umgebener Hohlraum, der im Innern von außen wirkt; sein Astralkörper strahlt durch den Ätherleib hindurch in den Kosmos, von wo sein Gruppen-Ich von den Devachans zurück- und hineinfließt.

Bei der Entstehung der Mineralien auf der Erde spielt auch der Einfluß von Planetengeistern eine Rolle. Hiervon sind die verschiedensten Planeten betroffen, was bereits Paracelsus völlig klar war. Von einzelnen Planeten fließen ganze Ströme ätherischen Lebens auf die Erde herunter und durchdringen die verschiedenen irdischen Mineralien mit «innerem Sein». Saturn durchdringt das Blei mit diesen Ätherströmen, das gleiche macht

Jupiter mit Zinn, Mars mit Eisen, Venus mit Kupfer und Merkur mit Quecksilber. Das Silber wird vom Mond beeinflußt, das Gold von der Sonne. Die wirklichen, von den Mineralien angenommenen Formen werden vermutlich von den Exusiai, den Geistern der Form, bereitgestellt. Feiner differenzierte Substanzen in der Mineralienwelt entstehen durch das Wirken der Gruppenseelen der Mineralien, Nachkommen der göttlichen Wesen. Mit ihren Strahlen verwandeln sie die Mineralien von außen auf alle nur denkbare Arten.

Ein anderes von der spiritistischen Wissenschaft erhelltes Gebiet ist der Einfluß, den die verschiedenen hierarchischen Wesen auf das Wachstum der Pflanzen ausüben. Ihr Wirken geht von den Planeten wie von der Sonne aus, und gemeinsam verflechten sie die einzelnen auf dem Planeten Erde befindlichen Pflanzenformen miteinander. Die Dynameis oder Geister der Bewegung arbeiten sich von den verschiedenen Planeten unseres Planetensystems durch ihre Abkömmlinge, die Pflanzendevas, in Spiralen herunter und beeinflussen damit die Gestalt und das Wachstum der einzelnen Pflanzen, geben den Blättern Spiralmuster, die die Planetenwanderungen widerspiegeln. Zur gleichen Zeit wirkt eine andere Gruppe von Devas, die Nachkommen der Kyriotetes oder Geister der Weisheit, von der Sonne abwärts und zieht den Pflanzenstamm in einer direkten Linie vom Zentrum der Erde nach oben.

Wenn sich diese beiden Kräfte – die von den Planetengeistern der Bewegung stammende Spiralkraft und die von den Sonnengeistern des Wissens herrührende Vertikalkraft – zur rechten Jahreszeit in einer Art Ehe, wie Easton es nennt, miteinander vereinen, ist die Pflanze auf der Erde fertig. Diese Hochzeit organisieren die Geister der Zeitzyklen, Nachkommen der Ersten Hierarchie, der Throne. So spielen die Geister der Zeitzyklen eine unaufhörliche Sinfonie, bei der das Pflanzen- und das Tierleben auf komplexe und rätselhafte Weise mit der irdischen Arbeit der Elementalwesen, der Naturgeister, Nachkommen der Dritten Hierarchie, verwoben wird.

Bittleston beschreibt den gemeinsamen Einfluß der hierarchischen Wesen, den diese von den Planeten und der Sonne aus auf die Erde ausüben: «Ein wenig können wir die Großartigkeit der Sonne erahnen, wenn wir uns an die Geister der Form wenden, durch die alle sichtbaren Dinge zu ihren Archetypen hinwandern; wenn wir uns dann an die Geister der Bewegung wenden, durch die alle Wesen sich treffen und wieder auseinandergehen, Bedürfnis und Erfüllung erleben; und uns zuletzt an die Geister der Weisheit wenden, die allen Dingen ihre Bedeutung, ihren Platz im Ganzen geben.»

Der eigentliche Wirkungsraum dieser hierarchischen Geister ist nicht so sehr ein einzelner Planet, sondern ein Raum innerhalb der ganzen, von jedem Planeten beschriebenen Umlaufbahn, wie sie sich von der Erde aus darstellt, also aus ptolemäischer Sicht. Die Engel sind am engsten mit den Menschen verbunden und wirken in größter Nähe zur Erde bis hin zur Umlaufbahn des Mondes. Die Erzengel wirken bis zum Merkur-Orbit, die Archai bis zu dem der Venus, die Dynameis bis zum Mars, und die Exusiai bis zur Sonne. Hinter der Sonne trifft das Reich der Kyriotetes auf die Umlaufbahn des Jupiter und der Orbit von Saturn auf das Reich der Throne.

Die höchsten Hierarchien von Geistwesen – die Throne, Cherubim und Seraphim – bewohnen den Raum hinter dem Tierkreis. Die Seraphim erhalten ihre hohen Vorstellungen direkt von der Göttlichen Dreieinigkeit. Die Cherubim arbeiten diese Ideen weiter aus und machen durchführbare Pläne daraus, die von den Thronen in die Tat umgesetzt werden. Den Okkultisten als Geister des Willens, der Liebe und der Harmonie bekannt, sind die Mitglieder dieser Ersten Hierarchie angeblich so vertraut mit dem Ursprung des Lebens – «weil sie die Weisheit von Jahrmillionen kosmischen Wachstums gespeichert haben» –, daß sie ihr Leben nicht mehr von außen erhalten müssen, sondern es aus sich selbst erschaffen und es sogar weggeben können. Die innere Erfahrung dieser Wesen der Ersten Hierarchie, sagt Steiner, liegt in der Erschaffung und Bildung unabhängiger Wesen. «Andere Wesen zu erschaffen und durch sie zu leben ist die innere Erfahrung der Ersten Hierarchie: Hier haben wir nicht nur Selbst-Schöpfer, sondern Schöpfer ganzer Welten. Die Erschaffung von Welten ist ihr äußeres Leben, die Erschaffung von Wesen ihr inneres Leben.»

Steiner erklärt den Prozeß damit, daß alles von den Geistern der Ersten Hierarchie Geschaffene durch sich selbst fortexistiert, von ihnen wie durch eine Haut oder Schale getrennt ist und zu einem eigenen Wesen wird, das auch ohne seinen Schöpfer weiterzuleben vermag. Die von ihren Schöpfern isolierten Abkömmlinge, die Devas der Mineralien, Pflanzen und Tiere, werden in das Naturreich hinabgesandt, und «da diese Schöpfungen hier abgetrennt werden, handelt es sich nicht nur um die Erschaffung unabhängiger Wesen, sondern ganzer Welten».

Wie solche feinen Wesen dem menschlichen Auge erscheinen mögen, hat der Prophet Hesekiel in einer ekstatischen Vision beschrieben. Die Throne sah er als vielfarbige, radähnliche Strukturen, wobei ein Rad ins andere griff. Auch vielfarbige transparente Ringe erblickte er, die ebenfalls ineinandergriffen und von denen der innerste mit Augen versehen war. In dieser Beschreibung entdeckt der Angeloge Robert Sorbello Fliegende Untertassen. Sein holländischer Kollege H. C. Moolenburgh stimmt ihm zu, ebenso Billy Graham. Alle drei verbinden die UFO-Phänomene ausdrücklich mit den höheren Engelhierarchien.

Ihren wichtigsten Zweck erfüllen diese Wesen natürlich bei der Erschaffung der Menschen. Steiner schreibt, daß die Hierarchien schon sehr früh in der Geschichte der verschiedenen kosmischen Körper, die der Erde vorausgingen, bei der Entstehung dessen gedient haben, was einmal Mensch werden sollte. Zuerst kam der physische Körper, eine Schöpfung der höchsten Hierarchie. Er war in Wirklichkeit ein Feuerkörper, der auf Befehl der Throne oder Geister des Willens aus ihnen herausfloß. Im Laufe von Äonen verdichtete sich dieser menschliche Körper zuerst zu gasförmigen und flüssigen Zuständen und schließlich zu einer gelatineartigen Kreatur, die in der Erdumgebung schwamm und schwebte, bis sie fähig war, zu den Erdteilen herabzusteigen, die bereits mehr oder weniger fest waren. Sobald der Mensch auf der Erde ankam und die ersten Mineralienspuren in seinem stofflichen Körper spürte, erhielt er nach und nach seine jetzige Gestalt, brauchte dazu aber einen Ätherleib, einen Astralleib und ein Ich.

Der von den Thronen durch deren Verbindung mit dem «Lebensäther» entstandene und ausgesandte «Wille» strahlte durch die ätherischen Körper der Kyriotetes (die aus kosmischer Sonnenkraft bestanden) hindurch und versah den Menschen mit einem Ätherleib. Als nächstes traten die Dynameis oder Geister der Bewegung auf den Plan. Sie haben weder einen physischen noch einen ätherischen Körper, sondern nur einen Astralleib als niedrigste Stufe. Diesen schickten sie durch den menschlichen Ätherleib «wie den Saft in einer Pflanze». Damit konnte der Mensch die Seeleneigenschaften Sympathie und Antipathie entwickeln und Freude und Unbehagen empfinden.

Die Exusiai oder Geister der Form ließen ihre Kräfte in den menschlichen Ätherleib hinein- und wieder herausströmen und individualisierten damit diese Lebensessenz. Sie versahen den Menschen dadurch mit einer beständigen Gestalt, die ihrer eigenen nachgebildet war, und mit einem Funken ihres eigenen Feuers: ihrem Ich. Der Mensch war nun in der Lage, von sich aus nach dem zu suchen, was ihm Freude, und das zu meiden, was ihm Schmerzen bereitete.

Als nächstes begannen die Archai, die Geister der Persönlichkeit, mit der Arbeit am menschlichen Astralleib und verliehen ihm so etwas wie Persönlichkeit, wozu auch Selbständigkeit gehörte. Zusammen mit den Angehörigen der höchsten Hierarchie, den Seraphim oder Geistern der Liebe, machten sie es dann dem Menschen möglich, den inneren Seelenzustand der Wesen seiner Umgebung in Bildern wahrzunehmen. Damit schufen sie die Voraussetzungen für die Liebe, ein Gefühl, das zu einer Verwirrung von geistiger und fühlender Liebe degenerierte, sobald der Mensch die Freiheit gewann.

Die danach am menschlichen Ätherleib wirkenden Erzengel oder Geister des Feuers machten dem Menschen seine Existenz bewußt; sie entwickelten Sinnesorgane und die allerersten Anlagen der Drüsen. Während sie am Ätherleib arbeiteten, durfte sich der physische Leib von Tieren und Pflanzen ernähren. Die von Steiner als «Söhne des Lichts» bezeichneten Engel erschienen als Wesen, die wir Menschen auf geistiger Ebene als ätherische Seelenformen oder Lichtkörper bezeichnen. Sie verleihen dem Ätherleib des Menschen das Gedächtnis und gestalten seinen physischen Körper, so daß dieser zum Ausdruck seines unabhängigen Astralleibes wird.

Gegen Ende des Lemurenzeitalters durchdrangen die Ich-Kräfte den menschlichen Astralleib. Während der atlantischen Periode durchdrangen dieselben Kräfte den menschlichen Ätherleib; und in der nachatlantischen Evolution durchdrangen sie den stofflichen Körper. Als dies geschah, zogen sich die Hierarchien zurück und ließen den Menschen mit sich allein.

Als die menschlichen Körper sich entsprechend den irdischen Gegebenheiten, die an jedem Erdpunkt anders sind, immer mehr ausbreiteten, bekamen sie auch unterschiedliche Formen. Als der Mond sich von der Erde löste, erfolgte auch die Trennung der Geschlechter. Das Geschlecht hat den Zweck, das Liebesprinzip bis zur Vergeistigung zu verfeinern. Eines Tages, sagt Steiner, wird unsere Erde ihr Ziel erreicht haben, dann werden alle Erdenwesen von Liebe erfüllt sein. «Liebe wird sich in ihrer wahren Form zuallererst auf der Erde entwickeln. Grob ausgedrückt: Die Liebe wird hier ausgebrütet, und die Götter werden kommen und durch ihre Teilnahme am Menschengeschlecht die Liebe kennenlernen, aber in einer ganz anderen Bedeutung, als sie sie ihr zugewiesen haben.»

Jede Nacht verlassen wir unseren physischen Körper und den Ätherleib und befinden uns in der Astralwelt. Dort treffen wir die Wesen, die uns unsere physischen, ätherischen und astralen Körper geschenkt haben. Zwischen Tod und Wiedergeburt erkennen wir diese Geistwesen direkt in ihrer realen Geistessenz und werden Zeugen ihres «sanft phosphoreszierenden Scheins und davon, wie sie ihre strömende Wärme verbreiten, wie sie aus ihrer eigenen Essenz sprechen und wie sich jede dieser geistigen Formen offensichtlich von den anderen unterscheidet. Die Kyriotetes sind anders als die Exusiai, stellen aber doch das einzig Reale in diesem Universum dar. Die erschaffene Welt ist nichts anderes als äußerer Zierat, äußerer Schein der Schöpferhierarchien. Die eigentliche Wirklichkeit ist nur gebunden an das Wissen der Geistwesen, die an den verschiedenen himmlischen Körpern wirken. In den Sternen erkennen wir die Leiber der göttlichen Wesen und schließlich das Göttliche selbst. Sie sind die wahre Wirklichkeit. Nichts sonst ist real, nicht der Raum, nicht die Zeit, nicht die Materie.»

Dionysios Areopagita hält sich an die Weisen des Ostens und differenziert genau zwischen den verschiedenen Graden göttlicher Geistwesen. Steiner drückt es so aus: «Wer die Einheit der kosmischen Weisheit erhascht, ist sich der Tatsache wohl bewußt, daß sie (die Geistwesen) nichts anderes sind als unterschiedliche Namen für dasselbe Wesen.»

15 Entschleierte Kabbala

Die Bewußtseinskaskade vom Absoluten bis zum Stofflichen führt durch den Logos, das Wort, über den Planeten und die Monade bis ins Innere eines Elektrons. Dieser Weg ist feinfühlig und zugleich mathematisch exakt in den höchst lesenswerten alten Hieroglyphen der Kabbala beschrieben, dem zehnästigen Lebensbaum.

Das Wort «Kabbala» ist verwandt mit dem hebräischen QBL, was «empfangen» bedeutet. Das von Mund zu Mund überlieferte verborgene und geheime Wissen wird als so tiefgehend angesehen, daß «nur wenigen seine Bedeutung anvertraut werden kann, ganz zu schweigen vom vollen Verständnis seiner Komplexität». Die Kabbala versteckt sich im übrigen in gewisser Weise in den ersten fünf Büchern des Pentateuch. Vor vielen Jahren wies Helena Blatvatsky in ihrer *Geheimlehre* darauf hin, daß die Kabbala mit ihrer mystischen und okkulten Formulierung der Geheimlehren der jüdischen Religion die Vorgänge des oben geschilderten Bewußtseinsabstiegs entschlüsselt, die metaphorische Sprache des Schöpfungsmythos in der Genesis benutzend.

Das wichtigste Buch des kabbalistischen Wissens, *Sepher Jezirah* («Buch der Schöpfung»), postuliert – zusammen mit dem *Sohar*, dem «Buch des Lichtglanzes», und dem *Sepher Bahir*, dem «Buch des Glanzes», die alle in ihrer heutigen Version mittelalterlicher Lehre entsprungen sind –, hinter der alltäglichen Realität die Existenz einer ausgedehnten, vielschichtigen kosmischen Realität. Alles im Universum ist mit allem verbunden, und alle Dinge beeinflussen einander wechselseitig.

Der auch als «Sephirah» (Plural: Sephiroth), also «Zahlenausfluß», bezeichnete Lebensbaum mit seinen zehn Ästen ist nach dem Verständnis von Stephen Phillips nichts anderes als eine mathematische Blaupause für den Kosmos. Diese Auffassung befreit die Mathematik aus ihrer dienenden Funktion und macht sie zur Meisterin. Ausführlich beschreibt Phillips diesen Aspekt der Kabbala in seinem umfangreichen Manuskript *The Image of God in Matter* («Das Bild Gottes ist der Materie»). Darin bezeichnet er den Lebensbaum als «ein Objekt von erschreckender mathematischer Macht und Schönheit. Es enthält die Mathematik einer Theorie, die erst kürzlich von den Physikern zur Vereinigung der Naturkräfte vorgeschlagen wurde.»

Den gleichen Lebensbaum beschreibt die Theosophin Ann Williams-Heller in *Kabbalah, Your Path to Freedom* («Kabbala Dein Weg zur Freiheit»). Für sie stellt er keine Religion dar, sondern die entschleierte Wahrheit, die sich im Innersten aller Weltreligionen und des universellen Denkens befindet. In den alten Hieroglyphen sind die Sephiroth als Kreise dargestellt, die zu drei Säulen angeordnet sind. Die Kreise stellen die «zehn göttlichen Eigenschaften oder gegenständlichen Formen des sich manifestierenden kosmischen Logos» dar. In der Waagrechten sind sie auf vier Ebenen aufgeteilt und repräsentieren die vier «Welten» oder Stadien der Verflechtung des Logos mit der Materie durch Geist, Verstand, Herz und Körper. Diese wiederum stehen in Verbindung mit Feuer, Luft, Wasser und Erde und werden erreicht durch verschiedene Bewußtseinsebenen und unterschiedlich manifeste Qualitäten.

Da alles Leben von oben kommt und von oben erhalten wird, ist der Baum im Bild umgedreht. Seine Äste breiten sich nach unten aus, während die Wurzeln sich nach oben strecken – ins unbekannte, «sich niemals verändernde, doch immerwährende, absolute und undifferenzierte Bewußtsein, die Ursache aller Ursachen».

Die erste dieser vier Welten, die des «Ursprungs», wird mit nur einer Sephirah dargestellt: Kether. Sie ist die oberste und wird als Krone bezeichnet – als Symbol des offenbaren kosmischen Logos, des Einer-in-Allem, des Repräsentanten der letzten Einheit.

In dieser verfeinerten Atmosphäre entwickelt der Logos die Schöpfungspläne. In der zweiten Welt, der «Schöpfung», werden die beiden nächsten Sephiroth – Chockmah (Weisheit) und Binah (Verstehen) – zu jenen archetypischen Kräften erweckt, die von der Mann-Frau-Polarität von Shiva und Shakti stammen beziehungsweise von der Polarität zwischen Wille und Macht. In der dritten Welt, der «bildenden», sind die Sephiroth Chesed (Barmherzigkeit), Geburah (Strenge), Tiphereth (Schönheit), Netzach (Sieg) und Hod (Ruhm) vereint. Sie erschaffen gemeinsam mit Jesod (Fundament) die Sexualität und damit das vibrierende Leben. Die Engel des Fundaments, Jesod, sind verbunden mit den Prinzipien der Fruchtbarkeit und Zeugungskraft, die hinter den Lebensformen dieses Planeten stecken. So drückt es William G. Gray in *The Ladder of Lights* («Die Lichtleiter») aus. Sie wirken aktiv auf Samen und Saat ein; nicht nur bei den Tieren und Pflanzen, sondern auch – in tieferen Schichten – bei geistigen und spirituellen Geburtsvorgängen. «Als die bildenden Kräfte sind sie verantwortlich für die Ausformung der Energien, was mit dem Wort ‹Leben› ausgedrückt wird, und führen sie durch die eigentlichen Geburtskanäle. Wir könnten sie auch als Vorgeburtskindergärtnerinnen bezeichnen, die das Kind in der Gebärmutter oder die Pflanze im Samen bilden.»

Die neun Sephiroth erzeugen gemeinsam die vierte Welt der «Manifestation» und werden wieder – wie oben so auch unten – von einer einzigen Sephirah, der Malkuth (Königreich), vertreten. Es ist dies die Welt der vier Elemente und der Mineralien, Pflanzen, Tiere und Menschen. Hier wird aus der feinen Geistmaterie der verdichtete Geist der Materie, der alles durchdringende Geist der ersten Welt. Er spiegelt sich wider im kristallisierten Geist der vierten. Der Ur-Grund hat sein Ende erreicht – im Leben, in der Natur, im Menschen.

Da der Lebensbaum für den Makrokosmos wie für den Mikrokosmos steht, sind die zehn Sephiroth, vom mikroskopischen Standpunkt aus gesehen, auf sieben Ebenen aufgeteilt. Sie entsprechen den sieben Chakren des menschlichen Körpers. Hier jedoch wächst der Baum aus der Erde heraus nach oben und wird dadurch nicht zur Landkarte des Abstiegs des kosmischen Geistes in die Materie, sondern zu einer Art Jakobsleiter für die einzelne Monade, auf der sie mit Hilfe der Meditation aufsteigen und sich mit der Gottheit im Buch Kether vereinigen kann.

Die Sephiroth sind miteinander durch zweiundzwanzig Linien oder Pfade verbunden. Im Verständnis des Kabbalisten stellen sie die psychischen Stadien oder Erfahrungen dar, die während des Abstiegs des Logos in die Materie beziehungsweise während des Aufstiegs der Monade in die höheren Welten durch- oder erlebt werden.

Wie bei den meisten komplexen Symbolsystemen können auch die Zeichen der zehn Sephiroth für andere Symbole stehen, etwa für die neun Himmelshierarchien des Dionysios (sowie die Menschheit als zehnte). Dabei kann man die Seraphim oder Herren der Liebe mit Kether, der Krone, vergleichen, die Cherubim oder Herren der Harmonie mit Chockmah, der Weisheit, und die Throne oder Geister des Willens mit Binah, dem Verstehen. Der Rest führt in absteigender Linie durch immer stärker werdende Verdichtungen bis hinunter zur zehnten Sephirah, der Malkuth, dem Königreich. Dieses steht, wie Phillips sagt, sowohl für die äußere organische Form des Kosmischen Logos, also für das ganze Universum, unser Sonnensystem, den menschlichen Körper, als auch für jedes einzelne flüchtige subatomare Teilchen.

Laut Williams-Heller repräsentiert der Lebensbaum die fundamentalen Wirklichkeiten der Existenz rein rechnerisch durch die Zahlen Null bis Zehn. Die Null steht für das Absolute, die Eins für den Manifestierten Logos, die anderen Zahlen repräsentieren die geistigen Einheiten bis hinunter zum Menschen, der in der materiellen Welt die zehnte Stelle einnimmt. Jede dieser Zahlen entspricht einer bestimmten Wirklichkeitsebene und steht zur darüberstehenden Zahl wie zu der darunterstehenden in Beziehung. Und was jeder einzelne Zweig des Baumes mit allen anderen Zweigen gemeinsam hat, ist in erster Linie und unbezweifelbar eine Zahl, die von der vorhergehenden «bewirkt» und zur «Ursache» für die nächste wird. Seit Urzeiten wird in jeder dieser Zahlen entweder das Männliche oder das Weibliche in bezug zu den anderen gesehen. Das ständige Schwanken dieser Pole ist untrennbar verbunden mit einem allmählichen Werte- und Dichtezuwachs. Durch diese schrittweise Veränderung von Null bis Zehn «materialisiert» sich das unendliche Licht vom ersten Ast des Baumes bis zum endlichen Leben des letzten.

Phillips geht bei der mathematischen Analyse der Sephiroth-Anordnung sogar noch weiter; weit genug, um die Superstring-Raum-Zeit-Theorie in den Strukturen des Lebensbaums wiederzufinden. Diese Entsprechung, so sagt er, hätten bereits hundert Jahre vor ihm Annie Besant und Charles Leadbeater geahnt; aber die Physik sei hierfür damals noch nicht reif gewesen.

In Phillips' Vergleich entsprechen die drei Dimensionen des gewöhnlichen euklidischen Raums der hehren Dreiheit von Kether, Chockmah und Binah. Die folgenden sechs «Sephiroth des Bauens» stehen für die sechs verborgenen Dimensionen des verdichteten Raums. Die letzte Sephirah schließlich, Malkuth, entspricht der Zeitdimension; schließlich bedeutet Malkuth in einer der kabbalistischen Auslegungen die zeitliche physische Welt.

All das, sagt Phillips, unterstützt mit mathematischen Mitteln die Annahme, daß die Materiebausteine, die von den Physikern erforschten subatomaren Teilchen, als Abbild des Kosmischen Logos erschaffen wurden.

Die in keiner Weise willkürliche Analyse Phillips' basiert auf dem Zahlenwert, den die Kabbala jedem Buchstaben des hebräischen Alphabets zuweist. Mit Hilfe der Gematria, der mystischen Buchstaben- und Zahlendeutung, können die Kabbalisten mit den zweiundzwanzig Buchstaben jede Sephirah mit einem jüdischen «Gott-Namen» versehen. So drücken sie deren wichtigste metaphysische Bedeutung in bezug auf die Lebensbaumstruktur der Schöpfung in Zahlen aus. Die zweite Sephirah, Chockmah (Weisheit), erhielt den Gott-Namen Jehovah und einen Zahlenwert von sechsundzwanzig; die dritte Sephirah,

Binah (Verstehen), nannte man Elohim und gab ihr den Wert fünfzig und so weiter.

Der Schlüssel zur Lösung dessen, was Phillips als «die mächtigste und schönste Mathematik des Lebensbaums» bezeichnet, findet sich in der pythagoreischen Zahlenmystik, die besonders auf den Zahlenverhältnissen des rechtwinkligen und gleichseitigen Dreiecks sowie auf der Vierergruppe (Tetraktys) 1+2+3+4=10 fußt.

Der griechische Philosoph und Mathematiker Pythagoras lebte im 6. Jahrhundert v. Chr. Er war für sein Wissen um die Geheimnisse höchst unterschiedlicher Mysterien bekannt und gilt als der erste theoretische Physiker. Seiner Lehre nach ist die Mathematik der Schlüssel zu den Mysterien des Universums. Die Zahl Zehn erschien ihm vollkommen und heilig, sie war für ihn Quelle und Wurzel der ewigen Natur. So ist seine Darstellung der Zahl Zehn in der Tetraktys, der Vierergruppe 1+2+3+4, zu verstehen. Diese bildet das Zentrum der Zahlenmystik, die Pythagoras seine Studenten im süditalienischen Kroton lehrte. Die Tetraktys hatte eine esoterische Bedeutung, die Pythagoras nur seinen auserwählten Anhängern offenbarte. Diese steht in Bezug zur universellen mystischen Gnosis, einem zentralen Bereich des antiken Glaubens. Die Tetraktys stellte gleichzeitig die zehnfältige Natur Gottes dar. Warum dieses Dreieck mit einer solchen religiösen Inbrunst verehrt wurde und warum die Studenten einen Eid darauf schwören mußten, ihr Wissen nicht preiszugeben, blieb den Kennern der griechischen Mathematikgeschichte lange ein Rätsel – bis Phillips für Aufklärung sorgte.

Helena Blavatsky, die vorgab, mehr zu wissen, als sie bereit war zu sagen, behauptete, daß «die zehn im pythagoreischen Dreieck eingeschriebenen Punkte soviel wert sind wie alle Theogonien und Angelologien, die jemals den Gehirnen von Theologen entsprungen sind».

Die Pythagoreer hatten entdeckt, daß die den Sephiroth des Lebensbaumes zugeschriebenen Gott-Namen – zum Beispiel Jehovah und Elohim – keine bloßen Erfindungen von Gottesfürchtigen waren, sondern mächtige mathematische, archetypische Prinzipien zur Bestimmung der Naturgesetze darstellen. Als Phillips dies erkannt hatte, entdeckte er, daß sie auch in der pythagoreischen Tetraktys verschlüsselt waren. Eine der bemerkenswerten Eigenschaften der Tetraktys besteht darin, daß durch die Zahlenmystik bestimmte Vielecke, etwa das Fünfeck und das Achteck, in geometrische Darstellungen der Gott-Namen verwandelt werden.

In Platons *Timaios* besteht eine Verwandtschaft zwischen den fünf idealen Körpern und den fünf Elementen, zwischen dem Hexaeder (Sechsflächner) oder dem Würfel und der Erde, dem Ikosaeder (Zwanzigflächner) und dem Wasser, dem Oktaeder (Achtflächner) und der Luft, dem Tetraeder (Vierflächner, dreiseitige Pyramide) und dem Feuer sowie zwischen dem Pentagondodekaeder (Zwölfflächner) und dem Äther. Interessanterweise enthält der letztgenannte feste Körper fünf Hexaeder, eines für jedes Element. Diese Grundformen sind durch sich selbst und durch ihre Entsprechungen in den Elementen imstande, die materielle Welt zu formen. Alle vier Volumina wiederholen sich in verschiedenen Kombinationen in den von Leadbeater und Besant beschriebenen chemischen Elementen. «In dieser Sequenz von fünf essentiellen geometrischen Formen», sagt Leviton, «haben wir den Beweis für die Mathematik des kosmischen Geistes. Präzise geometrische Gleichungen und mathematische Gesetze machen die Beziehungen zwischen den fünf Körpern deutlich. Die gesetzmäßige Abfolge ihrer Entstehung schafft ein Nest (oder ein Durcheinander) von Vielecken, das die grundlegende geometrische Matrix der physischen Welt darstellt.»

Als Phillips mit der mathematischen Analyse der Infrastruktur des Baumes, sozusagen mit dessen «Stamm», begann, erkannte er, daß die Anordnung der Sephiroth auf dieser Zentralachse von einem mathematischen Punkt ausgeht und sich zu einer Linie und einem Dreieck weiterentwickelt. Daraus entstand ein Tetraeder, eine Pyramide aus vier gleichen Dreiecken, der einfachste in der Natur vorkommende gleichmäßige Vielflächner. Phillips zählte die Punkte, Linien, Dreiecke und Tetraeder im Innern des Baumes und kam auf eine Summe von sechsundzwanzig. Die gleiche Zahl bedeutet Jehovah, und dieser Gottes-Name von Chockmah symbolisiert die schöpferischen Kräfte der Natur.

Als nächstes schaute sich Phillips den Baum als dreidimensionalen Gegenstand an und entdeckte, daß er aus zehn Punkten, zweiundzwanzig Dreiecksseiten, sechzehn Dreiecken und zwei Tetraedern bestand. Das ergibt die Zahl Fünfzig. So sind fünfzig Informationen nötig, um sich selbst im Raum zu definieren. Und Fünfzig ist die Zahl von Elohim, dem Gottes-Namen von Binah. Für Phillips war nun klar, daß diese hebräischen Gottes-Namen die Anzahl der Informationen angeben, die für den Aufbau des Lebensbaumstammes notwendig sind. Doch das war erst der Anfang.

Phillips fand bald heraus, daß die Tetraktys eine noch viel fundamentalere Funktion hat, und das war wohl auch der Grund dafür, daß sie von den Pythagoreern so hoch geschätzt wurde. Er stellte mehrere entsprechende Dreiecke aufeinander, so daß mehrere einander überlappende Lebensbäume entstanden. So baute er eine Art Jakobsleiter oder – wie er es nannte – einen Kosmischen Baum des Lebens. Er bestand aus einundneunzig miteinander verbundenen Dreiecken, ähnlich einem Baugerüst für einen Wolkenkratzer. Von diesem Kosmischen Baum ließen sich leicht die Zahlen ableiten, die für Phillips eindeutig die mathematischen Gesetze der Natur und des Kosmos definieren, sowie die Zahlen, die regelmäßig in der Quantenphysik auftauchen. Er fand nicht nur die von der Quantenmechanik vorausgesagten sechsundzwanzig Dimensionen der Raumzeit. Er konnte sie eindeutig in der Zahl für Jehovah, den Gottes-Namen von Chockmah, erkennen: sechsundzwanzig. Er fand aber auch die Entsprechung der sieben Sephiroth des Bauens (die sich in der Schöpfungswelt manifestieren) und der von der Superstringtheorie vorausgesagten zehn Dimensionen der Raumzeit. Aus alledem zog Phillips den Schluß, daß die Superstring-Raumzeit nach dem im Baum des Lebens aufgezeichneten Muster aufgebaut ist.

Eine der auffälligsten Eigenschaften des Lebensbaumes ist wohl, daß in der Geometrie eines einzelnen Baumes die gesamte Struktur des Kosmischen Lebensbaums enthalten ist. Das entspricht dem DNA-Molekül, das alle für das Entstehen des menschlichen Körpers nötigen biologischen Informationen enthält. Die Geometrie bringt es an den Tag: Im Teil ist das Ganze enthalten.

Im Jahre 1984 entdeckten die Physiker Green und Schwarz, daß die Zahl 248 für die Naturkräfte steht, die feste Materieformen wie Atomkerne und Atome erschaffen. Die Zahl 248 und ihre Verdoppelung, 496, bezeichnen aber auch die mathematische Symmetrie der Kräfte, die – neben der Schwerkraft – zwischen den Superstrings herrschen. Phillips entdeckte beide Zahlen im Pentagramm oder Fünfstern.

Die Schüler des Pythagoras, sagt Phillips, trugen das Pentagramm, um sich als Mitglieder einer Bruderschaft zu erkennen zu geben. Andererseits ist das Pentagramm aber auch das Symbol für die fünf Elemente: Erde, Wasser, Feuer, Luft und Äther. Teilt man seine Kanten in vier Punkte, um die pythagoreischen Zahlen Eins, Zwei, Drei und Vier zu erhalten, und setzt man einen Punkt in die Mitte, ist das Ergebnis Einunddreißig. Und diese Zahl findet Phillips sehr bemerkenswert, ist sie doch die Zahl des Gottes-Namens El von El-Chesed, der ersten Sephirah des Bauens und der vierten Sephirah im Baum des Lebens. Sie steht für die archetypischen Vorstellungen im Göttlichen Geist, dem ersten Stadium ihrer Realisierung in der Schöpfung. Und 1+2+3+4+...+31 ergibt 496. Dies ist nicht nur die Zahl von Malkuth, sondern auch die Zahl von Green und Schwartz zur Bezeichnung der Superstringphysik.

Malkuth hat deshalb die Zahl 496, weil – so erklärt es Phillips – «diese Zahl den höchsten Punkt im Kosmischen Baum des Lebens bezeichnet und weil die darunterliegenden Subquark-Superstrings mit neun Raumdimensionen zu den Bausteinen der stofflichen Materie werden».

Malkuths jüdischer Gottes-Name ist Adonai Melekh. Das ergibt einen Zahlenwert von 65 für das erste Wort und von 155 für den zweiten Namen. Laut Phillips ist es kein Zufall, daß die zehn untersten Bäume im Kosmischen Baum des Lebens 65 Sephiroth-Ebenen haben und die 25 untersten Bäume 155. Das bedeutet seiner Meinung nach, daß die physikalische Ebene des Kosmischen Baums des Lebens sich über fünfundzwanzig Raumdimensionen erstreckt – und das ist gleichzeitig die Zahl der Raumdimensionen der Bosonenstrings.

Während Adonai die zehn untersten Bäume im Kosmischen Baum des Lebens kennzeichnet, was der zehndimensionalen Raumzeit der Superstrings entspricht, verschlüsselt Malkuth die Dimensionalität der Raumzeit der String- wie der Superstringebenen.

Wie Green und Schwartz zeigten, spielt die Zahl 248 also eine Schlüsselrolle in der Teilchenphysik. Sie läßt sich von den neunzehn Dreiecken des untersten Baums im Kosmischen Lebensbaum ableiten. Verwandelt man diese Dreiecke in drei Tetrakteis, entdeckt man, daß es unter Kether, dem höchsten Punkt des Lebensbaums, genau 248 Punkte gibt.

Geht man so bei allen zehn unteren Bäumen des Kosmischen Lebensbaums vor – die für Phillips die zehn Dimensionen der Superstrings darstellen –, macht man die noch erstaunlichere Entdeckung, daß es unterhalb des höchsten Punktes des zehnten Baums genau 1680 Punkte gibt. Und dies ist exakt die Zahl der Spirillen erster Ordnung in der Spirale des Leadbeater-UPA, das Phillips als den Subquarkzustand eines Superstrings identifizierte. Jede seiner zehn Spiralen stellt einen geschlossenen sechsundzwanzigdimensionalen Bosonenstring dar. Hiervon manifestierten sich für Leadbeater die untersten sechs wirbelig verdichteten Dimensionen als die sechs höchsten Ordnungen der Helices, die jeweils aus den 1680 Windungen eines Wirbels bestehen. Es sei schon sehr erstaunlich, sagt Phillips, daß die von Leadbeater so peinlich genau eruierte Zahl 1680 im Baum des Lebens als Wiedergabe der Superstring-Raumzeit wiederkehre. Diese nicht zu leugnende Koinzidenz ließ Phillips schlußfolgern, daß «das UPA der Theosophen als ein zehndimensionaler Superstring das Schwingungsmuster des zehnfältigen Logos – des

Göttlichen Wortes – ist, das in die Geometrie der Raumzeit eingepreßt ist».

Stephen Phillips und Martin Gardner würden sich bestimmt nicht langweilen, wenn sie sich einmal live im Fernsehen gegenübersitzen sollten. Und wann C. S. Lewis recht behält, dann erwächst aus Konfrontation schließlich noch Freundschaft.

16 Die Geheimlehren

Eine überaus erstaunliche Rolle spielen die Naturgeister oder Elementale auch in den Riten der modernen Freimaurerei. Die Lehren über Himmelshierarchien und ihre Elmentalen wurden zum Teil über die sogenannten alten Mysterien verbreitet, auf denen die Freimaurerei beruht. Steiner führt sie sogar bis auf die Zeiten von Atlantis zurück. Während einer von ihm als zweite nachatlantische Epoche bezeichneten Zeit lebten sie unter Zarathustra, einem hochentwickelten Eingeweihten, wieder auf. Er wurde um 6400 vor der christlichen Zeitrechnung wiedergeboren, als die Sonne von Krebs in Zwilling wanderte. Dieser weise Mann hatte sein ganzes Wissen angeblich direkt von Ahura Mazda, dem Weisen Herrn, der Großen Sonne, erhalten, der in Indien Vishvakarma heißt, in Ägypten Osiris und der in der modernen westlichen Welt durch Jesus Christus verkörpert wird.

Steiner schreibt auch über den großen Eingeweihten Manu aus Atlantis. Er begründete die nachatlantischen Kulturen in Asien, indem er die physischen Körper in ihrer Entwicklung weit fortgeschrittener Inder mit den ätherischen Körpern von sieben Weisen aus Atlantis verflocht, deren Leiber «von Engeln bewahrt und durchdrungen waren». Diese Weisen wurden in Indien die heiligen Rishis. «In ihren Hüllen trugen sie die Ätherleiber der großen Führer von Atlantis, die diese wiederum von den Erzengeln erhalten hatten. Die heiligen Rishis konnten in ihre früheren Inkarnationen zurückschauen und all ihr Wissen über die alte Atlantis-Kultur in einer neuen Form weitergeben.» Noch früher, zur Zeit der Lemuren, sprachen – nach Steiners Vorstellung – die Archai durch die Menschen, in der Atlantis-

Zeit waren es die Erzengel, und in der nachatlantischen Zeit die Engel. Die von den Archai bis in ihre physischen Körper beseelten Wesen wurden die Dhyana-Buddhas; die von Erzengeln bis in ihre Ätherleiber beseelten Wesen waren Bodhisattvas; und die von Engeln bis in ihre Astralleiber beseelten Wesen wurden menschliche Buddhas.

Theosophen halten an der Vorstellung fest, daß Zarathustra selbst über seinen Astralkörper herrschen konnte und ihn an Hermes, den Begründer der ägyptischen Kulturepoche, weitergab. Der real existierende Hermes erschien laut Steiner um 4200 vor der christlichen Zeit, als die Sonne in das Sternzeichen Stier wanderte. Später tauchte er als Orpheus in Griechenland wieder auf und wurde im Norden Indiens als Gautama Buddha wiedergeboren. Leadbeater und viele seiner zeitgenössischen Freunde und Anhänger der Theosophie glaubten, daß Gautama, als er sein Amt als Bodhisattva niederlegte und Buddha wurde, seine Hülle an Maitreya weitergab. Dieser mehrere Male wiedergeborene Meister erschien zuletzt als Mahatma-Adept der Großen Weißen Bruderschaft. Vor etwa zweitausend Jahren wurde er zum künftigen Buddha bestimmt.

Steiner zufolge trug Hermes den Astralleib des Zarathustra in sich, so daß das Wissen des Meisters sich noch einmal manifestieren konnte. Moses wiederum erwarb den Ätherleib des Zarathustra und konnte alle Geschehnisse in der Genesis beschreiben. Gleichzeitig inkarnierte sich Zarathustras Ego in anderen Persönlichkeiten, etwa in Nazarathos, einem Lehrer der chaldäischen Mysterienschulen und Lehrer des Pythagoras, was aber weder seine letzte noch seine bedeutendste Inkarnation darstellte.

Dann gelangte das Urwissen der Menschheit von Persien über Chaldäa nach Ägypten und von dort aus immer weiter. Von seinem ägyptischen Meister, Polydorus Isurenus, erfuhr Hodson, daß der Thron der Pharaonen nur eine, von vielen Meistern besetzte Station auf dem Weg der Eingeweihten war. Dies geht auch aus den Schriften der Ägypter hervor, denen zufolge die ersten Pharaonen von göttlicher Inspiration geleitet waren. Diese Inspiration, erklärt Steiner, müsse zu atlantischen Zeiten von höheren Wesen gelenkt worden sein. «Jahrtausende lang wurden Meister und Eingeweihte als Ägypter wiedergeboren. Dabei ging das ganze Wirken – Studium, Initiation, Tod, Erziehung und Vervollkommnung – ohne Unterbrechung weiter.» Annie Besant und Leadbeater haben nach eigenem Bekunden fünf Weihen durchlaufen, bevor sie Adepten wurden: «Die Reinsten und Edelsten gehörten zu den Mittlern, die alle Todesangst vertrieben. Sie gaben die Gewißheit der Unsterblichkeit weiter und gewannen das Wissen, das andere nicht besaßen.»

Die Religion des alten Ägypten, an der alle – Könige wie Sklaven – teilhatten, beschrieb Leadbeater aufgrund seiner in die Vergangenheit reichenden hellseherischen Fähigkeit als die herrlichste der ganzen Menschheit. In ihr fanden sich keine Gedanken einer persönlichen Errettung, sondern der Wunsch, ein nützlicher Vermittler göttlicher Macht zu sein. Zur gleichen Zeit hatten die Geheimlehren, aus denen sich die Freimaurerei nach Leadbeaters Meinung direkt entwickelte, das Ziel, geistliche Kraft im ganzen Volk zu verbreiten. Dies geschah durch einige wenige Große Logen in den Hauptstädten, die es sich zur Aufgabe gemacht hatten, das Königreich mit «dem Verborgenen Licht» zu erfüllen.

Um 3100 vor der christlichen Zeitrechnung trat die Welt in das dunkle Zeitalter ein. Die Hindus nannten es Kali-Yuga (Eisernes Zeitalter). Es dauerte nach Steiners Berechnung bis zur Wende vom 19. zum 20. Jahrhundert christlicher Zeitrechnung. Als dunkel bezeichnet man es, weil die direkte Wahrnehmung der geistigen Welten fast völlig verlorenging und nur noch bei einigen wenigen Initiierten erhaltenblieb. Gegen Ende des Alten Reiches schienen sogar die Pharaonen diese Inspiration verloren zu haben. Das spirituelle Wissen blieb in den ägyptischen Mysterien erhalten, sagt Steiner, doch keiner konnte sie mehr verstehen, nicht einmal die Priester und Eingeweihten.

Der als Jude um 1400 vorchristlicher Zeit geborene Moses wuchs bei einem ägyptischen Pharao auf. Damals wanderte die Sonne in das Sternbild des Widders. Moses selbst konnte noch in die Mysterien eingeweiht werden, doch die Ägypter seiner Zeit hatten ihre hellseherischen Fähigkeiten eingebüßt, behauptet Steiner. Darin sah man einen wichtigen Schritt in der Entwicklung hin zur Freiheit des Menschen. Solange die Menschen die spirituelle Welt direkt wahrnehmen konnten, wußten sie, daß sie von höheren Wesen geführt wurden, und vermochten nicht wirklich frei zu werden. Die geistigen Welten mußten ins Dunkel tauchen. «Die Fähigkeit zum Hellsehen konnte man noch durch Einweihung in die Mysterien erwerben. Doch Mitte des 2. Jahrtausends vor der christlichen Zeitrechnung kam es zur großen Dekadenz, und alle magischen Riten und Praktiken waren dem Verfall preisgegeben. Während ganz normale Menschen von den Wahrheiten ihres Glaubens in Form der Mythen erfuhren, erfaßten den Sinn hinter diesen Mythen nur noch Eingeweihte, und die hielten ihn geheim.»

Während der gesamten griechischen Geschichte existierten zwei verschiedene Glaubensrichtungen nebeneinander: der Mysterienglaube, dessen Geheimnisse nur die Eingeweihten kannten, und der Volksglaube mit seinen Mythen. Dieser widersprach zwar der Mysterienlehre nicht, gab aber von ihrem wahren Gehalt nichts preis. Über Rom und durch dessen zweiten König, Numa Pompilius, gelangten die ägyptischen Geheimlehren auch nach Westeuropa, wo sie das Christentum überlagerten. Mit der Etablierung der römisch-katholischen Kirche im 4. Jahrhundert n. Chr. wurde die Grundidee der Mysterien als ketzerisch empfunden und von einer mörderischen Inquisition bekämpft. Diese Grundidee bestand darin, daß die Menschen durch eigenes Bemühen, ganz ohne Einmischung der Kirche, gottähnlich werden könnten. Wer diese Lehre verbreitete, wurde verbrannt. So war äußerste Geheimhaltung lebensnotwendig. Wurde jemand verraten, geriet die ganze Gemeinschaft in Gefahr, «gerichtlich ermordet» zu werden, wie Leadbeater es ausdrückte.

Beim Rückblick auf die alten Zeiten sieht Steiner in den Mysterien Institution von Menschen, die noch die Fähigkeit der instinktiven Hellseherei besaßen. «Die Menschheit der Antike konnte noch in die spirituelle Welt schauen, aus der der Mensch in seinen physischen Körper hinabstieg, den er auf Erden trägt.» Im 13. Jahrhundert besaß fast niemand mehr im Westen die Gabe des direkten Hellsehens, um Geistwesen wahrnehmen und erkennen zu können. Nur wenige frühe Christen, sagt Steiner, hatten ein individuelles Wissen von den geistigen Welten, doch der Volksglaube wurde immer mehr zum Aberglauben und verfiel der Magie. «Selbst ein so großer Denker wie Thomas von Aquin besaß keine hellseherischen Fähigkeiten und auch kein eigenes Wissen über die Hierarchien.»

Während des gefahrvollen Mittelalters überlebte die Mysterientradition in mystischen Zirkeln wie dem Gral, der Schule von Chartres, bei den Katharern, den Templern oder anderen Geheimbünden. Die Geheimlehren tauchten nur auf, wenn die Gefahr einer Verfolgung nachließ. Die Rosenkreuzer, Nachfahren der Templer, hielten das geheime Wissen in kleinen Gemeinschaften mächtiger Eingeweihter lebendig, die sich aber im Hintergrund hielten. Steiner, der selbst eingeweihter Rosenkreuzer war, erzählt eine außergewöhnliche Geschichte über die Anfänge dieser interessanten Bruderschaft im 13. Jahrhundert. Er führt sie zurück auf ein Dutzend wiedergeborener Seher aus der nachatlantischen Zeit. Sieben Rishis verbanden sich mit fünf anderen Weisen, die ganz bewußt ausgesucht wurden, sollten sie doch die Weisheiten der indischen, chaldäischen, ägyptischen, griechisch-römischen sowie christlichen Epochen neu aufleben lassen. Vermutlich mit Hilfe der Akasha-Chronik konnte Steiner die Ereignisse wie folgt rekonstruieren: Dieser in sich geschlossene Zwölferrat erkannte, daß das Christentum zu einer Karikatur verkommen war, und beschloß, die großen Religionen der Welt in einer zuträglicheren Synthese wiederaufleben zu lassen. Als Gottesinkarnation – Avatara – bedienten sie sich eines jungen Mannes, in dem sie die Wiedergeburt des Apostels Paulus beziehungsweise eines seiner engsten Verbündeten sahen. Dann hieß es, den hochentwickelten Ätherleib dieses Schützlings, in dem alles Wissen gespeichert war, auf einen anderen Sensitiven des nächsten Jahrhunderts zu übertragen. Der Auserwählte war ein junger Deutscher, Christian Rosencreutz. Er sollte die Reihe der Meister vom Rosenkreuz begründen. Auf die gleiche Art und Weise konnte derselbe mächtige Ätherleib immer wieder verwendet werden, bis hin zum Grafen von St. Germain im 18. Jahrhundert.

Im 19. Jahrhundert dienten die von Christian Rosencreutz entwickelten «Seelenkräfte» (wie Steiner sie nennt) dazu, die theosophische Bewegung zu begründen. Glaubt man Easton, so wurden uns Menschen erst kurz vor Ende des dunklen Zeitalters (Kali-Yuga), das heißt zu Beginn des 20. Jahrhunderts, wieder verläßliche Kenntnisse über das Urwissen zugänglich. Blavatsky und Steiner enthüllten einige dieser Lehren.

Es war «die starke Strahlung des Ätherleibs von Christian Rosencreutz», die nach Steiners Meinung die Blavatsky zu ihrer *Entschleierten Isis* inspirierte. Die in ihrer *Geheimlehre* zitierten Verse aus dem Buch Dzyan enthalten «einige der am tiefsten gehenden und bedeutendsten Teile des Wissens, von denen viele auf die Lehren der Rishis zurückgehen und in die heiligen Lehren des Ostens einflossen» (Steiner). Nüchterner fügt er dann hinzu, daß vieles aus dem Buch Dzyan in seiner ganzen Tiefe von den meisten Menschen erst ganz allmählich begriffen werde.

In alten Zeiten gab es zwei Arten der Initiation in die Mysterien. Steiner nannte sie die Jona- und die Salomo-Initiation. Bei ersterer wurde der Prüfling in Schlaf versetzt, so daß seine Seele den Körper verlassen und drei Tage lang in der übersinnlichen Welt umherwandern konnte. Bei der Salomo-Initiation erhielt der Adept seine Offenbarung in einem «Sublimierten Trancezustand».

Mit am klarsten hat – wie zu erwarten – Geoffrey Hodson die heute ausgeübten Mysterien dargestellt. Für ihn war die Freimaurerei eindeutig eine Form des Überlebens und eine symbolische Darstellung der großen Mysterien sowie «ein Zugang zu den Mysterien selbst und zur Kraft und Weisheit, zum Wissen und zu den Fähigkeiten, die sich den in ihrer Entwicklung fortschreitenden Eingeweihten nach und nach enthüllen».

Das Ziel der Initiation der Rosenkreuzer ist die Offenbarung Christi. Die Einweihung in die ursprünglichen Mysterien hingegen, wie sie von den Okkultisten wieder eingeführt wurde, besteht aus einem einfacheren Prozeß, bei dem die hellseherische Fähigkeit des Aspiranten neu belebt wird. Dazu werden – meistens mit Hilfe einer starken Droge – der Äther- und der Astralleib vom physischen Körper getrennt. Während der physische Körper dreieinhalb Tage lang in Trance liegt, werden die feineren Körper befreit und können in die übersinnlichen Welten wandern. Da der Ätherleib ein Gedächtnis besitzt, verfügt der aus der Trance erwachte Eingeweihte über das Wissen, das ihm von einem Priester oder Oberpriester (Hierophant) übermittelt wurde. Aufgrund des Glaubens an die Unsterblichkeit des Ichs gilt der Neophyt als «zweimal geboren». In den christlichen Mysterien konnte sich bei der Taufe – in Form des Beinahe-Ertränkens – der Ätherleib lösen. Das versetzte den Eingeweihten in die Lage, von außerhalb seines Körpers sein augenblickliches Leben zu überblicken und die Gewißheit über seine essentielle Spiritualität zurückzuerlangen. Dies kann jedem in einem todesnahen Zustand wiederfahren.

Bevor heutzutage ein Aspirant die untersten Grade der Freimaurerei erreichen kann, muß er als «Lehrling» seine körperlichen Leidenschaften überwinden und seinen Astralleib zu einem Instrument des Ausdrucks höherer Emotionen machen – das heißt, er sollte sich eher geistig entwickeln als sexuell. Gleichzeitig wird von ihm erwartet, daß er seinen Geist unter Kontrolle hält, denn «was ein Mensch sieht und mit seinen Sinnen und dem Intellekt erkennt, ist – und seien diese noch so weit entwickelt und edel – nichts als der geringste und äußerste Aspekt der universalen Sonnen- und Planetenexistenz. Der in der Materie untergetauchte Mensch muß aufs neue erweckt werden. Der Schleier der Maya muß von dem Eingeweihten durchdrungen werden.»

Um diesen Durchbruch über die freimaurerische Initiation zu erzielen, erhält der Anfänger wie in den alten Mysterien eine Arznei des Vergessens sowie einen kräftigen Schock. Damit soll erreicht werden, daß er sein ganzes Leben, von Geburt an, vergißt. Nur so kann er in die geistige Form seines Lebens vor der Geburt geleitet werden. Wie R. Gordon Wasson in seinem Buch *Soma* schreibt, wurde bei den Mysterien «Amanita muscaria» verwendet, ein psychotroper Pilz, der in Deutschland Fliegenpilz heißt und in Indien als heiliger Pilz «Soma» bekannt ist. Das Trinken des daraus gewonnenen Giftes war Bestandteil der Eleusinischen Mysterien und führte zur Wahrnehmung von Geistererscheinungen. Der Entdecker von LSD, Albert Hoffmann, nimmt an, daß auch das Mutterkorn, ein gemeiner Getreidepilz, in den Mysterien Verwendung fand, um die Kontinuität von Leben und Tod zu demonstrieren. Ähnliche Erfahrungen sind mit LSD möglich. Laut Steiner sind heutzutage solche Drogen bei den Initiationsriten nicht mehr nötig.

Während der ersten Initiation in einer Freimaurerloge, schreibt Hodson, muß der Kandidat wie in den Ur-Mysterien mehrere Erfahrungen auf der Astralebene durchlaufen. Diese Erfahrungen ähneln in nichts den Sinneserfahrungen der physischen Ebene. Während er aus der physischen Welt in den untersten Teil der Astralebene eingeht, wird der Neuling «blind in eine viel feinere Welt geführt. Er fühlt nur die Berührung eines Freundes, der ihn an der Hand hält und ihn während seiner Reise begleitet.» Dies geschieht, damit der Prüfling auch das sieht, was sich hinter dem Schleier der Sinne versteckt. Er ist dann wie ein blind geborener Mann, der das Augenlicht erhält.

Die erste Erfahrung des Einzuweihenden soll sein, durch seinen eigenen Körper zu erspüren, was in den unteren Reichen der Natur lebt: Mineralien und Pflanzen. Als nächstes muß er die Leidenschaften und Begierden des Tierreiches erfahren. Als dritte und wichtigste Erfahrung folgt dann die Vision der Elementalkräfte in der Natur. Mit erstaunlicher Detailgenauigkeit beleuchtet Hodson die gewaltige Bedeutung der Naturgeister in der freimaurerischen Initiation. Der Kandidat muß seine hellseherischen Fähigkeiten so weit wiedergewinnen, daß er die Naturgeister wahrnehmen und durch deren Fürbitte Zugang zu den Hierarchien der Engelwesen bekommen kann.

Im christlichen Glauben wird auf ähnliche Weise Zuflucht bei den Engeln gesucht, sagt Leadbeater. Allerdings gibt es Unterschiede in der Methode zwischen dem Christentum und dem alten ägyptischen Mysterienglauben, aus dem die Freimaurerei hervorging. Im Christentum werden große Engel angerufen, die in ihrer geistigen Entfaltung weit über den Menschen stehen. «Im Freimaurertum werden auch die Engel um Beistand gebeten, doch die Angerufenen stehen dem Menschen in ihrer Entwicklungsstufe und Intelligenz näher. Jeder Engel bringt eine ganze Menge Untergeordneter mit, die seine Anordnungen ausführen.»

Leadbeater sagt es so: «Im Freimaurertum erflehen wir die Hilfe von nichtmenschlichen Einheiten – von den Bewohnern feinstofflicher Ebenen, die damit vertraut sind, mit den Kräften ihrer jeweiligen Ebenen umzugehen und sie unter Kontrolle zu halten. Wir wenden uns eher an Wesen, die mit uns auf einer Ebene oder nur wenig darüber stehen. Sie bringen ihre Helfer aus dem Reich der Naturgeister und vielleicht auch der Elementalen mit.» (Leadbeater unterscheidet insofern Elementale von Naturgeistern, als erstere «halbbewußte Kreaturen» und oft nur die flüchtigen Gedankenformen von Devas sind.)

Bei der Eröffnung der Loge geht der Meister mit seinen Gesellen in einer Kreisprozession und legt die Gedankenform eines Tempels nieder. Dabei entsteht der untere Teil der «Cella» beziehungsweise des Allerheiligsten. In ihm befindet sich der Mosaikfußboden der Loge, der magnetisch aufgeladen wird. Sobald dies geschehen ist, werden die Naturgeister und mit ihnen ihre Anführer aus der Engelwelt angerufen.

Die an jeden einzelnen Freimaurergesellen gerichteten Fragen, sagt Leadbeater, sind Anrufungen des jeweils erforderlichen Devas, der sich augenblicklich selbst zeigt und als Anführer der sich um ihn scharenden Naturgeister und Elementalen auftritt. Nicht nur die Naturgeister, sondern auch die Elementale antworten also auf die Anrufung, die bei dieser verdichteten Form oder Eröffnung verwendet wird. «Hallt eine solche Anrufung in den verschiedenen Naturreichen wider, wissen Devas, Naturgeister und Elementale, daß ihnen eine Gelegenheit geboten wird..., und sie antworten mit großer Freude darauf.»

Was von einer heutigen Freimaurerinitiation bekannt wird, hat nur mit Ritualen und Symbolen zu tun und scheint die Wirkung nicht zu schmälern, wie Leadbeater behauptet: «Die Tatsache, daß Tausende von Freimaurern die eine bestimmte Frage gestellt haben, ohne zu ahnen, was dadurch in den unsichtbaren Welten geschieht, hat sie nicht von der Hilfe der Engel ausgeschlossen. Diese jedoch – hätten sie davon gewußt – hätte sie wohl über alle Maßen erstaunt, vielleicht sogar erschreckt.»

Die von den Freimaurergesellen stellvertretend dargestellten Devas sorgen für die Fertigstellung der Gedankenform und die Ausgießung der Kraft. Im weiteren Verlauf manifestieren sich die Naturgeister, «um die Wände des Tempels dicker und höher zu machen, während höhere Wesen die Magnetkraft verstärken, indem sie sie mit der Kraft ihrer jeweiligen Zustandsebenen auffüllen». Über die ganze Loge wird eine ätherische Decke gespannt, von der tragende Säulen nach unten hin wachsen «wie die Wurzeln eines indischen Feigenbaums». Die so geschaffene Gedankenform soll die Reproduktion eines griechischen Tempels darstellen. Die Säulen, die das schwere Dach stützen, stehen außerhalb der Mittelkammer, des einzigen völlig abgeschlossenen Raums des Tempels. Bald, sagt Leadbeater, erzittert die ganze Loge vor elementarer Lebenskraft. «Alles hat nur den einzigen intensiven Drang, sich an die Arbeit zu begeben.»

Die Elementale und Naturgeister der verschiedenen Ebenen unterscheiden sich sehr in ihrer Entwicklung und Intelligenz. Einige sind schon ziemlich gut definiert und aktiv, andere sind nur vage, wolkenähnliche Andeutungen. Jede Gruppe hat ihre eigenen Farben, die über den Gesellen schweben und ihren physischen Zustand repräsentieren. Bei den niederen Gesellen, sagt Leadbeater, sind nur schwach ausgebildete hellseherische Fähigkeiten nötig, um die Farben über deren Köpfen fließen zu sehen. «Erreicht ein Geselle seinen Deva und gestattet er seiner Kraft, frei durch ihn hindurchzufließen, verschmelzen seine hohen Prinzipien mit denen des Devas. Dann wird er ein hervorragender Kanal für die göttliche Kraft sein.»

Jetzt ist die Zeit, sagt Hodson, da der Prüfling dem Naturgeist vorgestellt wird, der die vier Ordnungen der unsichtbaren Kräfte und damit verbundenen Intelligenzen vertritt – die der Erde, des Wassers, der Luft und des Feuers. Dann wird er den Intelligenzen vorgestellt, die das Universum errichten und bei der Entwicklung der menschlichen Seele Hilfestellung leisten. Ein Grund für diese Vorstellung ist, daß der Neuling nun zum Freimaurer wird, und ein Freimaurer ist ein Baumeister, und ein Baumeister ist ein Schöpfer.

Der Neuling, so beschreibt es Hodson, bietet Geschenke an und schafft damit eine Verbindung zwischen sich und den Naturgeistern der Erde, des Wassers, der Luft und des Feuers. Gleichzeitig ist er durch sie mit ihren vorgesetzten Engeln und Erzengeln verbunden. «Sobald die Geschenke auf den Boden fallen, springen die Naturgeister hinzu und nehmen von deren Magnetkraft so viel auf, wie sie können, und sind glücklich über diese Gabe.»

Alle Naturgeister nehmen – entsprechend ihrer Ordnung und Entwicklungsstufe – den Kandidaten in die Bruderschaft auf. «In Zukunft werden sie für ihn da sein, und er wird ein Mitglied ihrer vier ‹Gilden› sein. Ihre vier Siegel werden auf seinem feinstofflichen Körpern eingeprägt sein, und er kann sie und ihre unmittelbaren Vorgesetzten bitten, für ihn zu arbeiten und ihm zu helfen.»

Von jeder Seite des königlichen Bogens werden die Erdelementalen angerufen. Ist der Prüfling in der Lage, sagt Hodson, ihnen Befehle zu erteilen – entweder durch seine Willenskraft und seine Stimme oder durch sein angeborenes naturgegebenes Wesen –, werden sie sich vor ihm beugen und ihm Platz machen, sobald der Prüfling sich umwendet. «Die Erdgeister verfolgen die Zeremonie die meiste Zeit über ziemlich amüsiert, es sei denn, sie werden von ihrer Kraft festgehalten. Dann sind sie eine Zeitlang ernst. Ansonsten spielen sie auf dem Boden des Tempels, marschieren hinter der Prozession her und verziehen ihre Gesichter zu grotesken Grimassen. Ganz offenbar haben sie die ganze Zeit über einen Riesenspaß bei dieser Feier. Und wenn der Meister nicht mehr Respekt von ihnen verlangte, würden sie auch noch hinter seinem und dem Rücken des Prüflings lachen und Unsinn machen.»

Hodson sieht in ihnen eine höhere Art von Erdgeistern. Sie sind nicht ganz so dunkle und abschreckende Typen wie die Gnome, die man in der Natur findet. Er nennt sie «Zeremonien»-Erdgeister. Sie tragen Nachbildungen von meist ziemlich hellen Menschenkleidern. Einige erscheinen sogar für einige Augenblicke im Abendanzug, «wobei das Ergebnis als nicht besonders gelungen zu bezeichnen ist, ebensowenig wie ihre nachgemachten Schürzen, Kragen und Juwelen (mit den Freimaureremblemen), die sie bei der richtigen Gelegenheit anlegen».

Im Verlauf der Feier erscheint plötzlich eine Sylphe. Sie schwebt direkt unter der Decke, «eine wilde und mächtige Kreatur von beinahe menschlicher Größe und Gestalt und mit einem sehr schönen, strengen Gesichtsausdruck, aber ohne jedes Geschlechtsmerkmal».

Die Sylphe, die Hodson gesehen hat, nahm das Geschenk des Prüflings an, indem sie eine Hand ausstreckte und den Prüfling an der Stirn berührte. Dabei goß sie ihre strahlende Vitalität über ihn aus und übergab ihm den Schlüssel, mit dem er die Tore zu ihrem Reich aufschließen konnte.

Seine Undine erschien als eine nackte weibliche Figur von einzigartiger Schönheit. Ihre Aura glitzerte, und ihr Körper schimmerte feucht. Sein Salamander war groß und dünn, eine Flammenkreatur. Arme und Beine waren wie Feuerzungen, und der feurige Körper ließ eine Menschengestalt ahnen. Zwei feurige Augen und ein flammendes Zentrum befanden sich mitten im Kopf. Eine kurze Berührung des Salamanders schien die Aura des Prüflings auf eine «wunderbar stimulierende und reinigende Art» anzufachen.

Immer mehr Luftgeister treten auf, «liebenswerte Kreaturen, die in der ganzen Loge umherschwirren und strahlen. Sie sind mit Lebensfreude und Lebenskraft aufgeladen, ihre männliche

Kraft befreit sich und geht in den Prüfling ein. Dadurch wird sein Astralleib offener für die Kräfte der Zeremonie. Ganze Kraftströme fließen in seine Aura. Ihre Strahlen glühen weiß, und sie wird immer größer. So wird der Astralleib gereinigt und verfeinert.»

Mit ihren Schwingungen helfen die Elementalen dem Prüfling, eine große Weiheerfahrung zu erlangen. Hodson erscheint es, als würden die Devas manchmal eine Folie quer über das Portal werfen, so daß die Aura des Prüflings gekämmt und gereinigt wird, wenn er hindurchtritt.

Dann wird der Kandidat den Engelscharen vorgestellt, zuerst durch Vermittlung ihrer Untergebenen, der Naturgeister, später trifft er direkt auf die höheren Intelligenzen. Zu diesem Zeitpunkt sind bestimmte Teile der Loge bereits stark mit Magnetkraft aufgeladen.

Wie wenig die Brüder über das eigentliche Geschehen auch wissen mögen, fest steht, so Leadbeater, daß jede Freimaurerloge ihren eigenen hochentwickelten Engel besitzt. Dieser Engel tritt nun in Gestalt des Freimaurermeisters mit einer Kohorte von Hilfsengeln auf, um an dem Vorgang teilzunehmen.

Damit ist der Höhepunkt der Zeremonie erreicht, und der Prüfling wird endgültig in den Orden aufgenommen. Es ist gleichzeitig der Augenblick, an dem ein bestimmtes Chakra geöffnet und eine bestimmte Kraft übertragen wird. Während dieser Zeremonie werden auf eine ganz bestimmte Weise Kräfte durch den Körper des Prüflings geschickt. Das Wichtigste dabei ist das Wecken der Kundalini («Schlangenkraft») im Prüfling durch den Oberpriester oder Meister. Denn es gehört zum Amt des Oberpriesters der Großen Mysterien, diese Gotteskraft in den Prüfling zu senken und seine Kundalini aufsteigen zu lassen, sagt Hodson. Angeblich war Leadbeater mit seiner Hellsichtigkeit Zeuge davon, wie man im alten Ägypten einen schwachen Stromschlag aus wirklicher Elektrizität durch den Körper des Kandidaten sandte, indem man ihn an bestimmten Körperstellen mit einem Stab oder einem Schwert berührte.

Theosophen kennen drei Quellen für die Grund- und Universalenergie der Kundalini: für den Makrokosmos die Sonne, für die Natur das Erdzentrum und für den Mikrokosmos oder den physischen menschlichen Körper das Kreuzbein am Ende der Wirbelsäule. Die Sonnen- und Planeten-Kundalini ist angeblich ständig in Aktion, so daß es dauernd zu einer Wechselwirkung zwischen der Sonne und allen ihren Planeten kommt. Beim noch nicht initiierten Menschen ist die Kundalini nur teilweise aktiv, und das auf zweierlei Art: als schöpferische Kraft, deren Strom zu sexueller Betätigung zwingt, und als Nervenfluidum, das die Nerven anregt. Unterhalb dieser äußeren Ebenen gibt es für die Okkultisten sieben tiefere Schichten oder «Schleifen» des gespeicherten Schlangenfeuers, das vor der Weihe im Sakralzentrum der menschlichen Wirbelsäule «schläft».

Kundalini oder Kundalini-Shakti als die Kraft, die sich schlängelnd bewegt, wirkt dreifach: als weibliche, männliche und neutrale Kraft. Die zentrale oder neutrale Kraft, die sogenannte Sushumna, fließt senkrecht den Wirbelsäulenkanal entlang, während die sich windenden weiblichen und männlichen Kräfte, Ida und Pingala, jeweils auf einer Seite von Sushumna fließen, sich in bestimmten wichtigen Energiezentren, den Chakren, kreuzen und sich mit ihnen verflechten. Ida wandert dann in die Hypophyse und Pingala in die Zirbeldrüse. Sushumna wandert die Wirbelsäule empor bis in das verlängerte Rückenmark, um an der bei Babys als Fontanelle bezeichneten Stelle des Schädels auszutreten. «Wenn der Schaft des Atman-Feuers, das den Mittelpunkt von Sushumna bildet, auf die dichteste physische Ebene gebracht wird», sagt Hodson, «wird die im Kreuzbein schlummernde positiv-negativ schöpferische Lebenskraft geweckt.»

Symbolisch gesehen, wird der Stab zur Schlange. Im Menschen bezieht sich «der Stab» auf beides: auf das Rückenmark und den Kanal sowie auf den ätherischen und übersinnlichen *channel* in seinem Zentrum, der von der Rückenmarkswurzel im Sakrum bis hinauf zum verlängerten Rückenmark im Gehirn verläuft. Dieser Kanal bildet das Vehikel für die kreative Lebenskraft, die beim Fortpflanzungsakt von oben bis unten in Aktion tritt. Dieser Strom, sagt Hodson, ist einpolig oder sogar von neutraler Polarität, denn er wirkt im männlichen wie im weiblichen Organismus. Bei okkulter Anwendung wird diese neutrale Kraft veranlaßt, nicht abwärts zu fließen, sondern das Rückenmark hinauf. Bevor die Kreativenergie dazu gebracht werden kann, andersherum zu fließen, müssen die positiven und die negativen Ströme erst dazu angeregt werden, nach oben zu fließen. Sobald diese dreifache Kraft das Gehirn erreicht, sagt Hodson, erleuchtet sie den Geist so sehr, daß der Mensch sozusagen zu einem Gott wird und von wunderwirkenden Kräften besessen wird. «Die intensiv verstärkten Schwingungen des Gehirns, der Drüsen, Zellen und der Luftsubstanz in den Ventrikeln veranlassen das Gehirn und den Schädel, für das eigene Leben und das Monadenleben sowie für das Bewußtsein Verantwortung zu übernehmen.»

Als Moses diese Schöpferkraft sublimierte und sie zwang, aus seinem Becken nach oben zu fließen, wurde sie zu einem Zaubermittel für ihn. «Damit gehorcht der Genius der vier Elemente Erde, Wasser, Luft und Feuer dem Willen dessen, der einen solchen Stab besitzt», sagt Hodson.*

In den Großen Mysterien zeigt sich die Bereitschaft, zum Freimaurermeister oder Eingeweihten des ersten Grades zu werden, nicht nur im Verlassen des physischen Körpers bei vollem Bewußtsein und in der Rückkehr mit vollständiger Erinnerung an alles in der übersinnlichen Welt Erlebte, sondern auch in der

---

* So unglaublich wie diese Bemerkung klingt auch der Bericht von C. Janarajadasa darüber, wie sich Leadbeater in Indien der Naturgeister bediente, um verschiedene chemische Elemente zu erforschen. Einige seltene und schwer zu beschaffende wie etwa Scandium konnte Leadbeater mit Hilfe eines Meergeistes lokalisieren. Er kontaktierte einen Triton, von dem er wußte, daß er im Meer nahe dem Strand von Adyar wohnte, und bat ihn, irgend etwas Ähnliches wie Scandium im Meer für ihn zu suchen. In null Komma nichts, sagt Janarajadasa, brachte der Naturgeist etwas Erbium nach oben, dessen Atome «wie kleine Nadeln oder eine Handvoll winziger Schreibfedern» aussehen sollen. Der Triton war zwar neugierig genug zu fragen, weshalb Leadbeater sie sehen wollte, konnte aber nicht verstehen, warum er ihm etwas geben sollte, was für ihn nichts anderes als Spielsachen waren.

Erkenntnis, daß es kein Du und kein Ich mehr gibt. Beides ist eines – Facetten von etwas, das beides transzendiert und beides mit einschließt. «Es ist eine Sache, hier unten darüber zu reden und es intellektuell zu erfassen. Es ist aber eine andere Sache, in diese wunderbare Welt einzutreten und sie mit einer Gewißheit zu kennen, die niemals erschüttert werden kann.»

Der Eingeweihte muß dann diese kosmische Einsamkeit durchschreiten, um seine Identität mit dem All zu entdecken. «Zum Schluß und für immer erkennt er, daß er der Ewige und der Ewige er selbst ist. Dann wird er niemals mehr in die Illusion eines eigenen Selbst abtauchen.»

Damit endet die Initiation. Mit dem Schließen der Loge zerstreuen sich die Heerscharen von Elementalen, die sich zusammengefunden haben, in alle Himmelsrichtungen. Nur ihre «Kapitäne», die von den Offizieren repräsentierten Engel, bleiben noch. Der Freimaurermeister spricht die Schlußformel, und die Engel der Hilfsoffiziere verschwinden. Zurück bleibt die hehre Gedankenform des Grafen von St. Germain. Als ständiger Großmeister der Freimaurer ist St. Germain durch seine dreiunddreißig Grade – die allerhöchsten Weihen, die sich auf die Mysterien des alten Ägypten beziehen – verbunden «mit dem Geisteskönig der Welt, dem mächtigsten der Adepten, der an der Spitze der Großen Weißen Loge steht und in dessen Händen die Schicksale der Erde liegen».

17 Große Weiße Brüder

Laut Hodson wurde das Wissen der Mysterien auf der Erde von einer rührigen Bruderschaft, den Wächtern des geistigen Erbes der Menschheit, am Leben erhalten. Durch alle Zeitläufte hindurch bewahrten sie das, was Hodson «das heilige Licht des geistigen und okkulten Wissens und der Weisheit» nennt. Die Hauptzentren dieser «Großen Weißen Bruderschaft» waren – Hodson, aber auch anderen Theosophen zufolge – in Luxor wie in Yucatán zu finden, in Ungarn und in Tibet. Ihre Mitglieder sind «die Hirten von Seelen, die dem Menschen alles andere als fern, sondern sehr nahe sind».

Dieses «dem Menschen sehr nahe» hat nicht wenig Widerspruch hervorgerufen. Schließlich weiß man von den Weißen Brüdern, daß sie ihren Anhängern zwar in Fleisch und Blut erscheinen können, aber auch körperlos auf der Astralebene oder geisterhaft materialisiert im scheinbar stofflichen Körper. Ganze Bände wurden darüber geschrieben, wie es St. Germain schafft, seinen Körper nicht altern zu lassen, so daß seine Gegenwart in sehr weit auseinanderliegenden Zeiträumen dokumentiert werden konnte. Leadbeater behauptet, daß es Meister wie dieser waren, die ganz bewußt der Theosophischen Gesellschaft den Rat gaben, das okkulte Wissen wieder in die Welt zu bringen und so den Weg für eine Neuetablierung der alten Mysterien zu bereiten. Besonders zwei Personen haben in dieser Richtung gewirkt: der indische Rajputenprinz Mahatma Morya und ein Brahmane aus Kaschmir, Koot Hoomi, den die Blavatsky, wie erwähnt, gut kannte. Nach sorgfältiger Überlegung, sagt Leadbeater, «taten die Meister Morya und Koot Hoomi den verantwortungsvollen Schritt und wählten die edle Arbeiterin

Madame Blavatsky aus, ihnen auf der körperlichen Ebene beizustehen. Als es soweit war, schickte die Bruderschaft sie nach Amerika auf die Suche nach dem Colonel Olcott.» Die Blavatsky schrieb selbst darüber: «Die Meister vom Himalaya standen hinter unserer Bewegung, und wir gründeten unsere Theosophische Gesellschaft auf ihren direkten Vorschlag hin. Sie zeigten uns, daß die Verbindung zwischen Wissenschaft und Religion, zwischen der Existenz Gottes und der Unsterblichkeit des menschlichen Geistes, wie ein Euklidisches Problem behandelt werden kann.»

Wie Hodson sagt, stand die theosophische Bewegung von Anfang an unter der Aufsicht gewisser Meister und Eingeweihter, die als die Bruderschaft von Luxor einen Zweig der Großen Weißen Bruderschaft darstellten. Zu ihren Mitgliedern gehörte auch Seraphis Bey. Er gab der Blavatsky Unterweisungen. Polidorus Isurenus war der Schriftführer der Luxor-Bruderschaft und unterrichtete Hodson, gemeinsam mit einem anderen Meister namens Tutuit Bey. Leadbeater behauptet, er und die anderen Mitbegründer der Theosophischen Gesellschaft wie Blavatsky, Besant und Colonel Olcott, aber auch viele Mitglieder der Gesellschaft hätten einige Meister «gesehen».

Als in der Anfangszeit der Gesellschaft die Blavatsky ihre Fähigkeiten erst noch entwickelte, materialisierten sich die Meister, sprich Theosophen, regelmäßig, so daß alle sie sehen konnten. Sie waren freilich in der Regel nicht wirklich physisch vorhanden. Dies geschah nur in wenigen Fällen. Dann befand sich der Meister ebenso wie die Person, die ihn sah, in einem stofflichen Körper. Die Blavatsky berichtete immer wieder von ihrer Begegnung mit Meister Morya im Londoner Hyde Park 1851. An ihrem späteren Wohnort, einem Kloster in Nepal, so behauptete sie, habe sie regelmäßig drei der Meister in ihren physischen Vehikeln gesehen und sei von ihnen in die Mysterien eingeweiht worden.

Nach Leadbeater sind einige Meister mehr als nur einmal in ihren physischen Körpern von ihren Eremitenstätten im indischen Gebirge hinabgestiegen: Colonel Olcott berichtete von zweien, die er gesehen habe, Meister Morya und Meister Koot Hoomi. Auch Leadbeater selbst erzählt von zwei solchen Begegnungen. Einmal traf er den Grafen von St. Germain, der sich als Meister auch Prinz Rakoczy nannte. Sie begegneten sich auf dem Corso in Rom, und der Meister sah aus wie ein besserer italienischer Herr. «Er führte mich hinauf in die Gärten des Monte Pincio, wo wir uns setzten und länger als eine Stunde über die Gesellschaft und ihre Arbeit sprachen.»

Leadbeater beschreibt St. Germain als nicht besonders groß; aber er hielt sich sehr aufrecht und zeigte ein militärisches Gebaren. «Er verfügte über die ausgesuchte Höflichkeit und Würde eines Grandseigneurs aus dem 18. Jahrhundert, eines Angehörigen einer sehr alten und edlen Familie. Seine großen braunen Augen strahlten Sanftheit und Humor aus, aber auch eine gewisse Macht. Seine Gegenwart ließ jeden gehorchen, so stark war seine Ausstrahlung. Sein Teint war olivfarben und gebräunt, sein kurzgeschnittenes braunes Haar in der Mitte gescheitelt und aus der Stirn gebürstet. Er trug einen kurzen Spitzbart und wurde häufig in einem schönen roten Militärmantel gesehen beziehungsweise in einer dunklen Uniform mit einem Besatz aus goldener Litze. Gewöhnlich residiert er in einer alten Burg in Osteuropa, die seiner Familie vor vielen Jahrhunderten gehört hat.»

In ihrer Autobiographie erzählt Annie Besant von ihrem Besuch bei Helena Blavatsky in Fontainebleau 1890. Plötzlich wachte sie auf und entdeckte, daß «die Luft im Raum in pulsierende Schwingungen versetzt war. Daraufhin erschien der strahlende Astralleib des Meisters (Morya), und ich konnte ihn mit meinen physischen Augen erkennen.»

Als Erklärung für das Kommen und Gehen der Meister Rakoczy, Morya und Koot Hoomi in und aus ihren physischen Körpern führt Leadbeater an, daß «sie sich ihrer Buddhi- und Atman-Ebenen bewußt und in ihnen aktiv waren», sobald sie sich zurückzogen. Auf die Frage, wie sie eine so hohe Stufe erreichen konnten, sagten ihm die Meister, daß auch sie vor noch nicht langer Zeit dort gestanden hätten, wo er jetzt stehe, dann aber die Stufe der gewöhnlichen Menschheit nach oben hin verlassen hätten. Es werde die Zeit kommen, sagten sie, daß auch alle anderen Menschen so würden, wie sie (die Meister) jetzt seien. Denn das ganze System bestehe aus einer stufenweisen Evolution des Lebens, die immer weiter nach oben führe, bis zur Gottheit selbst.

In seinem Buch *The Masters Revealed* («Die enthüllten Meister») versucht K. Paul Johnson in ziemlicher Ausführlichkeit aufzuzeigen, daß Morya und Koot Hoomi keine entkörperten Geister waren, sondern wohlbekannte historische Figuren. Demnach war Morya ein Maharadscha aus Kaschmir, Ranbir Singh, und Koot Hoomi ein Sikh aus dem Pandschab, Thakar Singh. Doch in dem Untertitel *Madame Blavatsky and the Myth of the Great White Lodge* («Madame Blavatsky und der Mythos der Großen Weißen Bruderschaft») zeigt sich ein Vorurteil, das die betriebsame Gelehrsamkeit des Autors in einem etwas fragwürdigen Licht erscheinen läßt. Auch wenn er die Existenz der Großen Weißen Bruderschaft nicht völlig in Abrede stellt, hat er doch erhebliche Zweifel. Überzeugender ist Richard Leviton. Er verbrachte mehrere Jahre in England, wo er sich einer langwierigen Einweihung unter dem Schutz derer unterzog, die er als «Familienengel und eine ganze Menge desinkarnierter früherer Freunde und geistiger Lehrer» bezeichnete. Im Verlauf seiner Analyse der Steinerschen Philosophie entdeckte er, daß Steiner niemals die Existenz einer Hierarchie von Mahatma-Meistern in Frage stellte, wohl aber «direkten Kontakt mit den Mitgliedern der Weißen Bruderschaft innerhalb und außerhalb der menschlichen Inkarnation» hatte. Die Mahatmas, sagt Leviton, waren zwar hochentwickelte menschliche Wesen, für die es geistig unerheblich war, ob sie lebten oder tot waren. Sie existierten aber auf alle Fälle in physischen Körpern gegen Ende des 19. Jahrhunderts auf der Erde.

Da sie vollkommen gesund leben und, vor allem, sich niemals Sorgen machen, sehen die Meister überall auf der Welt nicht nur gut aus, sondern verfügen auch über perfekte Körper. So wie Hodson ihn beschrieb, befand sich Meister Morya mit seinen fünfunddreißig oder höchstens vierzig Jahren auf dem Höhepunkt seines Lebens. «Ich konnte mir Seine Haut sehr genau anschauen, auch die Haare auf Seinem Kopf und das wunderbare ‹Licht› Seiner Augen.» Als er der Blavatsky in den fünfziger Jahren des 19. Jahrhunderts erschien, hatte er immer noch genau das gleiche Aussehen wie zu Beginn des 20. Jahrhunderts.

Meister Koot Hoomi schien ungefähr genauso alt zu sein wie Morya; dabei war allgemein bekannt, daß er Mitte des 19. Jahrhunderts einen Universitätsabschluß in England gemacht hatte. Er erschien zwar als ein Brahmane aus Kaschmir, hatte aber den hellen Teint eines Engländers und fließendes braunes Haar, «das im Sonnenlicht rotgolden schimmerte. Seine Nase war wie gemeißelt, und in den großen, schönen wasserblauen Augen spiegelten sich Liebe und Freude. Sein Ausdruck änderte sich mit jedem Lächeln.» Vor langer, langer Zeit soll er der große Lehrer Pythagoras' gewesen sein.

Morya erklärte Hodson, daß die Meister nicht nur in wirklichen Häusern mit wirklichen Räumen, Tischen und Stühlen lebten, sondern auch in sogenannter «Raumlosigkeit» weit hinter allen Grenzen des Raumes. «Dieser Planet, die Erde, ist eigentlich nur unser körperlicher Wohnort. Da wir Körper haben, müssen wir auch Wohnungen haben, und wir haben sie auch; aber unsere wirklichen Leben sind relativ körperlos und virtuell, ja, in erster Linie, grenzenlos.»

Als Hodson wissen wollte, wie die Eingeweihten die Geheimhaltung ihrer Wohnorte und ihrer selbst bewerkstelligen – schließlich gäbe es ja die Luftfotografie – erhielt er zur Antwort: «Durch Ablenkung des Lichts. Das ist nichts anderes, als wenn ein guter Yogi sich selbst unsichtbar macht, wie es H. P. Blavatsky tat.»

Hodsons Meister, Tutuit Bey, sagte ihm, daß sein Standquartier ganz in der Nähe des Ortes liege, an dem er ihn vermutete, allerdings sei es vollkommen vor den Blicken der Welt verborgen. Und weiter erklärte der Meister, daß dieses Verstecken durch einen Maya-Schleier geschehe, den sie über ihre Zentren zögen. «Niemand kann uns oder unsere Rückzugsorte gegen unseren Willen sehen, entdecken oder besuchen. Ebenso kann auch niemand, der über die Wüste Gobi fliegt oder sie durchwandert, die Überreste der Gebäude der einstigen Großen Weißen Insel im Gobi-Meer sehen. In unsere persönliche Zurückgezogenheit und die der Regierung der Bruderschaft einzudringen ist gänzlich verboten; und zwar so strikt, daß auch die sensationellste Erfindung heutiger oder zukünftiger Forscher es keinem einzigen Menschen ermöglichen könnte, unser Reich gegen unseren Willen zu betreten.»

Doch Koot Hoomi zeigte Hodson den Weg ins Tal, in dem er und andere Mitglieder der Großen Weißen Bruderschaft in ihren physischen Körpern residierten. Und Leadbeater behauptet, daß er vierzig Jahre lang, «während der Körper schlief», regelmäßig die Meister aufgesucht habe. Ferner weist er darauf hin, daß Krishnamurti im Vorwort seines Buches *Zu Füßen des Meisters* offen zugibt, daß die darin enthaltenen Worte fast alle von Meister Koot Hoomi stammen. Leadbeater erklärt das Phänomen: «Jede Nacht mußte ich diesen Jungen in seinem Astralleib zum Haus des Meisters bringen, wo er unterwiesen wurde. Der Meister widmete ihm jede Nacht etwa fünfzehn Minuten, in denen er mit ihm sprach. Am Ende wiederholte er die Hauptpunkte. Der Junge erinnerte sich am Morgen an die Zusammenfassung und schrieb sie nieder.» Von dem Buch wurden eine Million Exemplare allein in den Vereinigten Staaten verkauft. Eine andere bekannte Autorin auf dem Gebiet der Parapsychologie, Alice Bailey, hatte eine Unmenge von Büchern über Theosophie zusammengetragen und diente angeblich als Kanal für neunzehn komplette Texte des Tibeters Mahatma Djwal Khul, die dieser ihr in hellwachem Zustand diktierte.

Als Ort der meisterlichen Wohnsitze gab Leadbeater ein bestimmtes Tal in Tibet an, genauer: «eine Bergschlucht, an deren Hängen Kiefern wuchsen». Dort lebten in den dreißiger Jahren unseres Jahrhunderts – wirklich oder als Fantasieprodukte – zwei Meister: Morya und Koot Hoomi, jeder auf einer Seite der engen Schlucht. Meister Koot Hoomis Haus war durch einen

Gang zweigeteilt und von einem großen Garten mit blühenden Büschen umgeben. Außerdem gehörte ein Stück Ackerland zu dem Anwesen. Meister Moryas Haus hatte zwei Stockwerke. Eine verglaste Veranda ging zur Straße hin, wo ein Pfad den Abhang hinunter zu einer kleinen Brücke im Tal führte. Meister Koot Hoomi ritt einen großen Fuchs und wurde gelegentlich von dem auf einem wunderbaren weißen Hengst reitenden Meister Morya begleitet, etwa, wenn sie gemeinsam Klöster besuchten.

Für Paul Johnson sind alle diese Beschreibungen reine Erfindungen, die dazu dienen, die physische Identität der wirklichen Meister zu verschleiern und ihr Geheimnis zu wahren. Doch ob man nun an Magie glaubt oder nicht und auch wenn man weiß, daß Leadbeater ohnehin dazu neigt zu überziehen, ist anzunehmen, daß er und seine Theosophenfreunde – inklusive Blavatsky – in manchen Fällen die Dinge ein wenig verdreht haben. Nur so konnten ihre Vorstellungen von der engstirnigen viktorianischen Gesellschaft wenigstens halbwegs akzeptiert werden.

Nachgerade fantastisch ist Leadbeaters Beschreibung einer schmalen Öffnung im Felsen bei der Brücke am Fuße der Schlucht. Sie führt in ein großes unterirdisches System von Hallen, in dem «sich ein okkultes Museum befindet, das Meister Koot Hoomi im Auftrag der Großen Weißen Bruderschaft bewacht». Hier sollen unvorstellbar alte und sagenhaft wertvolle Originalmanuskripte liegen, «Manuskripte, die von der Hand des Herren Buddha in seinem letzten Leben als Prinz Siddharta geschrieben wurden sowie vom Herren Christus während seines Lebens in Palästina». Es mag unglaubwürdig klingen, daß der Essener Jesus von Nazareth Schriftliches hinterlassen haben soll, aber die am Toten Meer gefundenen Schriftrollen können kaum das einzige Produkt einer so ereignisreichen religiösen Periode gewesen sein. Bei der weiteren Schilderung der Höhlen behauptet Leadbeater, daß hier auch das Original des von Helena Blavatsky in ihrer *Geheimlehre* beschriebenen Buches von Dzyan liege. «Und hier lagern auch Modelle aller möglichen Maschinen, die von den verschiedenen Kulturen erfunden wurden; sowie genaue Zeichnungen von Zaubereien, die während der einzelnen Geschichtsperioden im Umlauf waren.»

Für Steiner, der selbst mit erstaunlichen Konzepten aufwartet, scheint nichts von alledem unglaubwürdig zu sein. Seine Interpretationen der Akasha-Chronik klingen oft noch viel märchenhafter. Und doch beendete Steiner den Kontakt mit den Theosophen; zum Teil wohl deshalb, weil sie die Freiheit der Menschen durch ihr blindes Vertrauen in die Lehre der Mahatmas einschränkten. Steiner selbst hatte, wie Leviton sagt, direkten Zugang zur Hierarchie der – inkarnierten wie entkörperten – Mahatmas. Seiner Meinung nach wollten die Logen und die Mahatmas die Theosophie des 19. Jahrhunderts kompromittieren, um Blavatskys exakte Wahrnehmung und ihr Verständnis Christi zu beeinträchtigen. Dabei «haben sie sie wie eine Puppe manipuliert und sie ihren eigenen Zielen gemäß in die verschiedensten Richtungen gezerrt». Daraufhin entwickelte Steiner die Anthroposophie, mit dem Ziel, gegen die einseitig proindische Richtung der Theosophie vorzugehen.

Steiner mag die Rosenkreuzer und Goethe studiert haben, seine theosophischen Methoden mögen wissenschaftlich begründet sein und er mag auch Respekt vor dem historischen Erbe gehabt haben – im Herzen aber, so sagt Leviton, war er immer ein Rebell, ein Unbequemer, der eine Bewegung begründete, die der autokratischen Führung ferner, oft körperloser Mahatmas unterlag. «Er ging seinen eigenen individuellen Weg, und es kam zum Bruch mit den Materialisten, den Spiritisten, den Theosophen und den Logen. Er ging seinen Weg und folgte nur den Lehren der übersinnlichen Hierarchie, so gut er es vermochte. Die Ergebnisse präsentierte er innerhalb der etablierten westlichen Philosophie, des Initiationsokkultismus und des esoterisch-christlichen Spiritismus.» Die Theosophie, schließt Leviton, solle mit dem Erreichten zufrieden sein; sie habe keinen Platz in der Anthroposophie. In der Tat: Genau besehen, stammt jeder Grundsatz der Anthroposophie direkt aus dem Munde – oder der Feder – Steiners.

Hodson hingegen blieb den Logen sein Leben lang treu. Obwohl er es beklagte, daß soviel von dem alten Wissen in Vergessenheit geraten sei, versicherte er seinen Anhängern, daß die okkulten Logen immer noch die höheren Weihen der Mysterien durchführten und daß «die Oberpriester der Großen Weißen Bruderschaft die wahren Geheimnisse bewahren und nach wie vor die Suche eines ernsthaften Freimaurers belohnen werden».

Laut Leadbeater sind die Meister der Großen Weißen Bruderschaft ständig damit beschäftigt, neue Pläne auszuarbeiten, um die Evolution zu beschleunigen und die menschliche Spezies emporsteigen zu lassen. Dabei machen sie alle diejenigen zu ihren Schülern und Zöglingen, die bereit sind, den Pfad zu betreten, «so daß sich die Reihen der Hierarchie niemals lichten». Er behauptet, daß die Meister Morya und Koot Hoomi weiterhin mit den üblichen Initiationsriten Kandidaten in die Bruderschaft aufnehmen. Dies geschieht normalerweise in ihrem alten Höhlentempel nahe bei der Brücke, die den Fluß überspannt, an dessen entgegengesetzten Ufern ihre Häuser stehen. Dorthin wird am Tage des Hexensabbats der Prüfling zitiert; er hat in seinem Astralleib zu erscheinen. Zur ersten Initiation gehört, daß die Meister dem Prüfling Astralgegenstände zeigen, die er erkennen muß. Er muß auch zwischen dem Astralleib eines lebenden Menschen und dem eines Toten sowie zwischen einer realen Person und einer Gedankenform eines der Meister beziehungsweise einer genauen Nachbildung desselben unterscheiden können. Bis zur ersten Weihe muß der Prüfling nachts in seinem Astralkörper arbeiten. Dann muß er sich auf der stofflichen Ebene zeigen, aber weiterhin in seinem Astralleib arbeiten. So muß er einen physischen Körper materialisieren, was «eine ungeheure Kraftanstrengung bedeutet».

Leadbeater berichtet weiter, daß alles, was bei der zweiten Weihe geschieht, auf der mentalen Ebene stattfindet und daß alle, die damit zu tun haben, in ihren mentalen Körpern wirken und nicht in denen der Astralebene. Um dies zu schaffen, muß man zeitweilig einen Astralleib materialisieren.

Führt der Herr Maitreya – also der Bodhisattva oder Weltenlehrer, Führer der Großen Weißen Bruderschaft – die Initiation durch, findet sie gewöhnlich in seinem Garten oder im größten Raum seines Hauses statt. Dort hält er in seinem wirklichen physischen Körper den Vorsitz, während alle anderen – mit Ausnahme des Prüflings – bei der ersten Weihe ihr Astralgefährt benutzen, bei der zweiten ihren Mentalleib. «Die anwesenden Großen», sagt Leadbeater, «können ohne Schwierigkeiten ihr Bewußtsein auf jede erforderliche Ebene fokussieren. Dabei bilden die Astral- und Mentalebenen perfekte Gegenbilder der physischen Wirklichkeit. So sieht alles ganz korrekt aus. Die im Verhältnis zu den grobstofflichen Gegenständen eingenommenen Positionen sind die oben beschriebenen.»

Ebenfalls wie schon beschrieben finden die wahren und höheren Weihen außerhalb des physischen Körpers statt. Während der verschiedenen Stadien der ersten, zweiten und dritten Weihe entwickelt der Prüfling nach und nach sein Buddha-Bewußtsein; bei der vierten Weihe tritt er ins Nirvana ein. Das Wort «Nirvana» haben europäische Orientalisten – ganz wörtlich – mit «Ausblasen» oder «Auslöschen» übersetzt, als würde man eine Kerze ausblasen. Doch diese Bezeichnungen sind nicht wirklich treffend – außer daß es um die Auslöschung des Menschen auf Erden geht. Leadbeater sagt: «Dort (im Nirvana) ist er kein Mensch mehr, sondern Gott im Menschen, ein Gott unter anderen Göttern, und doch weniger als sie.»

Wer die höheren Weihen erhalten hat und hier auf Erden bleiben möchte, um der Menschheit bei ihrer Entwicklung zu helfen, damit sie das gleiche Ziel erreiche, sollte seinen physischen Körper wiedererhalten. «Für diesen Zweck ist dieser ganz normale Körper am besten geeignet. Er muß allerdings nicht nur absolut gesund sein, sondern sollte auch unbedingt so viel vom Ego ausdrücken können, wie dies auf der physischen Ebene möglich ist. Der Körper muß zur Arbeit taugen und ungeheure Anstrengungen aushalten können, die weit über die eines normalen Menschen hinausgehen.»

Die Kommunikation zwischen den Meistern und ihren theosophischen Schülern findet auf sehr ungewöhnlichen Wegen statt. So sollen angeblich plötzlich Briefe von der Decke fallen oder sich aus dem Nichts manifestieren. Dies trug natürlich dazu bei, daß die Gesellschaft in Mißkredit geraten ist. Aber es gab auch einige außergewöhnliche psychische Manifestationen. Wie Hodson schreibt, wurde ihm eine von den Meistern gewünschte Kommunikation immer mit einem elektrischen Stromschlag angekündigt, der sich seitlich an seinem Kopf entlangzog. Als Hodson in der Belvedere Street wohnte, wurde seine Aufmerksamkeit regelmäßig auf die Gegenwart eines Meisters gerichtet, der mit ihm sprechen wollte. Er nahm dann Geräusche wie von einer metallenen Rassel wahr, die aus einem Holzschrein kamen, in dem sich die Bilder der Meister befanden. Mit Yoga-Übungen brachte sich Hodson dann selbst in einen geistigen Aufnahmezustand, «und das im Geist des Meisters vorhandene Wissen wurde in meinem Geist geweckt». Das war kein Hellhören, wie Hodson betont, denn es war kein Laut zu vernehmen, sondern ein innerlich übertragenes aktives Verständnis. Es war eine Übertragung von einem bewußten Geist zu einem anderen vollbewußten Vorstellungsgeist, die anfänglich in Gedanken stattfand, dann in verbalen Verlautbarungen, und zwar unaufhörlich. «Während des Empfangs tauchten Vorstellungen auf und etablierten sich in meinem Geist, und das bei vollem Selbstbewußtsein, Superselbstbewußtsein sogar – als wäre es mein eigenes Wissen.»

Als Hodson es wagte, sich dem Ganzen zu nähern, konnte er darin in keiner Weise etwas Mediumähnliches entdecken, denn er dachte jeden von seinem Lehrer und Meister empfangenen Gedanken zu Ende, «ihn vollkommen verstehend und davon geistig erleuchtet, bevor das Gespräch überhaupt begann und auch währenddessen».

Wie Hodson in seinem lebenslang geführten Tagebuch festhielt, bestätigte dies Meister Morya. Er sagte, daß Hodson bei seinem ganzen hellseherischen Wirken und Forschen und auch beim Empfang von Nachrichten der Meister und Engelwesen immer bei vollem physischen und mentalen Bewußtsein gewesen sei, ausgestattet mit einer «hypermentalen Wahrnehmung».

Auf diese Weise, sagt Hodson, war es dem Meister möglich, ihn die Bedeutung der Schriften und literarischen Texte wissen zu lassen. Dies war für Hodson ein großes Geschenk, das ihn in die Lage versetzte, diese Texte einem größeren Publikum zu erläutern. Easton weist darauf hin, daß zahlreiche Bibelstellen einander nicht nur widersprechen, sondern in nichts mit dem übereinstimmen, was der menschliche Geist als vernünftig ansieht. Besonders trifft dies zu bei den angeblich geoffenbarten Texten vieler früher Kirchenväter. Steiner behauptet sogar, daß die Evangelisten nur mit Hilfe der spiritistischen Wissenschaft zu verstehen seien.

Viele Jahre lang stand Hodson täglich in Verbindung mit dem Meister Polidorus. Wie er in seinem Tagebuch festgehalten hat, erhielt er von ihm Informationen über seine – Hodsons – früheren Leben. Demnach lebte er im 17. Jahrhundert in England und starb im mittleren Alter auf tragische Weise; auch zur Zeit der Tudors lebte er in England, als Gentleman auf dem Lande. Im 10. Jahrhundert erschien Hodson als Ayurveda-Arzt und untersuchte Kräuter und Mineralien auf ihre okkulten und physikalischen Eigenschaften hin. In einem anderen früheren Leben war er der Jude Aristobolus, Sohn des Alexander Janneus, eines Fürsten in Judäa zur Zeit Jesu. Damals traf er zum ersten Mal Polidorus, der gerade Philo Judäus war. Davor lebte Hodson als Sibylle in Cumae. Hier – so sieht es der Meister – wurde die Saat gelegt für sein okkultes Leben in drei aufeinanderfolgenden Inkarnationen. Danach, während der Zeit des Untergangs des Römischen Reichs, war Hodson schließlich eine römische Matrone.

Polidorus erzählte Hodson viel von dessen früheren Leben, in denen er hart für die Bruderschaft gearbeitet hatte. Hodson litt schrecklich, als er sich lebhaft an das Zusammensein mit Meister Polidorus in einem ägyptischen Tempel, vielleicht in Karnak, erinnert fühlte, wo er zwischen den hohen Säulen wandelte, durch einen Geheimgang ging und in einer Krypta landete.

Er erfuhr auch, daß er Francis Bacon gekannt hatte und von ihm im Rosenkreuzertempel von Gorhambury empfangen worden war.

Da er im früheren Leben so viele Mysterien erfahren hatte, bedeutete das Erwachen zum jetzigen Bewußtsein, schlußfolgerte Hodson, eine Neuentdeckung des Wissens, das er sich durch das Studium und durch philosophische Erziehung in früheren Inkarnationen erworben hatte. Hodson fiel aber noch etwas anderes auf, das er als noch wichtiger empfand: Hat ein Mensch in einem oder mehreren früheren Leben drei Weihen erhalten und ist bis zur vierten fortgeschritten, dann ist es ihm in seinem augenblicklichen Leben möglich, schneller voranzuschreiten, bis schließlich keine Notwendigkeit mehr für das Ritual selbst besteht.

Wie Polidorus erklärte, werden bei einer physischen Initiation die Kräfte früherer Persönlichkeiten auf die gegenwärtige übertragen. Das alte Selbst ist nicht verschwunden, sondern unauslöschlich in der Akasha-Chronik niedergeschrieben und kann dort nachgelesen werden. Fehler können nicht ausradiert, sondern nur durch das Karma ausgeglichen werden.

Polidorus gab Hodson Anweisungen und verlangte von ihm, täglich und regelmäßig zu meditieren, um die Kundalini zu wecken und ihre drei Energieströme nach oben zu ziehen. Einige Zeit davor war Hodson mit Meister Rakoczy in seinem Tempel gewesen und hatte festgestellt, daß die kosmische Fohat (oder Kundalini) die große Kraftquelle ist. «Dieses weiße, kalte Feuer spielt wie ein beständiges Blitzgewitter in und durch und um diejenigen herum, die sich ihre Kraft erschließen und sie nutzbar machen.»

Zum Schluß ließ Polidorus Hodson noch wissen, daß seine Wiedereinführung in die Mysterientradition kein Zufall gewesen sei, sondern eine absichtliche Einmischung der Bruderschaft in sein Leben. Dazu gehörte auch die «Benutzung» seines Hundes Peter, der ihm die ersten Feen zeigte. Hodson fügte dem hinzu: «Die Fotografien der Naturgeister, die den beiden englischen Mädchen in den zwanziger Jahren gelangen, hatten damit auch zu tun – man kann sie als eine vom Meister inspirierte Tat bezeichnen. Mit ihr sollte auf die Existenz von Naturgeistern hingewiesen werden sowie auf die okkulte Geheimlehre über die Existenz und die Aufgaben der Engelshierarchien.»

Hodson starb in Frieden am frühen Morgen des 23. Januar 1983 in Auckland, Neuseeland, im Alter von sechsundneunzig Jahren, nach seiner letzten öffentlichen Lesung vor der ortsansässigen Theosophischen Gesellschaft. Das Thema lautete: «Kundalini-Shakti: ihre Nutzung in der okkulten Forschung».

18 Was geschehen sollte

Wie lauten nun die Botschaften der Theosophie und der Anthroposophie, und wie unterscheiden sie sich voneinander? Die Antwort auf letzteres lautet: vor allem in ihren Ansichten über Christus. In Indien stieß Leadbeater auf einen jungen Mann aus Madras: Jiddu Krishnamurti. Dieser damals dreizehnjährige Brahmane beeindruckte ihn so sehr, daß er ihn nach England mitnahm und ihm dort eine höhere Bildung angedeihen ließ. Er glaubte fest daran, den kommenden Buddha gefunden zu haben. Annie Besant ging noch weiter und sah in dem Jungen die Reinkarnation Christi. Der bescheidene und weise Krishnamurti wies beides von sich, entwickelte sich aber schließlich zu einem der wirklich Erleuchteten unter den indischen Gurus.

Zu jener Zeit, im Jahre 1913, brach Steiner – damals Generalsekretär der Deutschen Theosophischen Gesellschaft – den Kontakt zu Besant und Leadbeater ab mit der Begründung, Christus würde auf Erden nicht in einem physischen Körper, sondern in einem ätherischen Leib wiedererscheinen. Er gründete dann seine eigene Anthroposophische Gesellschaft.

Die Theosophen näherten sich der Geschichte und Wissenschaft mit okkulten Praktiken und verglichen die in Jahrhunderten von den verschiedenen Sehern in der Akasha-Chronik gesammelten Daten miteinander, bis sie genügend aufeinander abgestimmte Belege hatten, um es wagen zu können, Rückschlüsse zu ziehen. Steiner wählte einen anderen Weg. Er erhob den Anspruch, daß seine Aussagen aus seiner eigenen Erforschung der Chronik und seinen eigenen Rückschlüssen resultierten. Sein Wirken schlug sich nieder in über vierzig Büchern und gut sechstausend Vorträgen, die von seinen Anhängern niedergeschrieben wurden. In diesem monumentalen Werk beschreibt er detailliert die «kosmische Geschichte» und die «Weisheit der Welt». Sein Ziel war es, das «Geheimnis» zu lüften und das «Okkulte» der gesamten Menschheit zugänglich zu machen. Er wollte das Verständnis der Menschen vertiefen und bewies, daß die Menschheit wie die Welt einem göttlich-geistigen Kosmos entsprungen sind, in dem sich jeder das Wissen höherer Welten anzueignen vermag.

Grundlage der Steinerschen Philosophie, und auch der Theosophie, sind die Gesetze von Karma und Wiedergeburt. Demnach muß der menschliche Geist, um seine ethische Entwicklung zu vollenden, mehrere Leben auf Erden verbringen; die Taten früherer Leben werden in späteren Inkarnationen belohnt. Natürlich war Steiner mit den Upanischaden vertraut. Dort drückt das Karma das unausweichliche moralische Kausalgesetz aus: Was immer ein Mensch sät, das wird er ernten. Dies galt als universelles Gesetz, als Quelle, Ursprung und Taufbecken aller anderen Naturgesetze und gleichzeitig als Garant für den Ausgleich menschlicher Ungerechtigkeit. Für die Theosophen waren alle sozialen Mißstände, die Klassenstruktur der Gesellschaft, der Unterschied der Geschlechter und die ungleiche Verteilung von Kapital und Arbeit Auswirkungen des Karmas. Für sie war deshalb Mitleid ein besseres Gegenmittel als Empörung und Revolte. Was die Wiedergeburt betrifft, so glaubten sie, daß der Geist eines Menschen zu Beginn seines irdischen Daseins nicht «neuer» sein müsse, als er es an jedem Morgen ist. Im übrigen müsse jemand, der eine Seele nur für eine kurze Lebenszeit erschaffe, unabhängig davon, ob es sich um einen glücklichen Menschen oder um eine arme Kreatur handle, eher ein böser Teufel sein als ein Gott.

Steiner lehrte, daß die vom Menschen zu erreichende höchste Stufe geistiger Entwicklung unweigerlich zur Ich-Beherrschung des astralen, ätherischen und physischen Körpers führe und daß die Vergeistigung der Materie das Ziel der Menschheit sei. Für Gurus hatte Steiner nichts übrig. Er zog es vor, daß die Menschen von sich aus lernten, und sah in sich selbst nur einen brüderlichen Lehrer. Seine Anthroposophie legte größten Wert auf die Freiheit, «Freiheit von den Machenschaften der okkulten Logen oder der Mahatma-Hierarchien». Er hielt es nicht mit dem Nirvana des Ostens, seine Geisteswissenschaft war darauf gerichtet, die Welt zu verändern. Sein Ziel war es, den Geist für die Entwicklung der Menschheit und der Welt zu nutzen und dadurch zu einer höheren und nicht geringeren Bewertung des Lebens im jetzigen physischen Körper zu kommen. Viele Theosophen wechselten zur Anthroposophischen Gesellschaft, um Steiners «Geisteswissenschaft» in sich aufzunehmen. Auch nach seinem Tode im Jahre 1925 wurde seine Philosophie gelehrt und weiterentwickelt.

Steiner war Philosoph, Schriftsteller, Architekt, Maler, Bildhauer, Poet, Dramatiker, Erzieher und Erfinder der Eurythmie, mit einem Wort: ein Genie. Da fragt man sich, warum anscheinend nur Anthroposophen begreifen, was der «Meister» gelehrt oder gemeint hat. Von «ganz normalen» Leuten, aber auch von Akademikern, etwa Historikern, wird Steiner «im großen und ganzen nicht als ein großer Prophet des 20. Jahrhunderts, wenn nicht der ganzen Epoche angesehen». Trotz (oder gerade wegen) des ungewöhnlichen Beitrags, den er in seinen Vorlesungen und Büchern über einen Zeitraum von fünfundzwanzig Jahren geleistet hat, ist er praktisch unbekannt. Eine kurze Passage aus Colin Wilsons Steiner-Biographie gibt die Erklärung: «Von all den bedeutenden Denkern des 20. Jahrhunderts ist Rudolf Steiner vielleicht derjenige, der am wenigsten zu begreifen ist. Einen unvorbereiteten Leser stellt das Werk vor eine ganze Reihe erheblicher Hindernisse. Das liegt allein schon an seinem abstrakten Stil, an dem man zu kauen hat wie an einem trockenen Brötchen. Die wahre Ursache aber ist natürlich in dem seltsam fremden und bizarren Inhalt zu suchen, hinter dem der Leser einen Schwindel oder zumindest eine unverschämte Bauernfängerei vermutet. ... Die bei der Lektüre entstehende Frustration bringt selbst den aufgeschlossensten Leser dazu, angewidert aufzuhören.»

Am Ende freilich erklärt Wilson, daß Steiner «einer der größten Männer des 20. Jahrhunderts» gewesen sei. Die große Bedeutung seiner Aussagen könne man gar nicht genug betonen.

Richard Leviton hat Colin Wilson gegenüber den Vorteil, selbst Hellseher und Eingeweihter zu sein. So hatte er – wie er selbst es ausdrückt – «eine direkte Verbindung zu Steiners Lehren». Das schwer zu begreifende Werk Rudolf Steiners bereitete ihm keine Schwierigkeiten, und er fand es «spannend wie die Fälle der Agatha Christie».

Was die Welt der Naturgeister betrifft, so ist Steiners Beitrag unvergleichlich. Immer wieder klagte er darüber, daß die Menschen durch Welten voller Geister gingen und sie nicht sähen. Auch deren geistige Tätigkeit bleibe ihnen verborgen, obwohl doch alles, was wir tun, davon abhänge und wir ohne sie gar nichts bewirken könnten. Steiner fleht uns geradezu an, diesen Geistwesen die Chance zu geben, sich zu manifestieren, wozu sie nur allzu bereit wären, wie er versichert. «Dieser ganze Chor kann sich uns regelrecht aufdrängen und sich uns zeigen, wenn wir ganz bewußt spirituelle Ideen haben, oder er bleibt unseren Blicken verborgen.»

Wir müssen nur, sagt Steiner, den Geistwesen, die hinter unserer normalen Umgebung schweben, die Hand reichen. Denn nur wenn wir den Flügelschlag des Geisteslebens akzeptieren, das in unsere physische Welt eintreten möchte, können wir unsere eigenen Ziele erreichen. Wir werden dann gezwungen, mit den Naturgeistern Bekanntschaft zu schließen, und zwar auf die gleiche Weise, wie wir vertraut wurden mit Sauerstoff, Wasserstoff, Kalzium und so weiter. Wenigstens auf halbem Wege sollten wir der Welt der Geister entgegenkommen, um nicht mit all unserer Kultur zu degenerieren. Steiner warnt uns auch davor, die geistige Welt noch länger zu ignorieren. Täten wir das weiterhin, bestünde die Gefahr, daß der ganze Geisterchor in die Hände der Widersacher falle. «Wenn der Mensch sich nicht der geistigen Wirklichkeit nähert, wird etwas auf der Erde geschehen, das ganz anders ist als das, was geschehen sollte.»

Wie Steiner selbst einräumte, ist es nötig, über hellseherische

Fähigkeiten zu verfügen, um die Wahrheiten der Geisteswissenschaft zu entdecken. Aber es sind keine hellseherischen Fähigkeiten erforderlich, um mit diesen Wahrheiten zu leben. Alles, was wir brauchen, ist ein gesunder Menschenverstand, mit dem man auf das schaut, was direkt vor einem liegt. Und selbst wenn man die Fähigkeit zur übersinnlichen Wahrnehmung nicht erwerben möchte, wird einem, wie Steiner sagt, das Leben doch verständlicher, wenn man wenigstens akzeptiert, was aufgrund einer solchen Wahrnehmung behauptet wird, und diese Behauptungen für seine eigenen Erfahrungen nutzt. «Nähert man sich der Natur in Liebe, erwirbt man ein Bewußtsein, das nicht vom falschen Glanz eines heutzutage autoritär gewordenen Wissens verdorben ist. Und mit der Zeit entdeckt man – zusammen mit den durch die Weihe erworbenen Kenntnissen – das Wissen wieder, das die Menschheit verloren hat.»

Mit einfachen Worten sagt Steiner, daß jeder, der sieht, wie ein Baumgeist aus seinem Baum tritt, «wie dies seine alten Vorfahren taten», auch in der Lage sein wird, sich selbst in früheren Erdenleben zu sehen und die Entwicklung zu erkennen, die zum Verständnis des Karmas führt. «Je stärker diese Verbindungen werden und je mehr sich diese Gefühle der Kameradschaft in völliger Freiheit entwickeln können, desto eher werden höhere Wesen zu menschlichen Wesen herabsteigen und um so schneller wird die Erde vergeistigt. Seit dem letzten Drittel des 19. Jahrhunderts erlebten wir eine wahre Flut von Geistwesen aus dem Kosmos. Sie versuchen, auf der Erde Fuß zu fassen – doch das können sie lediglich, wenn die menschlichen Wesen ganz erfüllt sind von den Gedanken an die Geistwesen im Kosmos.»

Hodson fügt dem hinzu, daß die Seher immer schon gesagt haben, wir besäßen alle jemals für diese Forschung erforderlichen Werkzeuge selbst. Jüngst gewonnene Erfahrungen bestätigen die Theosophische Ansicht, daß es in jedem Menschen nichtaktivierte Sinne gibt. Würden diese entsprechend aktiviert, könnten sie die Untersuchung einer normalerweise unsichtbaren Welt aus nichtphysischer Materie um uns herum ermöglichen. Dieser bis jetzt nur latent vorhandene sechste Sinn wird eines Tages als ein natürliches Mittel der Erkenntnis genutzt werden können. Leadbeater sagt dazu, daß es dieser mit Hilfe von Meditation und Sensitivierung der Bewußtseinsvehikel entwickelte Sinn ist, «der dem Betrachter die Augen öffnen wird für die lebenden Vertreter der riesigen Scharen von Astralwesen, die vielgestaltigen Formen der unaufhörlichen Gezeiten elementaler Essenz».

In seinen Werken beschreibt Steiner Übungen, die – bei systematischer und exakter Durchführung – einschlägige Ergebnisse zur Folge haben sollen. Laut Steiner wird auf der ersten Stufe des Hellsehens der Astralleib eingesetzt: «Sobald das hellseherische Bewußtsein in uns aufleuchtet, erhalten wir einen lebhaften Eindruck von den Wesen der Dritten Hierarchie und ihren Abkömmlingen, den Naturgeistern.» Die zweite Stufe wird im Ätherleib erklommen; «und wenn es einer lernt, seinen Ätherleib als ein Instrument der Hellsichtigkeit zu benutzen, kann er allmählich alles in der Geisteswelt wahrnehmen, was zu den Wesen der Zweiten Hierarchie gehört».

Diese Welten, die uns überall umgeben, sind keine voneinander getrennten, unverbundenen Substanzen, sondern durchdringen sich gegenseitig und verschmelzen beinahe miteinander. Dies aber ist keine neue, fremde Materie, sagt Hodson, sondern eine ganz normale, grobstoffliche, die jedoch in Äther-, Astral- und Geistebene unterteilt ist – und rascheren Schwingungen unterliegt. Nach Steiner kennen jedoch nur jene hochentwickelten Individuen, die ihren Ätherleib wie Fühler ausstrecken können, die Wesen der Zweiten Hierarchie und die Gruppenseelen (oder Devas), die über die verschiedenen Naturreiche herrschen. Beim Erreichen dieser zweiten Stufe des Hellsehens macht man laut Steiner eine ganz bestimmte Erfahrung: «Man scheint aus sich selbst herauszutreten und fühlt sich nicht mehr in seiner Haut gefangen. Bei der Begegnung mit einer Pflanze, einem Tier oder sogar einem Menschen hat man das Gefühl, als wäre ein Teil des eigenen Selbst in Wirklichkeit in dem anderen Wesen. Bei normalem Bewußtsein und auch noch auf der ersten

Stufe des Hellsehens kann man noch sagen: Hier bin ich, und dort sehe ich das andere Wesen. Im zweiten Stadium kann man nur noch sagen: Wo sich das andere, von mir wahrgenommene Wesen befindet – da bin ich.»

Dieses Gefühl beschreibt Steiner so, als würde der ganze Ätherleib Fühler entwickeln und sie nach außen strecken, um sich damit in andere Wesen zu versenken. Es kommt einem totalen Eintauchen gleich. Danach lernen die Hellseher, in das Bewußtsein von etwas anderem einzudringen. Dieses Etwas ist alles, was wie ein Mensch leiden und sich freuen kann, also alles, was lebendig ist. In etwas Lebloses oder scheinbar Lebloses, etwa in das Reich der Mineralien, kann man nicht eintauchen. «In diesem Stadium der hellseherischen Fähigkeit lernen wir nur, mit Pflanzen, Tieren und anderen Menschen zu leben. Und wir lernen zu erkennen, daß es hinter allen lebenden Dingen eine geistig höherstehende Welt gibt – die Wesen der Zweiten Hierarchie (Exusiai, Dynameis und Kyriotetes, die Geister der Form, der Bewegung und der Weisheit). Auf dieser zweiten Stufe fühlen wir uns eins mit anderen Wesen, wissen aber gleichzeitig, daß wir selbst noch da sind, neben dem anderen Wesen.»

Für den Aufstieg zur höchsten hellseherischen Stufe, zur Welt der Throne, Cherubim und Seraphim, den sublimierten Geistern des Willens, der Harmonie und der Liebe, müssen wir die letzten Reste unseres ichbezogenen Denkens ablegen. «Wir müssen uns vollkommen des Gefühls entledigen, daß wir als eigenständige Wesen existieren. Wir müssen das fremde Wesen als uns selbst empfinden. Dann erst können wir auf uns wie von einem anderen Wesen aus blicken. Wir sehen aus dem fremden Wesen heraus und sehen uns als das fremde Wesen. Nur dann, wenn diese dritte Stufe erreicht ist, wird es uns gelingen, auch andere Wesen als die der Zweiten und Dritten Hierarchie wahrzunehmen. Dann beginnen wir Throne zu sehen, die Geister der Ersten Hierarchie, deren unterste Substanz der Wille ist.»

Auf der Geistebene ist die «Vision» ganz anders, wie Leadbeater behauptet. «Nun kann man nicht mehr von einzelnen Sinnen wie dem Gesichts- oder dem Hörsinn sprechen, sondern nur noch von einem allgemeinen Sinn, der auf die ankommenden Schwingungen reagiert. Das heißt, daß alles, was von ihm wahrgenommen wird, im gleichen Augenblick auch voll verstanden, gesehen, gehört, gefühlt und gewußt wird. Und zwar wirklich alles, auch das, was um die Sache herum zu wissen ist, und alles geschieht gleichzeitig.»

Die Anthroposophie hat die Aufgabe, dafür zu sorgen, daß die Wirklichkeit himmlischer Wesen und die meditativen Praktiken, die zur wirklichen Erfahrung dieser Wesen führen, jedem zugänglich gemacht werden, der diesen Weg im vollen Bewußtsein betreten möchte.

Erst jetzt, sagt Steiner, kann und sollte die Wahrheit völlig aufgedeckt werden. Und Easton erklärt, warum der Mensch seine atavistische Fähigkeit des Hellsehens verlieren, ja sogar damit aufhören muß, in die Geisterwelt schauen zu können. «Solange er Geistwesen wahrnehmen konnte, konnte er ihre Existenz nicht leugnen, diese Möglichkeit des Leugnens jedoch gehört unbedingt zur Freiheit des Menschen.» Wir hätten nie erkannt, daß wir menschliche Wesen sind, sagt Steiner, wenn wir nicht die Fähigkeit verloren hätten, in die Geisterwelt zu schauen, und statt dessen ein Ich-Bewußtsein entwickelt hätten. Die physische Welt hat nur den einen Sinn, einen Kontext zu schaffen, in dem das menschliche Selbstbewußtsein frei agieren kann. Andernfalls wären wir «ständig an die Schürzenbändel der himmlischen Hierarchie gebunden gewesen und hätten das Übersinnliche nur als etwas Diffuses, wie in Trance oder im Traum Erlebtes wahrgenommen». Um ein Ich-Bewußtsein zu entwickeln, mußten die Menschen sich selbst von ihrer Umgebung unterscheiden. Das ist es, was das Ich und das «ich bin» ausmacht. Nun aber müssen wir durch unser eigenes Bemühen das Bewußtsein von Geistwelten entwickeln, dabei das irdische Bewußtsein aber behalten. Wir müssen lernen, die Welt durch andere Wesen zu sehen, dabei aber die physische und die übersinnliche Welt sehen, und zwar in wachem, aufmerksamem Zustand wie ein hellsichtiger Wissenschaftler. Unser letztes Ziel ist es, unseren Astral- und unseren Ätherkörper sowie unseren physischen Körper zu spiritualisieren, bis sie von unserem unsterblichen geistigen Ego beherrscht werden. Dann ist jeder von uns ein Meister. Heutzutage, sagt Steiner, ist das – hochentwickelte – Denken selbst in der Lage, die fühlbare wie die übersinnliche Welt zu begreifen. «Doch es bestehen keine notwendigen Begrenzungen für das Wissen, und um es zu stärken, müssen wir nicht auf eine von Gott gegebene Offenbarung warten.» Laut Steiner führt jeder Schritt in unser inneres Wesen automatisch in die geistige Welt. Je tiefer wir in diese Welt eindringen, desto höher steigen wir auf in der Welt der Geistwesen.

Idealerweise sollte das hellseherische Bewußtsein eines Menschen in der Lage sein, ständig zwischen den physischen und den elementalen Welten hin- und herzuschwingen. Dabei kann man hinter die Schwelle schauen, hinter der die geistige Welt liegt, während man sich außerhalb seines physischen Körpers befindet und «auf eine gute Art und Weise die Fähigkeiten ausübt, die dem Bewußtsein die richtige Beobachtung der physisch-sinnlichen Welt ermöglicht».

Wie man Seher werden, auf der Astralebene wandern oder mit der Geistwelt kommunizieren kann, hat Steiner in seinem Werk *Wie erlangt man Erkenntnisse der höheren Welten?* ausführlich beschrieben. Für diejenigen aber, die keine Zeit haben, sich damit zu beschäftigen, oder von diesem Steinerschen Rezept nicht überzeugt sind, gibt es ein anderes Mittel, das sich an die alten Mysterien hält: die Einnahme von «Amanita muscaria». Als Alternative empfiehlt sich die Ayahuasca-Liane, die im Regenwald des Amazonasgebiets wächst und aus der man Yaje, Caapi oder Natema braut. Dieser Weg ist vielleicht nicht so seriös wie der von Steiner beschriebene. Aber er läßt genügend von der Steinerschen übersinnlichen Welt erahnen, so daß man sich schließlich doch noch für den langen Weg entscheiden mag, der die Mühe sicher wert ist.

19 Neue Dimensionen

Nur ein paar Schlucke des aus «Banisteriopsis caapi» destillierten Gebräus, gemischt mit Blättern des Busches «Psychotria ipecacuanha», eröffnen rasch den Blick in eine Welt, in der Steiners «sehr nützliche elementale Wesen» leben, und noch darüber hinaus. Doch man muß schon einiges aushalten können, will man diesen Weg beschreiten. Denn als erstes führt er einen unweigerlich in eine Landschaft, die angefüllt ist mit riesigen Anakondas, wilden Jaguaren und jeder Menge Spinnen und anderem Gekreuch.

Diese seltsame Welt jedoch ist keineswegs zu verwechseln mit der von Ethnobiologen und Chemikern als halluzinogen bezeichneten. Damit meinen sie Drogen, die Visionen und Halluzinationen hervorrufen, die nichts mit der Wirklichkeit zu tun haben. Die von Ayahuasca hervorgerufene Wirklichkeit aber ist vielleicht sogar realer als alles andere. Wer, mit welcher Absicht und welchem Ziel auch immer, diesen Trank zu sich genommen hat, beschreibt seine Wirkung so, daß sich ihm ein Fenster in die astrale Welt der Theosophen und Anthroposophen öffnet. Vermutlich ähnelt diese Droge sehr derjenigen, die schon bei den Hierophanten der alten Mysterien Verwendung fand.

Seit Jahrtausenden bedienen sich die Schamanen der Indianer Kolumbiens, Perus und Brasiliens des Ayahuasca-Tranks, um Krankheiten zu diagnostizieren, drohendes Unheil abzuwenden, die Absichten ihrer Feinde zu erraten und in die Zukunft zu schauen. Sie sehen in der Liane einerseits eine Verbündete, die den Menschen zum Licht und zur Wahrheit führen kann, andererseits eine Lehrerin, die Richtlinien für den Umgang mit der Natur ausgibt.

Dieser Trank soll nicht nur die Nerven stärken, sondern auch die Meridiane und inneren Energiebahnen, die für die Verbindungen zwischen Gehirn, Körper, Seele und Geist zuständig sind. Er hat angeblich eine natürliche Beziehung zum Gehirn und öffnet die Tür zu einem erweiterten Bewußtsein. «Einerseits kommt es aufgrund seiner molekularen Eigenschaften – den Alkaloiden – zu gewissen neurochemischen Reaktionen; andererseits helfen uns die Gottheiten, die in der Pflanze wohnen, das Wissen wiederzuerlangen, das bis zu den Ursprüngen des Menschen zurückreicht.»

Die ritualisierte Einnahme des Ayahuasca- oder Yaje-Tees macht eine Kommunikation zwischen dem Geist und der Astralebene möglich, «einer Paralleldimension, die sich zur gleichen Zeit in uns selbst sowie im Kosmos befindet». In dieser Umgebung werden Gedanken unverzüglich als real wahrgenommen, und jede Figur der Ayahuasca-Welt kann willentlich ihren Charakter und ihre Gestalt verändern. Das entspricht den Gegebenheiten in der von den Theosophen und Anthroposophen beschriebenen Astralwelt. Teilnehmer an Yaje-Ritualen können Visionen von weit entfernt lebenden oder verstorbenen Freunden und Verwandten haben, aber auch in ihre eigenen vergangenen Leben und Psychen schauen. Zu diesen Schamanenreisen gehört auch das «Aufsteigen in den Himmel, um sich dort mit dem Himmelsvolk zu mischen. Umgekehrt kann es aber auch geschehen, daß die himmlischen Wesen zum Ort der Zeremonie hinabsteigen.»

Auch der New Yorker Schriftsteller Peter Gorman hat mehrere Male Yaje-Tee getrunken, nachdem er sich einen Weg durch den Dschungel Perus gebahnt hatte, um zu den Matse-Indianern zu gelangen. Seine Erfahrungen mit der Droge beschrieb er in der Zeitschrift *Shaman's Drum* im Herbst 1992. In einer Hütte mitten im Amazonasdschungel konnte er nach dem Drogengenuß zweierlei erleben: Astralsicht und Astralreise.

«Die Visionen begannen ziemlich bald, kaum daß sich mein Magen beruhigt hatte. Mein Geist war mit Bildern von Dämonen, Schädeln und Höllenfratzen angefüllt. Rote Schlangen und Scharen von Insekten krabbelten über ein Meer von ausgeblichenen Leichen und Leichenteilen. Als ob mein Geist quer durch die Hölle führe! Ein modernes Dantesches Inferno zeigte mir Hunger und Pest, Massaker an Indianern, den Vietnamkrieg und die Leiden der Großstadt New York.»

Gorman hatte bereits in den sechziger Jahren LSD und psychotrope Pilze zu sich genommen und wußte daher, «daß in allem ein Geist haust und daß unsere Welt eine Zauberwelt ist». Aber Ayahuasca zeigte ihm mehr, und er war «mit all seinen Eingeweiden mit den Geistern verbunden».

Die erste Begegnung hatte er mit einer Schlange, die zweite mit einem großen Vogel. Die Schlange war schwarzweiß geringelt, lang und beindick. «Ich sah sie durch das Schilf gleiten. Ein Wassertropfen fiel in den Fluß, und ich fühlte, wie die Wellen gegen meinen Körper schlugen. Da merkte ich, daß ich mit der Schlange schwamm. Mein Körper bewegte sich in kraftvollen Schlängelbewegungen.»

Gorman entdeckte aus der Sicht der Schlange einen großen grünen Baumfrosch. Er hockte auf einem Ast nahe am Wasser. «Wir – die Schlange und ich – bewegten uns leise in seine Richtung, schlugen blitzartig zu und verschlangen ihn. Es war ein seltsames Gefühl in meiner Kehle, das immer komischer wurde, als der Frosch hin und her hüpfte, um zu entkommen. Von diesem Gefühl war ich so überrascht, daß ich mich für einen Augenblick von der Schlange trennte. Als ich wieder auftauchte, spürte ich, wie sich die Muskeln in meiner Leibesmitte zusammenzogen, um den Frosch zu zermalmen. Schließlich rutschte er in meinen Bauch.»

Gorman fragte sich, ob sich die Grenzen seines Ichs nun genügend aufgelöst hätten, um mit einer anderen Gestalt Kontakt aufzunehmen. Er versuchte es mit einem großen weißen Vogel. «Als ich den Vogel entdeckte, war er noch weit weg, doch dann spürte ich, wie ich mit ihm verschmolz. Bald schon schaute ich die Welt mit scharfen Augen aus der Vogelperspektive an und erspähte jedes winzige Detail in der Landschaft, die unter mir lag. Ich flog über eine Bergkette und blickte in einen Strom. Ich konnte die Fische darin erkennen und sah ihre blau und grün schimmernden Schuppen. Völlig unerwartet kippte ich plötzlich weg und fiel wie ein Stein zu den Fischen hinunter. Dabei empfand ich keine Angst, nur Hunger; ich wollte einen Fisch haben. Ich tauchte in das Wasser ein, wobei es kaum aufspritzte, und schoß im nächsten Augenblick schon wieder himmelwärts. Ich trug einen Fisch im Schnabel. Ein Fischstückchen rutschte unzerkaut in meinen Magen. Und ich erinnere mich noch gut, wie ich dachte: So habe ich noch nie gegessen.»

Sobald Gorman daran dachte, sich von dem Vogel zu trennen, befand er sich schon wieder in der Hütte im Regenwald. Doch das soeben Erlebte und der Vogel waren noch sehr real für ihn.

Als er die Vogelvision wiederholte, bat er das Tier, ihn nach Kalifornien zu seiner Frau zu bringen, von der er sich vor kurzem getrennt hatte. «Sofort befand ich mich in ihrem Schlafzimmer, wo ich knapp unter der Decke schwebte. Ich sah, wie sie einen anderen Mann liebte, und wurde eifersüchtig. Dann ergriff mich Brechreiz, und das Bild verschwand.»

Solche Erlebnisse mit Yaje erinnern sehr an die Steinerschen Beschreibungen von Reisen in die Elementalwelt. «Wir können in jener Welt nichts lernen, solange wir nicht ... in der Lage sind, unser eigenes Wesen in andere Wesen außerhalb von uns selbst zu transformieren. Wir müssen die Fähigkeit zur Metamorphose erwerben und lernen, uns in ein anderes Wesen zu versenken und dieses zu werden. In der Elementalwelt lernen wir ein anderes Wesen nur dann kennen, wenn wir im Innersten dieses andere Wesen ‹geworden› sind.»

Der in New York geborene Journalist Jimmy Wieskopf hatte nach dem Genuß von Yaje ähnlich fesselnde Visionen. Er hat am New Yorker Columbia College und an der Cambridge University in England studiert, lebt heute in Kolumbien und schreibt regelmäßig für verschiedene Zeitungen. In der Frühjahrsausgabe 1993 von *Shaman's Drum* berichtet Wieskopf von den Gemeinden am unteren Plutamayo in Ostkolumbien. Dort hatte er aufregende Geschichten über Zaubereien und wundersame Heilungen gehört, die unter dem Einfluß von Yaje zustande kamen. Viele dieser Geschichten waren so fantastisch, daß er als Außenstehender und Produkt einer weltlich-materialistischen Kultur sie kaum glauben konnte. Doch «nach einigen Yaje-Schlucken sieht man die magischen Visionen und spürt die heilenden Kräfte, und dann werden die Geschichten plötzlich verständlicher».

Bei seinem ersten Besuch am Putamayo machte ihn ein Sionca-Heiler – ein *curandero* – mit den heilenden Kräften von Yaje bekannt. Don Pacho hütet das Erbe einer tausend Jahre alten Tradition beim Umgang mit der Liane. Das Erlebnis überzeugte Wieskopf davon, daß die Droge sehr gute therapeutische Wirkung, vor allem bei psychischen Problemen, hat. Allerdings muß sie unter Anleitung eines erfahrenen *curandero* wie Pacho eingenommen werden.

Den Ayahuasca-Trank stellte Pacho selbst her. Er sammelte dafür im Dschungel bestimmte Teile der Liane und schnitt sie in etwa zwanzig Zentimeter lange Stücke. Diese zerkleinerte er mit Hilfe eines Steins und gab sie abwechselnd mit Chacruna-Blättern – «die beiden Pflanzen vertragen sich gut» – in einen Topf. Je nach dem Zweck der Ayahuasca-Sitzung können noch andere Pflanzenteile beigemischt werden. Es gibt Substanzen, die «lassen dich reisen», andere «lassen dich sehen» und wieder andere «zeigen dir, wie du dich heilen kannst». Dann wurde Wasser hinzugefügt und das Gebräu so lange gekocht, bis nur noch etwa zehn Prozent der Flüssigkeit übrigblieben.

Die Mixtur wird fast immer in der Nacht getrunken. Man gießt sie in kleine Tassen und verteilt diese. Wieskopf nahm seinen Trank mitten im Dschungel in einer viereckigen, mit Palmwedeln gedeckten Hütte zu sich. Der blanke Boden und die nicht vorhandenen Wände machten es ihm leichter, den Reinigungsprozeß durchzustehen, der mit heftigem Übergeben und Durchfall verbunden ist. Beim ersten Yaje-Trip hatte Wieskopf sehr unter Übelkeit, Benommenheit und Sauerstoffmangel gelitten. So atmete er diesmal tief durch, bevor er in den Reinigungsprozeß eintrat, und bereitete sich auf das vor, was nun kommen würde.

«Als die Wirkung einsetzte und ich mich betrunken fühlte, wußte ich noch nicht, ob ich diesmal den Mut aufbringen würde, noch mehr zu trinken, um – wie Pacho und die anderen mir sagten – Visionen zu kriegen, nachdem ich das erste Mal nur die reinigende Wirkung erfahren hatte.»

Bald stellte er fest, daß sich die ungewöhnlich scharf erscheinenden Umrisse der Umgebung in geometrische Farben- und Lichtbündel verwandelten. Diese wechselten sich kaleidoskopartig ab und verbanden sich miteinander. «Vor mir lief ein Film ab, der mir die schönsten Bilder zeigte: Sternexplosionen, Diamanten, Feuerwerke, Mandalas, farbige Glasfenster, Disney-Figuren und gelbe Unterseeboote. Es verschlug mir die Sprache. Zum ersten Mal begriff ich so richtig das Wort ‹Ekstase› und was dahintersteckt. Obwohl die Bilder rasch aufeinander folgten, war jedes einzelne doch klar und deutlich. Sie waren viel realer als alles andere, was ich in Träumen gesehen habe oder unter der Wirkung von LSD und Pilzen, die ich schon vor vielen Jahren probiert hatte. Dies hier war absolut keine Halluzination, sondern nichts weniger als eine Vision. Experimentierfreudig öffnete ich die Augen und stellte sie auf meine Umgebung ein. Dann kehrte ich zu meinen Visionen zurück; sie waren so heftig wie zuvor.»

Nach Mitternacht hatte Wieskopf das Gefühl, er habe sich nun an die Droge gewöhnt, und war dummerweise stolz darauf, sich nicht übergeben zu haben. «Ich hätte es besser wissen müssen. Schließlich ist Yaje eine Herausforderung für aufgeblähte Egos, und die Strafe sollte noch folgen. Ein ungeheurer Brechreiz riß mich aus meiner Hängematte und zwang mich auf die Knie. Mit Mühe kroch ich vor die Hütte. Dort lag ich sehr lange und preßte meine Stirn auf den Boden. Sobald ich aufstehen wollte, verlor ich fast das Bewußtsein.»

Dann mußte sich Wieskopf auf den etwa zwanzig Meter langen Weg zum *cagadero*, zur Toilette, machen: einem quer über einen kleinen Bach gelegten Baumstamm. «Mir war schon mehr als einmal aufgefallen», schreibt Wieskopf, «daß die heftigsten Yaje-Erleuchtungen kommen, kurz bevor die ganze Scheißerei und Kotzerei anfängt; wenn der Aufruhr in den Gedärmen seinen Höhepunkt erreicht und du dich so elend fühlst, wie du dich noch nie gefühlt hast. Und genau das passierte jetzt.»

Erstaunlicherweise sah Wieskopf während dieser Feuerprobe jede Menge der Steinerschen «sehr nützlichen Elementale», Wesen, die sich offensichtlich im Amazonasregenwald nur so tummelten. «Moskitoschwärme umsurrten meinen nackten Arsch und unheimliche Pflanzen lauerten in dem streng riechenden Bach. Zur gleichen Zeit begleiteten winzige Devas, Dschinnen und Erdgeister meinen Trip. Sie winkten mir zu, tollten übermütig um diesen dahockenden Gringo herum und machten sich über dessen Leiden lustig. Erst als die Scheiße aus mir herausspritzte, lösten sie sich in Luft auf.»

Weniger anrüchig, eher inspirierend sieht und beschreibt Pablo Amaringo die Naturgeister. Dieser brasilianische Schamane hält Urwaldszenen in ungewöhnlichen Bildern fest, von denen etwa sechzig Stück in *Ayahuasca Visions* enthalten sind, einem luxuriös aufgemachten Bildband. Zu den Bildern hat Louis Eduardo Luna einen erklärenden Text geschrieben, und erschienen ist das Buch in dem kalifornischen Verlag North Atlantic Books of Berkeley.

Auf Amaringos komplexen und wunderschönen Bildern sind Höhepunkte seiner schamanischen Visionen zu sehen: Schlangen, etwa Boas und Anakondas, aber auch Feen, Luftgeister, Erd- und Feuergeister. Seine Stein- und Metallgeister, zwergenähnliche Wächter der unterirdischen Schätze, hat Amaringo farblich so angelegt, daß ihre seltsam verlängerten Körperchen als Repräsentanten von Diamanten, Gold, Kupfer, Bronze, Silber, Granat und Quarz zu erkennen sind: weiß, gelb, rot, grün, hellblau, purpur und lila.

Die in den Visionen dieses Schamanen vorkommenden Feen sind blond und erinnern irgendwie an Margaret Murrays Beschreibungen von Geistern auf den Britischen Inseln. Dort erscheinen sie in langen, fließenden Gewändern, und ihr Haar ist bedeckt mit Schleiern, Hauben oder winzigen Krönchen. Zu diesen so vertrauten Geistern fügt Amaringo noch Meerjungfrauen und pinkfarbene Delphine hinzu, wobei letztere wirklich in den vielen Flußarmen des Amazonasdeltas vorkommen. Amaringos Meerjungfrauen sind hübsche Frauen mit hypnotisierenden Augen. Sie leben in Höhlen am Grunde von Seen und Flüssen, möglichst dort, wo das Wasser durch natürliche Whirlpools bewegt ist. Hier spielen sie auf ihren Instrumenten und singen mit ihren schönen, melodiösen Stimmen.

Jeder Baum und jede Pflanze, sagt Amaringo, hat seinen – lebendigen, bewußten – Geist, der alles sieht. Und unter dem Einfluß von Ayahuasca kann man die Bäume schreien hören, wenn sie gefällt werden. Seine Pflanzengeister nehmen viele Formen an, meistens erscheinen sie in menschenähnlicher, manchmal aber auch in tierähnlicher Gestalt. In seinem Artikel «Sociopsychotherapeutic Functions of Ayahuasca Healing» (Soziopsychotherapeutische Aufgaben der Ayahuasca-Heilung) weist Walter Andritzky darauf hin, daß bei einer Ayahuasca-Vergiftung «die ganze Natur in ein anthropomorphes Drama verwandelt wird und die vom Schamanen gesungenen Mythen vielsinnig als absolute Realität erfahren werden. Die Legenden werden nicht nur gehört, sondern in aller Lebendigkeit gesehen und mit allen Emotionen erfahren.»

Erstaunlicherweise sind auf einigen Bildern Amaringos auch Raumschiffe und unbekannte Wesen zu sehen, deren Körper viel feiner erscheinen als die von Menschen. Der Maler ist sich sicher, daß sie weiterentwickelten außerirdischen Kulturen angehören, die in völliger Harmonie leben und früher Kontakt hatten mit den Mayas, der Tiahuanaco-Kultur und den Inkas.

Amaringo ist nur einer von Tausenden Yaje-trinkenden Brasilianern. Sie sind Anhänger einer neuen schamanischen Religion, der Santo-Daime-Lehre. Diese landesweite Gemeinschaft geistiger Führer wird geleitet von etwa tausend Eingeweihten, den sogenannten *fardados*. Ihrer Meinung nach bildet die Liane ein Gefährt für das im Regenwald und in der ganzen Schöpfung hausende göttliche Wesen. Trinkt der Mensch sie bei einer sakramentalen Handlung, bei einem «Abendmahl», so wird er Teilhaber an der Natur Gottes. Im Mittelpunkt dieser direkt aus der

Gemeinschaft mit der lebendigen heiligen Substanz entstandenen Doktrin stehen die Lehren Christi. Daneben wird aber auch die Jungfrau Maria verehrt, als «Unsere liebe Frau von Concepción» des Regenwaldes. Das portugiesische Wort *daime* bedeutet «gib mir». In den Ritualen erhält es die Bedeutung von «gib mir Liebe, gib mir Licht, gib mir Stärke».

Gegründet wurde diese Sekte von Raimundi Irineu Serra, einem über zwei Meter großen schwarzen Gummizapfer. Das war in den zwanziger Jahren dieses Jahrhunderts; heute ist die Sekte eine landesweite Gemeinschaft von Leuten, die spirituell auf der Suche sind. Von schamanischen Indianern aus Peru lernte Irineu die Herstellung des Ayahuasca-Tees und wie man durch die verschiedenen ekstatischen Zustände hindurchwandert. Sie sagten ihm auch, wie die Visionen ins tägliche Leben zu integrieren sind.

Bei einer Vision hat er angeblich «Unsere liebe Frau von Concepción», die Urwaldkönigin, gesehen. Sie gab ihm den Auftrag, eine Geisteslehre zu begründen, in der das Trinken des Ayahuasca-Tees im Mittelpunkt stehen sollte. Zur gleichen Zeit empfing Irineu von der Astralebene Hunderte von Lobgesängen, in denen seine Anhänger eine neue, erweiterte Version des Evangeliums Christi erkennen – ein Drittes Testament.

Da die Santo-Daime-Lehre sich stark macht für die Suche nach «Liebe, Harmonie, Wahrheit, Gerechtigkeit und einem Weg, den Amazonas-Wald zu retten», zog sie nicht nur Leute aus dem einfachen Volk an, sondern auch viele Intellektuelle aus den Städten, Künstler, Musiker, Psychologen und Ärzte. Die Anhänger dieses neuen schamanischen Glaubens sind davon überzeugt, daß der Regenwald selbst für die Gründung von Daime zu einer Zeit sorgte, da der Mensch bereits große Teile des Waldes zerstört hat. Wie der brasilianische Schriftsteller und Anführer der Santo-Daime-Gemeinschaft Alex Polari de Alverga schreibt, sind die Gläubigen davon überzeugt, daß Daime nicht nur dem Volk den Weg zum Licht und zur Wahrheit weisen, sondern den Menschen auch neue Richtlinien für ihre Beziehung zur Natur geben werde.

Polari interviewte auch den amerikanischen Schriftsteller und Fotografen Gary Dale Richman, der fast zwanzig Jahre lang in Brasilien lebte und ein Buch über Daime schrieb. Darin heißt es, daß diese kleine, überschaubare Gruppe vermutlich die besten Lösungen zur Rettung des Regenwalds parat habe. Sie «liegen im Zauber ihrer starken Medizin und reinsten Essenz – Santo Daime».

Die Santo-Daime-Lehre könnte dazu beitragen, den Regenwald und seine Bewohner zu erhalten. Denn ihre Anhänger leben im Einklang mit dem Regenwald und sorgen dafür, daß das ökologische und ethnobotanische Wissen der alten schamanischen Traditionen des Amazonasgebiets nicht verlorengeht.

In Zeiten, da der Drogenmißbrauch in fast allen Ländern grassiert und die Moral und die Gesundheit der Gesellschaft untergräbt, verkündet Santo Daime die Botschaft, daß gewisse psychoaktive Substanzen bei richtiger Anwendung nicht nur ungiftig sind und, anders als Tabak, Alkohol und Crack, nicht abhängig machen, sondern zu höheren moralischen Werten führen und Abhängige von ihrer Sucht befreien.

20 Drogentrip in Holland

Wem es zu aufwendig und teuer ist, sich in Brasilien in die Ayahuasca-Myterien einweihen zu lassen, der kann es auch einfacher und preiswerter haben. Eine Reise nach Amsterdam, wo einige Anhänger eine Zweigstelle von Santo Daime eingerichtet haben, tut es genauso. Dank den dort herrschenden liberalen Gesetzen in bezug auf halluzinogene Drogen gedeiht die Daime-Kommune gut und freut sich über Gäste, die für hundert Dollar pro Sitzung an ihren Ritualen teilnehmen können. Der Erlös ist zum größten Teil für den Erhalt der Mutterkirche im «Himmel von Mapia» bestimmt. Um zu dieser tief im Amazonasregenwald gelegenen Kirche zu gelangen, muß man zwei Tage lang mit dem Kanu fahren, bis man in ein großes, von der brasilianischen Regierung eingerichtetes Reservat kommt.

Einmal leitete ein aus Brasilien stammender Schamane eine Sitzung der holländischen Daime-Gemeinschaft. Sie fand in einer aufgelassenen und wieder hergerichteten katholischen Kirche in einer ländlichen Gegend westlich von Amsterdam statt. Früher war hier eine Insel, die wegen eines Industrieprojekts willkürlich ans Festland angeschlossen wurde. Da aus dem Projekt jedoch nichts wurde, stehen die verlassenen Gebäude jedermann zur Benutzung offen.

An einem warmen Augustabend – die Sonne ging gerade unter – nahmen mich einige erleuchtete Buddhisten dorthin mit. Diese holländischen Verfechter der Santo-Daime-Lehre haben ein Zen-Zentrum auf halbem Weg zwischen Amsterdam und Den Haag. Von dort aus machen sie seit Anfang 1994 die Daime-Lehre in Holland bekannt. Die neugotische graubraune Backsteinkirche, auf deren Turm sich ein Kreuz befindet, steht in einem Kastanien- und Lindenwäldchen. Flämische Flüchtlinge hatten sie vor hundert Jahren gebaut, als sie sich in dieser Gegend niederließen. Die stark abgenutzten Eichentüren der Kirche stehen nun wieder den Menschen offen. Gekommen sind ungefähr hundert Leute, Männer und Frauen aus dem Mittelstand, die meisten Holländer, einige Deutsche und Belgier sind auch dabei. Sie sind alle in Weiß gekleidet. Ihrem Verhalten und ihrem Aussehen nach mit ihren sauber rasierten Gesichtern und dem akkuraten Haarschnitt könnten sie Rechtsanwälte, Psychologen, Künstler oder auch Geschäftsleute sein. Nur ein paar Jüngere tragen die Haare lang, und ein – offenbar deutscher – fröhlicher Skinhead trägt einen goldenen Ohrring mit einem blauen Anhänger zur Schau. Die Frauen sind alle so um die Dreißig oder Vierzig, zum Teil Hausfrauen, zum Teil Berufstätige. Obwohl ihre schneeweißen, häufig durchsichtigen Gewänder nur wenig verhüllen, scheinen sie doch irgendwie geschlechtslos zu sein; als ob die Sexualität in dem nun beginnenden Ritual nichts zu suchen hätte.

Als der Augenblick der Wahrheit nahte, zitterte ich innerlich; denn ich hatte Angst vor der Vision von Schlangen und Jaguaren und mochte es auch nicht, unter dem Einfluß von Alkohol oder Drogen mein klares Denken zu verlieren. An Drogen hatte ich bislang schon Marihuana, Haschisch und Kokain ausprobiert und es sofort wieder aufgegeben. Meinen einzigen wirklichen Trip, der etwa dreißig Jahre zurückliegt, hatte ich nach dem Genuß von Meskalin gemacht, das mir angeblich Aldous Huxleys *Pforten der Wahrnehmung* öffnen sollte. Diese Magieerfahrung habe ich in allen Einzelheiten über all die Jahre hinweg frisch in meinem Gedächtnis bewahrt. Gleichzeitig war ich aber entschlossen, es nicht zu einer Wiederholung kommen zu lassen – jedenfalls nicht mehr unter Drogen.

Das Kirchenschiff war innen weiß getüncht. Mehrere schmale, etwa dreißig Meter hohe Bleiglasfenster zeigten Johannes, wie er Jesus tauft, und die Heilige Gertrude, die Kirchenpatronin. Wie in Trance schaut sie hinauf zum Himmel. Die blaue, muschelförmige Apsis hatte Fayence-Kacheln. Vor dem Altar stand ein langer weißer Tisch mit Kerzen, einigen Stapeln glitzernder Plastikgläser und zwei blau angestrichenen Benzinkanistern aus der Kriegszeit. In ihnen befand sich der Zaubertrank, der feierlich in Brasilien gebraut worden war. Die Menschen bewegten sich im Kreis. Die meisten waren miteinander bekannt. Die Atmosphäre war gespannt, aber beherrscht. Mitten im Kirchenschiff stand ein zweiter langer Tisch mit einer weißen Tischdecke. Darauf lagen ebenfalls Kerzen, ein lothringisches Kreuz aus Holz und ein Farbfoto von Irineus, dem Gründer der Santo-Daime-Gemeinschaft. Zehn Stühle standen für die Leiter der Zeremonie bereit. An den Wänden befanden sich weitere Stühle, so daß auf der rechten Seite etwa fünfzig Männer Platz nehmen konnten und auf der linken Seite ebensoviele Frauen. Auf dem ganzen Boden verteilt standen Fünflitereimer herum, die nichts Gutes verhießen: Sie waren für diejenigen gedacht, die sich übergeben mußten. Auch Papiertücher lagen dabei. Überall sah man Eingeweihte, die als Aufpasser fungierten. Sie steckten in einer Art Uniform aus blauen Röcken beziehungsweise Hosen und blauen geknoteten Tüchern und hielten zusammengefaltete Matratzen bereit. Hierauf durften sich diejenigen legen, die durch den Trip gereinigt und geheilt wurden.

Meine größte Angst bestand darin, noch einmal einen solchen Alptraum erleben zu müssen wie im Alter von neun Jahren. Ein allzu eifriger Schweizer Zahnarzt hatte mir eine Überdosis Lachgas verabreicht, woraufhin ich dem Tode nahe war. In diesem Zustand sah ich meinen Körper, während ich unter der Decke schwebte, und mein ganzes Leben lief wie ein Film rückwärts ab. Schließlich befand ich mich in einer wirbelnden Leere, in der mir eine innere Stimme sagte, daß nichts anderes im Universum existierte: daß ich es war, und es war ich; davon gab es keine Befreiung und keine Möglichkeit des Entkommens. *Huis clos!* Um diesem Zustand nicht noch einmal ausgesetzt zu sein, hatte ich immer Äther und Chloroform abgelehnt und eine lokale Rückenmarksanästhesie bevorzugt. Erst viele Jahre später entdeckte ich bei Steiner, daß dieser Alptraum zur Initiation gehört und daß die von Johannes dem Täufer im Jordan vorgenommenen Taufen einem Ertränken nahekamen, das eigentlich in die christlichen Mysterien einführen sollte. Voller Angst, Yaje könnte mich wieder in diese Leere stürzen, befiel mich jetzt auch die Erinnerung an die von Allen Ginsberg und William Burroughs in den fünfziger Jahren beschriebene «schreckliche Einsamkeit des Universums». Und dann war da noch Steiners Diktum: «Es gibt zwei Pole, zwischen denen alle Wechselfälle des Lebens liegen: die Angst vor der Leere und der Kollaps in die Überheblichkeit.»

Trotz allem blieb ich bei meiner Absicht, das Zeug zu trinken. Ich hatte vorher mit einem aus der Daime-Gemeinschaft gesprochen. Er nahm die Droge seit sieben Monaten regelmäßig ein, und ich hatte versucht, von ihm etwas über die Mechanismen der geistigen Nebenwirkungen zu erfahren. Er erklärte mir, Ayahuasca führe in die Geistwelt ein, und mit Hilfe der Visionen sei es einem möglich, die geistigen Ursachen eigener Probleme oder körperlicher Krankheiten zu erkennen. Auf die Visionen folge immer eine Phase der Entspannung.

Was danach geschah, schildere ich in der ersten Person: Jetzt ist es soweit! Auf ein Signal hin nehmen wir alle unsere Plätze ein. Die Zeremonienmeister sind zwei Männer und eine Frau, alle aus Brasilien. Sie ist eine schlanke, starke Frau in den Vierzigern, dunkelhaarig und mit einem winzigen Diamanten im linken Nasenflügel. Sie spricht Englisch als *lingua franca*.

Der brasilianische Schamane ist ein kräftiger Bursche, der im Holzgeschäft arbeiten könnte. Er trägt graue weite Hosen und eine grüne Windjacke. Er spricht das Vaterunser auf portugiesisch, und die Gemeinde fällt in das Gebet ein. Dann folgt noch ein Ave Maria. Allerdings mit leicht verändertem Text. Dann beginnt die brasilianische Frau einen Lobgesang auf Daime. Sie singt laut und hoch, aber mit einer nicht unangenehmen Stimme. Jeder stimmt in den Rhythmus der *maracas* (Kalebassen) und einer Trommel ein.

Daime ist Daime,
Das erkläre ich.

Er ist der Göttliche Ewige Vater,
Sie ist die Höchste Königin.
Daime ist Daime,
Lehrer aller Lehrer,
Der Göttliche Ewige Vater
Aller ewigen Wesen.

Jede Strophe wird intensiver und lauter wiederholt, wobei die Melodie von zwei Gitarren getragen wird. Die Maracas und das Trommeln üben bald eine hypnotische Wirkung aus; und dann ist es auch schon soweit. Alle gehen zum Altar, wo sich fünf lange Männerreihen und fünf Frauenreihen bilden. Einer nach dem anderen erreicht die Brasilianer, die jedem eine kleine Plastiktasse mit dem Trank von Santo Daime überreichen. Er hat die Farbe von schwarzem Tee, ist aber dickflüssiger. Stoisch trinken die Menschen vor mir die Tasse mit zwei oder drei Schlucken aus.

Wie sich da alle zum Altar hinbewegen – alle in Weiß wie zum Tennisspielen –, fühle ich mich an meine Erstkommunion erinnert. Damals war ich neun Jahre alt. Allerdings hat sich meine damalige Hingabe jetzt in eine leichte Angst verwandelt. Bin ich hier in eine Schwarze Messe geraten? Sind die Schamanen luziferische Wesen? Oder waren die Priester meiner Kindheit Teufel? Ich spüre den Alptraum schon im voraus, den ich jetzt gleich nach dem Yaje-Tee erleiden werde: diese immerwährende, marternde Suche nach der Wahrheit.

Ich brauche drei Schlucke für meinen Trank. Er schmeckt wie Fernet Branca, zieht aber noch mehr alles zusammen.

Die Wirkung von Daime soll innerhalb weniger Minuten nach dem ersten Schluck eintreten und im Durchschnitt etwa zwei Stunden anhalten. Nimmt man noch mehr zu sich, verstärkt sich die Wirkung.

Als ich wieder auf meinem Stuhl sitze, fallen mir die Warnungen ein, die mir Freunde und Familienangehörige mit auf den Weg gegeben haben. Ich solle das Zeug lieber nicht trinken, es könnte ziemlich gefährlich sein.

Aus den Texten Alex Polgaris weiß ich, daß man vor den Visionen einen ziemlich verrückten Zustand erlebt, wobei die Angst überwiegt. Die ersten Bilder zeigen Tod und Zerstörung, um zu prüfen, ob der Novize stark genug ist, in die Geistwelt zu reisen. Dies ist genau wie bei einer Freimaurerweihe. Und da alles, was auf dieser Seite der Realität geschieht, nur ein schwacher Abglanz dessen ist, was auf der anderen Seite zu sehen ist, und da eine Reise auf diese andere Seite Gefahren in sich birgt, ist die Anwesenheit eines Schamanenmeisters bei einem jeden solchen Ritual erforderlich. Er muß über einen starken Geist und festen Charakter verfügen. Typisch für die ersten Minuten sind: Übelkeit, Erbrechen, Durchfall, heftige Depression und Angstzustände.

Meistens wird auf portugiesisch gesungen, manchmal auch auf englisch. Eine rothaarige, etwa dreißig Jahr alte Frau, die mir fast genau gegenübersitzt, zieht einen Eimer zu sich heran und übergibt sich. Dabei gibt sie Geräusche von sich, die von einem wilden Tier aus dem Dschungel stammen könnten. Sie kotzt und kotzt. Eine Wächterin hält ihr die Haare zurück.

Dieses Kotzen, so hatte ich erfahren, ist das Wichtigste an dem Daime-Lernprozeß; denn es hilft, die Vergangenheit loszulassen. Alex Polgari sagt es so: «Nur wenn du deine alte Identität – die Krusten deines Ego, die Persönlichkeit, das psychische Ungleichgewicht und die geistigen Hürden, also alles, was dir einmal als Schutzhülle gedient hat, dich von der Geistwelt abzugrenzen – von dir werfen kannst..., kann Daime dieses Geschehen in der Psyche beschleunigen und sogar die meisten chronisch-emotionalen Schalen auflösen, die dich in der Entwicklung einer individuellen Fähigkeit, zu sehen und zu fühlen und du selbst zu sein, behindern.»

Mit Daime wirst du gezwungen, auf dich selbst zu achten, vor allem auf Aspekte in dir, die du nicht sehen möchtest. Uns so zu sehen, wie wir wirklich sind, kann sehr schmerzvoll sein. Und dieser Schmerz, sagt Polgari, «ist vorhanden im gleichen Maße wie unser Widerstand gegen den Meister, der uns uns selbst zeigen will».

Der Daime-Glaube macht eine holistische Heilung möglich; denn hier werden Körper, Geist und Seele als ein einziger Organismus behandelt. Wie Walter Andritzky sagt, bietet eine herkömmliche analytische Therapie nur eine bruchstückhafte Sicht einzelner Aspekte des Selbst, die holistische Perspektive und die Konfrontation mit dem wahren, durch Daime erworbenen Selbst dagegen sind «die Quintessenz einer halluzinogenen Therapie». Daime öffnet die Sicht auf frühere Leben und deren Verständnis im jetzigen Leben, oder, in anderen Worten: Wir lernen, unser Karma zu begreifen.

Hinter mir fällt ein etwa fünfzig Jahre alter, kräftiger Mann auf die Knie und kotzt mit bestialischem Geräusch in den dafür bereitgestellten Eimer. Die Frau mit den roten Haaren jammert und stöhnt, ihr Gesicht ist kalkweiß, wie eine Maske. Eine andere Frau hat offenbar größere Schwierigkeiten. Sie ist noch jung, hat dunkle Haare und trägt ein dünnes, weißes Kleidchen. Sie wird von den Wächterinnen zu einer Matratze geführt, hingelegt und mit einem Tuch zugedeckt.

Jetzt werden alle Stühle weggetragen, um Platz zum Tanzen zu schaffen: Eins, zwei, drei Schritte nach rechts, eins, zwei, drei nach links. Die Männer und Frauen singen laut und rhythmisch und mit wachsender Leidenschaft.

Ein wahrer *aficionado*, ein Bewunderer von Daime, ist Gary Dale Richman. Er sagt, die Gesänge spielten eine große Rolle während der schwierigen psychischen «Durchgänge», denen die Neulinge unterworfen sind. Dadurch bleiben sie bei der Stange, denn jedes Lied beziehe sich auf die Prinzipien der Doktrin. «Durch die Gesänge können wir die meisten Mysterien oder unbekannten Visionen in eine vertraute Sprache übersetzen. Dadurch werden wir Zeugen einer anderen Art von Wissen, das normalerweise nicht zugelassen wird, weil sich der Verstand dagegen sperrt.»

E. J. M. Langdon ist Professor an der Universidade Federal de Santa Catarina im brasilianischen Florianopolis und hat schon viele Artikel über die rituelle Verwendung von Yaje geschrieben. Er sagt, daß die Geister ihre eigenen Muster und Gesänge haben, die sie dem Yaje-Trinker beibringen, sobald er sie sehen kann. Und jeder Anfänger ist bemüht, möglichst viele Visionen zu haben und möglichst viele Lieder zu lernen. «Wird sein Repertoire größer, wächst auch die Macht über die Geister, die er bereits kennt und mit denen er umgehen kann.» Das Tanzen ist deshalb so wichtig, weil dadurch ein starker geistiger Strom zwischen den Teilnehmern entsteht. Es ist wie bei der Zubereitung eines Brotteigs: Die beim Kneten und Walzen aufgebotene Energie wird beinahe sichtbar, wenn sie sich in der ganzen Gemeinde zusammenzieht und wieder ausdehnt. Plötzlich fühle ich einen Schmerz in meinem Herzen, und meine Hände werden gefühllos. Das ist gewöhnlich ein Zeichen von Streß, der meinem Herzen nicht guttut. Sich darüber aufzuregen erhöht den Streß nur.

Nun sind schon fast drei Stunden vergangen. Etwa ein halbes Dutzend Männer und Frauen haben sich entweder übergeben müssen oder auf die Matratzen am Eingang der Kirche gelegt.

Jetzt ist es Zeit für die zweite Portion. Ich halte nach meinem Mentor Ausschau, denn ich will ihm von meinen Symptomen berichten und ihn fragen, ob es richtig für mich ist, weiterzumachen und mehr Yaje zu mir zu nehmen.

Er will erst die Brasilianer fragen. Fast jeder hat schon zum zweiten Mal getrunken, als mein Mentor mich zu dem brasilianischen Oberhaupt bringt. Eine Frau übersetzt. Als sie von meinen Problemen erfährt, lacht sie laut. Das ist doch nichts, worüber man sich Sorgen machen muß. Sie hat schon drei Herzanfälle hinter sich und einen Tumor am Herzen. Daime, sagt sie, ist gut, sehr gut für das Herz.

So ermutigt, gehe ich zum Altar und nehme meine zweite Portion. Es wird weitergesungen. Wieder auf meinem Stuhl sitzend, fühle ich mich plötzlich elend. Wenn ich die Augen schließe und die Hände davorlege, sehe ich vor einer tiefdunklen, fühlbaren Leere sehr feine, leuchtend scharlachrote Korkenzieherlinien, die in Spiralmustern das ganze Bild ausfüllen. Das ist recht angenehm, eigentlich sogar ziemlich hübsch; ich sehe darin eine Art Spiralbewegung auf sehr kleinem Raum oder eine

Wiedergabe der subatomaren Welt. Doch nun bekomme ich Angst, ich könnte die Beherrschung verlieren und daß die scheußlichen Visionen anfangen. Ich schaue auf meine Hände herab: Sie sind die Pfoten eines Jaguars geworden. Gleichzeitig spüre ich eine große Kraft in ihnen, und ich strecke die Krallen aus. Aus meinem Mund kommt ein böses Fauchen.

Bleib lieber wach, sage ich mir und bitte meinen Schutzengel um einen nüchternen Verstand.

Jetzt wird überall um mich herum gekotzt, und immer mehr Matratzen werden vor den Eingang gelegt, auf denen sich immer mehr Frauen – stöhnend und ächzend – niederlassen. Dabei machen sie sonderbare Bewegungen, strecken und dehnen Arme und Beine und reiben sich ihre aufgeblähten Bäuche. Von den Männern liegen nicht so viele auf den Matratzen; aber sie sind fast alle umgekippt – einfach so.

Vor mir befindet sich ein etwa vierzig Jahre alter Mann, vielleicht ein Deutscher oder ein Holländer, ich bin mir nicht sicher. Sein Gesicht ist von Furchen durchzogen, und er macht einen betrunkenen Eindruck. Er bewegt seine Arme und Beine, als hätte er keine Kontrolle über sie. Andere haben die Augen geschlossen und scheinen in Träumereien versunken. Sie schaukeln im Rhythmus der Gesänge und bewegen ihre Köpfe auf eigenartige Weise.

Ich habe Angst, daß die Visionen jetzt anfangen könnten. So halte ich meine Augen offen. Als ich sie für einen kurzen Augenblick schließe, sehe ich nur den schon vertrauten schwarzen Film, in den ich mich fallen lassen kann, wofür ich Gott danke. Ich beschließe, nicht zu kotzen.

Wir sind nun schon seit fast vier Stunden beschäftigt. Nun folgt eine kurze Unterbrechung, in der Marihuana-Zigaretten herumgereicht werden. Bald rauchen mehr als hundert Gläubige Pot in langen tiefen Zügen. Allmählich füllt sich das Kirchenschiff mit hellblauem Rauch, der über die Bogenlampen bis zu den Dachsparren wabert und unheimliche, fast lebendig wirkende Wolken bildet.

Ich nehme nur einen kurzen Zug. Ich mag den Geschmack

nicht, und das Kratzen im Hals auch nicht, und schon gar nicht dieses besoffene Gefühl. Aber genau das gehört zu dem spirituellen Ritual. Die Daime-Jünger glauben, daß das Kraut ihnen schnelleren Zugang zu ihren Seelen verschafft, wozu auch die Jungfrau Maria, die «Königin des Regenwaldes», beiträgt. Daher rührt auch die Bezeichnung für das Zaubermittel: Santa Maria. Die Anhänger meinen, daß das Rauchen die Gemeinschaft mit dem Daime-Geist fördert. Dieser erinnert im übrigen an den Steinerschen christusähnlichen Geist der Erde.*

Der Raucherei überdrüssig, fangen die Jünger wieder an zu singen.

Quem não conhece Santa Maria
E faz uso dela todo dia
Vive sempre em agonia
Mas agora chegou como eu queria.

Wer Santa Maria nicht kennt
Oder es nicht täglich benutzt,
wird ein Leben lang Angst haben.
...

Die letzte Zeile habe ich wieder vergessen bei dem Versuch, mir die Erscheinung der wahren Madonna vorzustellen. Die Kunst des Mittelalters und der Renaissance scheint da etwas falsch zu liegen. Ist das, was in Lourdes oder Medjugorje als Madonna erscheint, «wahr» oder nur Massensuggestion? Muß sie wirklich das Gewand einer Nazarenerin tragen? Ich sehe sie als nackte

---

* Easton erläutert das Steinersche Konzept so, daß Christus nach seiner Wiedergeburt, nach Tod und Wiederauferstehung der Geist der Erde wurde: «Brot und Wein, Früchte der Erde, sind tatsächlich sein Leib und Blut.» Dies ist laut Easton nicht symbolisch gemeint, sondern als Tatsache einer vollkommenen Wirklichkeit, «und wenn wir eine bewußte Beziehung zur Erde haben, sollten wir wissen, daß wir beim Aufbau dieser Beziehung das schaffen, was im höchsten Sinne des Wortes Christenpflicht genannt werden kann».

Isis. Sanft lächelnd deutet sie auf ihren Venushügel und ihre strahlend-schöpferische Öffnung – Eingang und Ausgang zur ewigen Leere.

Um mich herum befinden sich Männer in den verschiedensten Zuständen einer Vergiftung. Ich versuche, sie mir als meine Brüder vorzustellen und durch ihre Augen zu sehen. Es fällt mir schwer. Ich fühle mich fremd und allein. Irgendwie möchte ich, daß meine Individualität erhalten bleibt und nicht mit der Allgemeinheit verschmilzt; ich möchte kein Automat in einer andersgerichteten hypnotischen Verblendung sein. Sollte ich je hellsehen und die Geisterwelt sehen können, so wird dies – und das beschließe ich hiermit – durch das Befolgen der Steinerschen Lehre geschehen, das heißt, soweit wie möglich bei klarem Verstand zu bleiben und auf die Manifestation der Geister zu warten, wann immer sie eintreten mag. Diese Abkürzung hier ist nichts für mich. Doch plötzlich merke ich, daß ich mich gegen eine Veränderung wehre und offenbar genau das bekämpfe, was das beste für mich ist.

Plötzlich sehe ich meinen Lachgasalptraum in einem anderen Licht. Die Vorstellung, daß das ganze Universum mit dem Inneren unserer Körper und unseres Geistes kommuniziert, ist seit Jahrtausenden Teil einer esoterischen Glaubenstradition. Ich erinnere mich selbst daran, daß meine einzige Möglichkeit, den Lachgashorror loszuwerden, darin besteht, nachzugeben und das Böse seine Arbeit tun zu lassen. Gleichzeitig weiß ich, daß mein Widerstand dagegen, das Bewußtsein zu verlieren, vergeblich ist. Alles, was ich je tun kann, ist, von einem Bewußtseinszustand zu einem anderen zu wandern, einen Ausweg gibt es nicht: weder Drogen noch Zufall, noch Tod. Alles ist für immer hier und jetzt. Steiner sagt über das Bewußtsein: Es ist alles, was es ist. Das Universum ist Bewußtsein, und jeder von uns ist – holographisch gesehen – Teil davon, vielleicht. Polgari sagt: «Wenn wir erst einmal das unwiderlegbare Gefühl des Universums in uns erlebt haben, gibt es nur noch die Möglichkeit, freudig das Wissen anzunehmen, daß wir das Universum sind – und zwar als Ganzes und als Teil.»

Das ist natürlich keine einfache Sache für ein neunjähriges Kind, und vielleicht auch nicht für einen neunzigjährigen Weisen. Da gibt es nur noch eines: Anderen das zu geben, von dem wir wollen, daß andere es uns geben: Liebe und Respekt. Wie es Apostel Paulus nach seinem Damaskus-Erlebnis formulierte, als er das Licht auf der Straße sah: «Das ganze Gesetz ist in einem Wort erfüllt: Liebe deinen Nachbarn wie dich selbst.»

Ich gehe hinaus in die kühle holländische Nacht und komme zu einer großen Linde, die majestätisch mitten im Mondlicht steht. Meine Hand erspürt das Ätherleben in ihrem Stamm. Doch mir wird klar: Bevor ich wirklich den Baumgeist sehen und mit ihm reden kann, muß ich mich erst selbst von einer ganzen Menge Dunkelheit befreien – ob durch Daime, durch Steiner oder durch irgend etwas oder jemand anderes; das bleibt noch abzuwarten. Aber eins ist sicher: Ich werde in diesem Leben nicht mehr derselbe sein.

Epilog

Ganz sicher besteht die Rettung für unseren Planeten wie für unsere Einzelseelen in ein und demselben Rezept: Initiation, die zum Hellsehen führt, und zwar für alle ohne Ausnahme. In den alten Mysterien hatte es ein Hierophant leichter: Er konnte den oberen Teil des Ätherleibs eines Prüflings abtrennen. Dann nahm er ihn zusammen mit dem Astralleib des Prüflings dreieinhalb Tage lang mit auf die Reise in die geistige Welt. Das Ego des Kandidaten blieb derweil in seinem physischen Körper in einem todesähnlichen Zustand bei physischem Bewußtsein. Dieser Zustand hat nichts mit normalem Schlafen zu tun. Durch seine Lektüre der Akasha-Chronik kannte Steiner diesen Vorgang aus atlantischen Zeiten. Damals machte es eine lockerere Verbindung zwischen dem ätherischen und dem physischen Körper dem Meister möglich, den Ätherleib des Prüflings zu entfernen. Dadurch und durch das eigene Ego des Meisters bekam der Neuling Zugang zum Wissen des Hierophanten und zu dessen hellsichtiger Vision, und es eröffnete sich ihm die Welt des Geistes. Diese Vision prägt der Astralleib des Kandidaten dem Ätherleib ein, so daß sie seinem wiedererwachten Ego zur Verfügung stand; genauso wie die Erkenntnis, daß er kein Körper war, sondern ein Geist, der auch tatsächlich in der geistigen Welt lebt, eins mit dem Einen Geist, dem Schöpfergeist.

Jahrhundertelang wurde der Ätherleib immer mehr nach dem physischen Körper geformt. Und so wurde ein todesnaher Zustand erforderlich, um die beiden zu trennen; etwa die von Johannes dem Täufer vorgenommene Initiation durch langes Untertauchen im Wasser. Heute, sagt Steiner, ist es durch die Initiation der Rosenkreuzer oder der Christen möglich, hellseherische Fähigkeiten zu erwerben, ohne vom Ätherleib getrennt zu werden. Statt dessen bleibt der Kandidat bei vollem Bewußtsein, während er Zugang zu den höheren geistigen Welten erhält. Es bleibt zu hoffen, daß dies eines Tages für die gesamte Menschheit möglich sein wird. Dann wäre für sie der Weg frei zu sämtlichen Hierarchien der Geistwesen.

Wären wir bereit, der Steinerschen Aussage zuzustimmen, daß die Arbeit dieser Wesen eigentlich das ist, was die Wissenschaftler als «Naturgesetze» bezeichnen, so wäre es wohl möglich, unsere eigenen Bemühungen mit denen dieser Wesen zu verbinden und diesen Planeten in seinen ursprünglichen Zustand eines blühenden «Garten Eden» zurückzuversetzen. Aber die Zeit läuft uns davon.

Es ist höchste Zeit zum Handeln. Denn inzwischen – 1992 in Atlanta – haben nicht weniger als eintausendfünfhundert der weltbesten Wissenschaftler, von denen hundert Nobelpreisträger sind, eine dringende Mahnung in bezug auf die Krisensituation unserer Erde veröffentlicht. Das Schwinden der natürlichen Ökosysteme wird bald katastrophale Ausmaße annehmen: Jetzt schon sind zwanzig Prozent oder mehr aller Pflanzen- und Tierarten ausgestorben, und dem Globus ist es bald nicht mehr möglich, das Leben zu bewahren. Doch das Establishment betreibt weiterhin seine schmutzigen Geschäfte, vor allem die Chemie-, Pharmazie-, Tabak- und Rüstungsfirmen.

Die Vorstellung, daß ein paar Mogule aus reiner Profitgier weiterhin unseren Planeten kaputtmachen, ist eigentlich widersinnig, wüßten wir nicht von Steiners Warnung, daß der böse Geist Ahriman mitten im Gold residiert – genau wie Mammon und Mephistopheles. Solange nichts getan wird, um diese Gefahr aufzuhalten, wird es laut Steiner zu einem «Krieg aller gegen alle» kommen. Nur wenige werden – auf nicht weiter bezeichnete Weise – diesem Krieg entkommen, um den dann wiedergeborenen Planeten aufs neue zu bevölkern.

Laut Steiner sollten wir unbedingt lernen, die Natur zu transformieren, indem wir unsere inneren Talente entwickeln und mit der Welt der Geister zusammenarbeiten. Die menschlichen

Wesen dürften nicht länger von dem abhängen, was die Natur uns gibt. Als schöpferische Künstler können wir die Natur gestalten und bilden, indem wir zuerst Handwerksmeister des Unbelebten werden – siehe die Transformation von Mineralien in Rolls Royces und von Steinen in eine Pietà oder ein Taj Mahal – und dann auch Handwerksmeister für alles Lebendige – Pflanzen, Tiere und Menschen –, das im heutigen Erscheinungsbild nichts anderes ist «als Keimzellen dessen, was es sein sollte».

Anthroposophen sehen – im Gegensatz zur Naturwissenschaft – die Welt nicht als eine Ansammlung von Atomen. Für sie besteht sie aus «dem Stoff, aus dem Träume gemacht sind», nämlich aus bewußten Vorstellungen. Das wahre Wesen der Welt, sagt Steiner, entspringt nicht der toten Materie, sondern dem lebendigen Gedanken. «Eis ist gefrorenes Wasser, und so ist Materie ein gefrorener Gedanke. Was wir heute denken, werden wir morgen sein.»

Wir Menschen sind kreative Künstler und können lernen, mit den Atomen zu bauen, und zwar durch die Macht unserer Gedanken. «Wenn der Mensch gelernt hat, sich direkt in ein Gesteinsatom hineinzudenken, wenn er es verstehen wird, aus dem, was in einem Atom lebt, Nutzen zu ziehen und es dem Ganzen zukommen zu lassen, dann wird er auch die Natur durch seine eigene Spiritualität transformieren können.» Und auch folgendes darf nicht vergessen werden: «Geistwesen hatten ursprünglich die Vorstellung, die Inspiration und die Intuition – Gedanken und Vorstellungen –, nach denen unsere Umgebung erschaffen wurde.» Das ist, wie es war. Nun sind wir an der Reihe.

Der wahre Zweck der Entfaltung des Kosmos besteht in den Augen der Anthroposophen darin, die Manifestation der Menschheit zu fördern, damit die Menschheit ihr Ich-Bewußtsein entwickeln kann. Uns Menschen, so wird uns versichert, wird von den göttlichen Welten die Gelegenheit geboten, unsere geistige Freiheit zu erlangen. Danach können wir selbst unsere eigene Entwicklung in die Hand nehmen.

Um diesen Weg nur aufgrund der Steinerschen hellseherischen Ansichten gehen zu können, mit nichts als einer brennenden Kerze als Sinnbild seiner Geisteswissenschaft in der Hand, müssen wir erst einmal in die Dunkelheit springen. So ist es auch mit dem Tod. Doch der Tod ist für Steiner nur ein Zwischenspiel, in dem wir uns auf das folgende Leben vorbereiten. Wenn Steiner vom Tod spricht, so ermahnt er uns, nicht in diesen Zustand einzutreten, ohne seine prophetische Beschreibung der Szene, der Bewohner und des Verhaltens, das von Neuankömmlingen erwartet wird, zu kennen. Er vergleicht die Situation damit, in einer unbekannten Stadt eine bestimmte Adresse suchen zu müssen, ohne einen Stadtplan zu haben. Dabei ist es aber keine Stadt, in der man sich zurechtfinden muß, sondern das ganze Universum – ein Ort, der nach Kepler, Newton und Einstein ein noch größeres Rätsel geworden ist als vor deren Forschertätigkeit.

Wie Hodson sagt, weiß man nur wenig oder gar nichts Wissenschaftliches über das Universum und die Menschheit sowie über deren Ursprung, Zweck, Ziel und die gegenseitigen Beziehungen. Akzeptable wissenschaftliche Quellen behaupten, daß die Menschen keine Ahnung haben, warum das Universum mit allem, was dazugehört, überhaupt existiert, woher es kommt, wer es erschaffen hat, wohin es geht, ob es irgendwie geführt wird oder einem Zufallsweg folgt.

Mit der richtigen Einstellung zur Wissenschaft, sagt Steiner, werden wir erkennen, daß deren Wissen nur Illusion ist. «Wir können viel mehr Wissen, Weisheit und Wahrheit in den wirklich alten Mythen, den Märchenerzählungen und Legenden finden als in der abstrakten Sprache und Wissenschaft von heute.»

So erklärt sich die Bedeutung von Leadbeater und Besant, die mit ihren Siddhi-Kräften die wissenschaftliche Basis des alten Wissens geschaffen haben. Doch um den Spalt zu kitten, der sich zwischen moderner Wissenschaft und dem alten Wissen – der Gnosis – auftut, muß man hellseherisch sein. Das erreicht man entweder durch Meditation oder durch ein plötzliches Erlebnis.

Und da gibt es einen Haken: die Leere. Um ein wahrer Eingeweihter zu werden, muß man lernen, mit der Leere umzugehen. Zu dieser «schrecklichsten Prüfung vor der Weihe» erklärt der Eingeweihte Ouspensky, ein russischer Anhänger von Gurdjieff: «Es existiert nichts. Irgendwo in der unendlichen Leere hängt eine kleine jämmerliche Seele herum. Dann ist plötzlich sogar diese Leere verschwunden! Nur noch die Unendlichkeit ist da.» Schon in seinem *Tertium Organum* sagt Ouspensky, daß Lachgas auf eine ganz besondere Weise das mystische Bewußtsein stimuliere. «Immer tiefere Wahrheiten scheinen sich dem zu eröffnen, der [das Gas] inhaliert.» Und er zitiert einen Betroffenen: «Keine Worte können diese sagenhafte Gewißheit schildern, mit der man die vom Ersten Menschen gefühlte Ur-Überraschung des Lebens erkennt.»

Steiner, der seine Werke vor Ouspensky schrieb, bemerkt zur Lösung des Problems der Leere, daß man in der philosophischen Literatur nicht viel über Menschen finden kann, die diesen Schrecken erlebt haben – egal, ob sie sich einem unendlichen Abgrund gegenübersahen oder ihre Furcht überwunden haben. Seine Lösung lautet schließlich: Man muß in der Lage sein, sich diesem Entsetzen zu stellen, dieser Angst vor dem unergründlichen Vakuum, der endlosen Leere. Man muß eine bis an den Rand mit Angst und Schrecken angefüllte Umgebung erfahren und im gleichen Augenblick dazu fähig sein können, diese Gefühle durch innere Festigkeit und die Gewißheit seines eigenen Wesens zu überwinden.

Steiner zufolge gibt es hierfür zwei Möglichkeiten. Die eine ist das Verstehen des Evangeliums, die andere die Durchdringung der geistigen Welten «mit wahrer und echter Anthroposophie», wobei diese zu ersterem führt.

Wer die Evangelien wirklich versteht – nicht so, wie Theologen heute darüber sprechen, sondern durch das Aufnehmen der tiefsten Dinge, die man in ihnen finden und erfahren kann –, «nimmt etwas mit sich in den Abgrund hinein, das sich von einem einzigen Punkt ausdehnt und die Leere vollkommen mit einem ermutigenden Gefühl ausfüllt. ... Müssen wir uns dieser schrecklichen Leere stellen und wir haben entweder die Evangelien dabei oder die Anthroposophie, dann können wir nicht verlorengehen und in keinen unendlichen Abgrund stürzen.»

Für den Eintritt in die höheren Welten gibt Steiner folgenden simplen Rat: «Ein Mensch kann sich nur durch einen intensivierten Sinn der Selbstaufgabe zu den höheren Welten hinaufarbeiten. Die Seele muß ganz leer sein und in Ruhe auf das warten können, was sie aus der raumlosen, zeitlosen, gegenstandslosen, ereignislosen, geheimen, verborgenen Welt empfangen darf.»

Wer diese Prüfung überlebt und seine hellseherischen Fähigkeiten zurückerhält, wird belohnt. Im Ätherleib des Planeten erkennt er dann nicht Ahriman oder Luzifer, sondern den Sonnengeist, Christus – wie von den Ayahuasca-Jüngern des Irineu beschrieben. Für Steiner bedeutet das zweite Kommen nicht das fleischliche Wiedererscheinen des Sonnengeistes, sondern ein allmähliches Erwachen im menschlichen Wesen hellseherischer Vision. Mit dieser, das heißt mit geistig geöffneten Augen, ist der ätherische Christ im geistigen Besitz des Erdballs zu sehen.

Personen- und Sachregister

Agni 84
Ahriman 183, 278, 282
Ahura Mazda 215
Ajna-Kraft 66
Ajna-Mikroskop 65
Akasha 53, 59, 140, 143
Akasha-Chronik 183, 219, 238, 242, 245, 277
Alpha-Teilchen 103
Alverga, Alex Polari de 263
Amaringo, Pablo 261f.
Anthroposophen 184, 247, 255f.
Anthroposophie 11, 238, 245, 252
Antimaterie 142
Antiproton 142
Antiquarks 120
Archai 182, 185f., 187, 200
Arupa 170
Arupadevas 170
Astralebene 53, 72, 95, 173, 176, 188, 195f., 222, 239
Astralkörper 52, 179, 195, 252
Astralkräfte 168
Astralland 11
Astralleib 76, 91, 144, 170, 188, 221, 227, 239, 250, 277
Astralprana 145
Astralsehen 53f., 68
Astralsicht 59
Astralsichtige 55
Astralstoff 94
Astralwelt 201
Astralwesen 91, 167
Astronomie 43
Äther 21, 155
Äthergestalt 194
Ätherkörper 52, 74, 252
Ätherleib 53f., 91, 165, 167, 177, 187, 194f., 200f., 215, 221, 250, 277

Atlantis 42, 215
Atman 144
Atman-Ebenen 233
Atman-Feuer 228
Atman-Körper 195
Atom(e) 56, 101ff., 112, 115, 131, 143, 145, 176, 211
Atomkern 104, 107, 121, 123, 131, 211
Aura 34, 68, 70, 73f., 78, 94, 171, 174, 176, 226
Auraflammen 84
Avatara 219
Avicenna 153
Ayahuasca 255ff., 263, 282

Bachelfen 46
Bacon, Sir Francis 243
Baumdevas 170
Baumelfen 46
Baumgeister 152, 171
Baummänneken 75
Baumzwerg 72f.
Bergdevas 170
Besant, Annie 9ff., 13, 51f., 56, 97, 99, 101, 105f., 113, 115, 126, 131, 207f., 217, 232f., 245
Bewußtsein 138, 142, 144ff., 169, 178, 188, 252, 275, 278
Bey, Seraphis 232
Bittleston, Adam 184ff., 197
Blake, William 179
Blavatsky, Helena Petrowna 11, 13f., 49ff., 141, 144, 151, 154, 203, 208, 220, 233f., 235, 238
Bloom, William 172
Bodhisattva 216, 240
Bosonenstring 122f., 134, 212
Brahma 144f.
Briggs, Katherine 44

283

Brooksmith, Peter 47
Brownies 30, 32, 55, 67, 69f.
Bruno, Giordano 48
Buddha 174, 216, 237, 245
Buddha-Bewußtsein 240
Buddha-Kraft 169
Buddhi 144
Buddhi-Körper 195
Buddhisten 51

Case, Geoffrey 42
Chadwick, James 104
Chakra 83, 205, 228
Chemie-Äther 155f., 160, 163, 187, 193
Cheopspyramide 42f.
Cherubim 182, 193, 195, 198, 206, 251
Christen 51, 152, 219, 277
Christentum 181, 223
Christus 237, 245, 282
Cooper, Joe 39ff., 41, 44, 47
Cottingley-Feen 37, 47f., 67
Cottingley-Mädchen 29, 38, 41, 68
Cowen, Ron 125f., 128, 130, 132, 134ff., 136
Crookes, Sir William 21, 43, 103
Crowley, Aleister 15

Dandritzky, Walter 262
Dee, John 11
Demokrit 98
Deva 147, 166ff., 170ff., 178, 187f., 196f., 223, 250
Devacha 147
Devi 146
Dhyana-Buddhas 216
Dianetik 42
Dionysios Areopagita 181f., 202
Diproton 112
Donnellys, Ignatius 42
Doren, Gelda van 175
Doubleday, General Abner 50
Doyle, Sir Arthur Conan 17, 19f., 24, 27, 29, 34ff., 43, 47, 95
Dryaden 151, 172
Dynameis 182, 193, 195, 197, 251

Easton, Steward C. 184, 241
Eckhard, Meister 138, 141
Edison, Sir Thomas 18, 50

Ego 194, 252
Ego-Körper 195
Einstein, Albert 117, 121
Elektron 97, 99, 111, 117, 127, 131ff., 136, 143, 165, 203
Elektronenwolke 132
Elementale 152, 155, 179, 188f., 194, 215, 224, 227
Elementalessenz 176
Elementalkräfte 167, 222
Elementalwelt 258
Elementalwesen 190
Elementarteilchen 108f., 117, 121
Eleusinische Mysterien 222
Elfen 12, 30ff., 67f., 73f., 113, 174, 177
Engel 90, 169, 175ff., 185, 201, 215, 227
Engelshierarchien 14, 189
Erdgeister 11, 31ff., 40, 69, 113, 152, 154f., 158f., 163, 167, 187, 226, 261
Erzengel 181, 184, 186f., 191, 200, 216
Evolution 90f., 146, 170, 186, 190, 234
Exusiai 182, 193, 195, 200f., 251

Faraday, Michael 99
Feen 11f., 23, 26ff., 36, 38, 42f., 44ff., 49, 55, 66, 68f., 78, 92, 175, 261
Feenarbeiter 177
Feenhügel 88
Feenkörper 88
Feenland 95
Feenreich 90
Feenwelt 17, 153
Feuergeister 11, 84, 90f., 154f., 159, 163, 188, 190, 261
Findhorn 12, 167
Firbolg 88
Fludd, Robert 50
Freimaurer 85, 230
Freimaurerei 215, 221
Freimaurerloge 227
Freimaurertum 223ff.
Fritzsch, Harald 108

Gammastrahlen 41
Gardner, Martin 29, 34f., 42, 168, 171, 176f., 213
Gardner, Edward L. 19ff., 27
Gardner, Leslie 37

Geister 14, 68, 77, 88f., 194, 198, 200, 251, 261, 278
Geisterwelt 95, 250
Geistheiler 153
Geisthierarchien 191
Geistwesen 30, 35, 179, 186, 189, 190, 248f., 252
Gell-Mann, Murray 108f., 123
Geodäsie 43
Geometrie 43
Gettings, Fred 47
Gluonen 125, 130, 135
Gnome 40, 69ff.
Gnosis 279
Goblins 31
Goethe, Johann Wolfgang von 179
Gorman, Peter 256ff.
Graham, Billy 199
Gray, William G. 205
Green, Michael 121, 211
Griffiths, Frances 22, 34, 39ff., 44ff.
Große Weiße Bruderschaft 216, 231f., 234, 236f., 239
Gruppen-Ich 196
Gruppenseele 196f., 250
Gurdjieff, Georg J. 281

Hadronen 108, 110
Hagemann, Ernst 165
Hall, Manly P. 51, 153
Heilpflanzen 13
Heinzelmännchen 30, 177
Hellfühlen 115
Hellhören 115, 145
Hellsehen 52f., 54, 104, 115, 145, 154, 218f., 250f., 277
Hellseher 9, 14, 35, 95, 100, 170, 178, 194
Hermes 216
Hesekiel 199
Hexen 152f.
Hierophant 221, 277
Higgs, Peter 116ff., 135
Higgs-Medium 120
Higgs-Teilchen 117
Higgs-Theorie 125
Higgs-Vakuum 130, 137
Himmelshierarchie 182, 215
Hindus 51, 143, 147, 170, 217

Hodson, Geoffrey 29ff., 36f., 48, 56f., 59, 61, 63ff., 80ff., 85, 89, 92f., 97, 145, 151, 167ff., 173f., 175f., 216, 220, 222, 226, 228f., 231f., 234ff., 239, 241, 249, 279
Hoffmann, Albert 222
Huxley, Aldous 266
Hypatia 48
Hypercolor-Gluonen 130
Hypergluonen 126

Ich-Bewußtsein 252, 278
Indianer 12, 263
Initiation 230, 267, 277
Inkarnation 184, 215f., 234, 243, 246
Inseldevas 174
Isotope 9, 104f.

Janarajadasa, Charles 103, 105f.
Jeanne d Árc 48
Jesus 181, 215, 266
Johannes der Täufer 266
Johnson, K. Paul 234, 237
Josephson, Prof. Brian 98

Kabbala 50, 203ff.
Kali-Yuga 217, 220
Kama 170
Kamadevas 170
Karma 52, 243, 245, 249
Kathodenstrahlröhre 21, 62f.
Kausal-Körper 195
Klang-Äther 157
Kobold 32, 92, 174
Koot Hoomi 49f., 231, 233ff., 239
Kosmischer Lebensbaum 210, 212
Kosmischer Logos 141, 143, 146ff., 204
Kosmos 165, 249
Kraftfelder, magnetische 176
Kraftlinien 176
Kreaturen, ätherische 93
Krishna, Gopi 146
Krishnamurti, Jiddu 245
Kundalini 144ff., 227, 244
Kundalini-Energie 64f.
Kyriotetes 193, 195, 197, 200f., 251

Landdevas 170
Landfeen 77

Langdon, E. J. M. 271
Lavoisier, Antoine 98
Leadbeater, Charles W. 9ff., 13, 51f., 53ff., 56, 59, 63f., 85f., 88, 91, 94, 97ff., 105f., 113, 115f., 126, 131, 134f., 151, 154, 167, 169, 172f., 202f., 212, 216f., 223, 227, 231ff., 236ff., 245, 250, 279
Lebensäther 155, 157, 187
Lebensfluß 93
Lebenspuls 80
Lebenssaft 92f.
Lederman, Leon 117ff.
Lemuren(zeitalter) 201, 215
Leprachans 152
Leviton, Richard 149, 152, 234, 238, 248
Lewis, C. S. 213
Licht-Äther 155f., 156, 161, 188
Lichtaureole 78
Lichtwesen 167
Logos 141, 143, 145, 203f., 206
LSD 222
Luftgeister 11, 15, 82f., 90f., 113, 154f., 159, 161, 190f., 225, 261
Luna, Louis Eduardo 261
Luther, Martin 152
Luzifer 185, 282
Lyness, D. D. 61ff.

Magnetismus 144, 158
Mahabindu 139
Mahakasha 139
Mahatma Djwal Khul 236
Mahatma Morya 231ff., 239, 241
Mahatma-Hierarchien 247
Mahatma-Meister 234
Mahesha 145
Maitreya 216, 240
Makrokosmos 205, 228
Manifestationszyklen 138
Manifestierter Logos 206
Männeken 69, 74ff., 85ff.
Marti, Ernst 156, 163
Maxwell, James Clerk 116
Maya 221, 235
McLean, Dorothy 167
Meditation 250
Meeresdevas 77, 174

Meeresfee 76
Meeresgeister 77
Meeresnymphen 76
Meerjungfrauen 261
Mendelejew, D. I. 105
Mental-Körper 195
Mentalleib 240
Mephistopheles 278
Metallgeister 261
Michelangelo Buonarotti 194
Mikrokosmos 205, 228
Millon, René 60
Milton, John 168
Mitchell, Austin 40, 44
Molekül 176, 245
Monade 147ff., 203, 206, 229
Mondpyramide 60
Moses 217, 229
Murray, Margaret 261

Naturgeister 9, 11ff., 35f., 37, 48, 55, 67, 70f., 81, 86, 88ff., 91f., 94f., 151ff., 163, 165, 167, 172, 174, 179, 187ff., 215, 223ff., 243f., 248, 261
Nazarathos 216
Neophyt 221
Neutrino 122
Neutronen 104, 108, 110, 121, 131
Newton, Sir Isaac 98f.
Nirvana 240
Nirvana-Kraft 169
Nymphen 76, 78, 151

Oberpriester 227, 239
Offenbarungslogos 144
Okkultismus 12, 14f., 146
Okkultisten 53, 59, 85, 91, 135, 138, 142, 148, 195, 198, 221, 228
Olcott, Henry Steel 49f., 232
Omegon 111f., 118, 125
Organismus, ätherischer 78
Orgon 81
Orgonomie 42
Orpheus 216
Ortsdevas 175
Osiris 215
Oui-ja-Boards 38
Ouspensky, Peter D. 281
Pan 152

Pantañjali 100
Paracelsus 11, 50, 152f., 196
Parapsychologen 13, 56, 95, 98, 100, 102, 125, 236
Paulus (Apostel) 181, 276
Pendeln 42
Pentateuch 203
Pflanzendevas 170
Pharaonen 216f.
Phillipe, Louis 99
Phillips, Stephen M. 10f., 97f., 100, 111f., 120ff., 126, 130, 204, 207ff., 213
Phillips-Modell 125
Photonen 122
Physik 29, 103
Physiker 53, 95, 97, 99, 103, 105, 107ff., 113, 117ff., 121, 130, 136f., 142, 156, 165
Pilze, psychotrope 257
Pixies 177
Platon 163, 209
Polgaris, Alex 270
Polidorus 243
Pompilius, Numa 218
Powell, A. E. 169
Prana 144f.
Priester 60, 87
Proton(en) 104, 108, 110f., 121, 127, 131, 142
Psychometrie 59, 60, 65
Pythagoras 211

Quantenchromodynamik 111
Quantenfeldtheorie 121
Quantenmechanik 122, 136, 210
Quantenphysik 210
Quarks 10, 97, 108ff., 11f., 115, 117f., 120ff., 130, 143, 165,
Quellenkobolde 151

Randi, James 42f.
Raum-Äther 59
Raum-Zeit-Ebenen 212
Raum-Zeit-Theorie 207
Rawlins, Dennis 44
Reich, Wilhelm 13, 80
Reichel-Dolmatoff, Geraldo 12
Reinkarnation 42, 88

Richman, Gary Dale 264, 271
Rishis 182, 215, 219f.
Rosencreuz, Christian 220
Rosenkreuzer 219, 221, 277
Rupadevas 170
Rutherford, Sir Ernest 103f., 107, 123

Salamander 163, 188, 190, 226
St. Germain (Saint-Germain) Graf von 220, 230ff.
Sanderson, Steward 38
Santo-Diame-Lehre 262ff., 267ff.
Schamanen 13, 261, 268
Schamanismus 12, 14
Schöpfergeister 84
Schöpferhierarchien 188
Schöpfungsprozeß 193
Schrödinger, Erwin 63
Schutzengel 178
Schwarz, John 121, 211
Séancen 35, 38
Seelenkräfte 220
Sehen, ätherisches 54, 95
Seraphim 182, 191, 193, 195, 198, 251
Serre, Raimundi Irineu 263
Shakti 139ff., 146, 165
Shaw, George Bernard 13
Shiva 139ff., 145f.
Siddharta 237
Siddhi 9, 136
Siddhi-Kräfte 56, 105f., 113, 279
Siddhi-Sehen 107
Siddhi-Sehweise 110
Sionca-Heiler 259
Smith, Charles Piazzi 43
Smith, E. Lester 62, 98, 111
Sonnengeist 282
Sonnenlogos 146f., 149
Sonnenpyramide 60
Sorbello, Robert 199
Spin 100
Spiritismus 38
Spiritisten 17, 156, 163
Steiner, Rudolf 11ff., 143, 149, 154f., 157ff., 178f., 182f., 185ff., 193f., 196, 199, 215, 217ff., 222, 238, 245, 247, 249, 251ff., 274, 277ff., 282
Steingeister 261
Stirnchakra 59, 65f.

Stoney, G. J. 99
String(s) 120, 133
String-Ebenen 212
Subquarks 10, 98, 110f., 125, 130f., 135, 165
Supercollider 10, 98
Superstring 120f., 134, 136, 207
Superstring-Ebenen 212
Sushumna 228
Swedenborg, Emanuel 179
Sylphen 82f., 163, 190f., 226

Taimni, I. K. 137
Taubes, Barry 109
Taylor, John 42
Teilchenbeschleuniger 10, 102
Teilchenphysik 10, 212
Teilchenphysiker 9f., 98
Telepathie 44
Teotihuacán 61
Tesla, Nikola 18
Tetraktys 209f.
Teufel 152
Thakar Singh 234
Theosophen 9, 5f., 11, 62, 89, 97ff., 103ff., 108, 110, 112f., 123, 126, 131, 137, 212, 216, 227, 232, 238, 255f.
Theosophie 11, 49ff., 216, 236, 245
Thomas von Aquin 219
Thomson, Joseph John 99
Throne 182, 187, 193, 195, 197ff., 251
Tiahuanaco-Kultur 262
Tierdevas 188
Trevelyan, Sir George 12
Tuathe-de-Danaan 87f.
Tutuit Bey 235

Übersinnliches 179
UFO-Phänomene 199
Undinen 76, 79ff., 190
Universalenergie 227
Untertassen, Fliegende 199
Upanischaden 137, 246
UPA(-Teilchen) 101, 115f., 121, 123, 126f., 129ff., 133ff., 212
Urknall 112

Veden 137
Vishnu 144f.
Vitalenergie 92
Volk, kleines 17, 26, 30

Wachsmuth, Günther 163
Wagner, Richard 79
Waldelfen 18, 31f.
Waldkobolde 151
Wärme-Äther 156, 188
Wasserelfen 31
Wassergeister 15, 76, 78f., 90, 113, 154f., 159ff., 187, 190f., 194
Wasserkobold 32
Wassernymphen 79
Wasson, R. Gordon 222
Wellen, elektromagnetische 116
Welt-Äther 186f.
White, T. H. 15
Wiedergeburt 246
Wieskopf, Jimmy 258ff.
Williams-Heller, Ann 204, 206
Wilson, Colin 247f.
Wilson, Peter Lamborn 178
Wright, Elsie 22, 39ff., 44ff.
Wright, Machaelle Small 167

Yaje-Ritual 256ff.
Yaje-Tee 269
Yeats, William Butler 41
Yoga-Kraft 11, 98
Yoga-Praxis 64
Yoga-Sichtweise 103
Yoga-Sutren 100
Yoga-Training 9
Yoga-Übungen 30
Yogis 9, 100, 145

Zarathustra 216
Zeitfernrohr, astrales 64
Zelle 176
Zentrum, anthroposophisches 14
Zweig, Georg 108
Zwerge 33, 55, 66, 70, 73, 152